教育研究中的
量化分析方法与实践

董　伟　贾东琴 主编

中国财经出版传媒集团

经济科学出版社
Economic Science Press

图书在版编目（CIP）数据

教育研究中的量化分析方法与实践/董伟，贾东琴
主编 . -- 北京：经济科学出版社，2022.6
ISBN 978 - 7 - 5218 - 3726 - 1

Ⅰ.①教⋯　Ⅱ.①董⋯②贾⋯　Ⅲ.①教育研究 - 教
材　Ⅳ.①G40 - 03

中国版本图书馆 CIP 数据核字（2022）第 099287 号

责任编辑：杜　鹏　张立莉　常家凤
责任校对：杨　海
责任印制：邱　天

教育研究中的量化分析方法与实践
董　伟　贾东琴　主编
经济科学出版社出版、发行　新华书店经销
社址：北京市海淀区阜成路甲 28 号　邮编：100142
总编部电话：010 - 88191217　发行部电话：010 - 88191522
网址：www. esp. com. cn
电子邮箱：esp@ esp. com. cn
天猫网店：经济科学出版社旗舰店
网址：http://jjkxcbs. tmall. com
北京时捷印刷有限公司印装
710 × 1000　16 开　23.5 印张　390000 字
2022 年 6 月第 1 版　2022 年 6 月第 1 次印刷
ISBN 978 - 7 - 5218 - 3726 - 1　定价：129.00 元
（图书出现印装问题，本社负责调换。电话：010 - 88191510）
（版权所有　侵权必究　打击盗版　举报热线：010 - 88191661
QQ：2242791300　营销中心电话：010 - 88191537
电子邮箱：dbts@ esp. com. cn）

前　言

　　在大数据的驱动下，量化分析方法的应用已经逐渐由自然科学向社会科学研究渗入，并得到了广泛的推广，社会科学的相关研究与实践已经进入了量化与质性方法相互融合的新篇章。另外，在信息技术的支撑下，量化分析方法和技术也得到了不断丰富，其发展势头难以估量。作为社会科学重要组成的教育科学，量化分析已经成为现代教育研究中最为重要的研究范式之一，其应用也更加广泛，通过各种客观、可操作性以及准确性的量化研究方法和手段可以有效地揭示和分析许多教育理论和实践的特征和规律。

　　本教材的内容主要包括：第 1 章，教育研究与量化分析。主要涉及科学研究的内涵，教育研究特征及其范式的变化，以及在新环境下量化分析对于教育研究的重要性，并重点对量化研究分析的步骤、方法以及在教育研究中的应用场景进行阐述。第 2 章，研究文献的检索与获取。教育研究的基础是文献，如何对科技文献进行查找是科研人员需掌握的必备方法和技能。因此，本部分内容对文献和文献检索进行了介绍，并对检索的步骤进行了实操说明。第 3 章，研究文献的知识图谱分析。知识图谱可以通过量化的方式对研究领域前沿进行呈现，本部分重点对知识图谱的原理以及相应的工具和实操进行了介绍。第 4 章，调查问卷的设计与分析。调查问卷是教育研究中的重要量化分析方法之一，本部分主要对调查问卷的设计、实施以及测量分析等进行了阐述，并通过实操讲解的形式对相应的方法进行分析。第 5 章，社会网络分析。社会网络分析可以从关系的视角对教育研究中的相关问题进行量化分析，本部分重点对社会网络分析的概念、发展脉络以及相关的分析指标进行探讨，并对社会网络分析软件 ucinet 的实操进行了介绍。第 6 章，文本挖掘方法。该部分旨在拓展学生的分析思路和视角，重点对文本挖掘的概念、分析过程以及具体分析步骤进行了介绍。第 7 章，学术规范和科研伦理。重点对学术研究过程中的数据采集、分析和论文写作等阶段中所涉及的学术规范问题进行说明，进而提升学生的学术规范意识。

本教材在系统梳理当前重要量化分析方法及其原理的同时，进一步通过对教育领域研究案例的详细讲解，对各个分析方法的具体步骤、软件操作以及结果解读等进行了细致呈现，期望不同基础的教育学相关专业的本科生和研究生能够通过"做中学"，充分理解量化分析在教育研究与实践领域中的重要性，全面掌握量化分析方法的类型与应用，并能够有效地借助相关工具实现量化分析的完整过程，进而全面提升自身的发现问题、分析问题和解决问题的综合素养。

本教材由董伟拟定编写大纲，负责全书撰写工作的组织与协调，贾东琴负责第 2、3、7 章的协调与撰写工作。具体分工如下：第 1 章（董伟、曹伊杨），第 2 章（贾东琴、赵敏慧），第 3 章（王浩东、于洋），第 4 章（郑盈盈、李永洁），第 5 章（傅梦芊、甘若琳），第 6 章（董伟、张岳、赵轩），第 7 章（贾东琴、刘怡琳、赵敏慧）。贾东琴和陶金虎分别初审和校对了部分章节，董伟负责了全书的统稿和定稿工作。

在本教材的撰写过程中，作者参阅了许多学者的研究成果，并以参考文献的形式进行了标注，在此对所借鉴的研究成果表示尊重与衷心的感谢。经济科学出版社张立莉编辑对本教材的撰写和出版工作给予了很大的支持和帮助，在此表示深深的感谢和敬意。最后，感谢所有在本教材撰写历程中提供帮助的人。

由于作者的水平和能力所限，本教材在内容、结构以及其他方面可能存在不足和疏漏之处，恳请专家和读者批评指正。

董　伟

2022 年 1 月

目　录

第 1 章

教育研究与量化分析

【学习目标】

1. 理解科学研究的内涵和性质。

2. 了解教育研究的特征、分类以及研究范式的发展。

3. 理解教育研究中的量化分析方法的必要性及其步骤。

4. 了解教育研究方法中的主要分析方法。

5. 了解量化分析方法在教育研究中的情境。

教育作为人类社会不可分割的一部分，起着发展文明、传承文化的作用。教育研究也是研究界非常重视的领域，进行教育研究有助于更好地认清教育现实、发现教育问题、指导教育实践。本章将分为三部分：第一部分是对教育研究进行概述，包括其科学研究的内涵、方法、性质、分类等；第二部分则系统地阐述了量化分析的特征、步骤、方法及其在教育研究中的应用场景；第三部分为本章小结。

1.1 教育研究概述

1.1.1 科学研究

哈佛大学教授托马斯·库恩以"解谜"的活动来定义科学（Kuhn，1970）。科学家就是一群充满好奇心，具有解题的能力、技巧和创造力的解谜者。在人类世界中，充满着有待解决的谜题，经由科学研究活动，人类的知识领域大为扩展，逐渐挣脱了懵懂、无知、迷信及神秘的牢笼，创造了人类今日的文明。

1.1.1.1 科学研究的内涵

科学研究是一套以系统化的实证方法，获得有组织的知识的过程与活动。科学知识可以用于对现象进行描述、解释、预测与控制。科学的知识，必须得到逻辑和实证的支持，使其不但能够合理地解释各种现象，也符合经验世界的观察。

科学研究的基本元素是变量，变量是在表现被研究对象的某一属性，因时、地、人物不同，而在质或量上的变化。科学研究的基本单位是假设（或假说），假设是研究者对于一个有待解决的问题所提出的暂时性或尝试性的答案。从量化的角度来说，假设是指变量间的可能关系或对于变量关系的陈述，且其内容必须是具体而可以被客观程序所验证的。假设可以通过条件式陈述、差异式陈述和函数式陈述三种方式来表述。

1.1.1.2 科学研究的方法和性质

科学研究主要通过调查法和实验法来进行。调查法是通过样本推论总群体的特性，为了保证样本的准确性，样本必须具有随机性、代表性、足够的数量。实验法是通过严谨的试验操作与被试随机分配程序，研究者得以将一群试验被试随机分配到试验因素（自变量）不同的试验处理中，并控制其他条件，使每一位被试在试验处理以外的情况保持一致，然后对于某一特定的行为或态度加以测量。在实验法中，干扰的排除或环境的控制是关键所在。准实验法（场地实验法）是将实验的方法用于解决实际问题的一种研究方法，它不能完全控制研究的条件，在某些方面降低了控制水平。但却是在接近现实的条件下，尽可能地运用实验设计的原则和要求，最大限度地控制因素，进行实验处理。

科学研究具有客观性、实证性和累积性。客观性是指设计有效的测量工具，在一定程序下观察、测量和记录；实证性是指基于观察或数据收集所得，从中获得明确的证据来支持或否定研究者所提出的假设；累积性是指从混沌未知的谜题中逐步厘清其脉络，建立一套解释性的知识框架，最后提出一套为人们所运用的知识。

1.1.2 教育研究

教育研究是指通过科学的研究方法去探索教育的本质，发现其中的规律并获得科学的结论，从而用来指导实践，促进教育不断发展的一系列研究活动。教育研究一般是对历史资料或相关数据进行整理和统计，在此基础上提出理论假设，再以思辨或实证的方式来验证假设，揭示存在的教育问题[①]，通过对一个小的样本系统的研究，将得出的研究结论推广，形成一个普遍的规律，从而用来解答整个教育系统中出现的这类问题[②]。

1.1.2.1 教育研究的特征

教育研究具有复杂性、跨学科性、科学性、人文性、动态性五个特征。

1. 复杂性

教育研究的复杂性主要表现在三个方面。从研究对象来说，教育研究的核心是围绕人，而人是复杂的，人既是一种自然存在物，也是一种社会存在物，人的行为既受生理因素的影响，也受心理因素的影响，不能一概而论，因此，教育研究是复杂的；从教育系统来说，它是一个由多种相互独立却又相互联系，并且能够相互作用的教育要素构成的有机整体，这个系统是动态的，并且与一定的社会政治和经济环境有着紧密的联系；从教育结构来说，各级阶段性的教育对象和教育内容都是不同的，教育的形式也会有所不同，因此，教育研究要在不同的教育结构中发现问题并验证问题，这种多样性也造成了教育研究的复杂性。

2. 跨学科性

教育研究面对人和社会发展的复杂性，其所研究的问题也是多样的，

---

① 朱波，王坦. 大数据之于教育研究范式的价值及其限度 [J]. 教育发展研究，2019 (21).
② 余胜泉，徐刘杰. 大数据时代的教育计算实验研究 [J]. 电化教育研究，2019，40 (1)：17-24.

往往会涉及社会学、心理学、经济学、管理学以及计算机科学等学科的理论。通过从不同的理论视角出发，在多种理论的基础上开展研究，可以对教育领域中出现的各种问题有更加全面和更深层次的分析，得出的结论也将更为客观合理。目前，受信息化趋势的推动，教育研究的跨学科性也更加突出。所谓"跨"，不仅仅是学科交叉、理论共用，还是研究视角、方法和思维的一种融合①。通过和不同学科进行融合，可以从更多方面来考虑教育对象受到的影响，从不同的角度去分析，能更好地解释学生的行为或存在的教育现象，从而更准确地把握今后的发展，有助于形成对未来更科学有效的预测。需要注意的是，教育研究与计算机、数学等学科之间的联系更加密切，相关性比以往更强，通过学科交叉可以帮助人们更好地认识教育背后蕴含的规律，同时，对教育研究者的能力方面也提出了更高的要求。

3. 科学性

教育研究具有科学性，只有科学的研究结论才能正确地反映教育事实、指导实践。与自然科学不同，由于教育研究主体和环境的特殊性，教育研究一直被认为是相对的科学。传统教育研究多采用思辨的方法，其基础是来源于一种经验和理性判断，研究结论受到研究主体认识能力和主观层次的影响较大，得出的结论可能是片面的、局部的②。但当这种经验或判断被事实验证是正确的，并广泛应用于教育实践时，就可以被称为科学研究理论。

随着计算机与网络技术的发展，教育研究的科学性正逐渐增强。通过新技术工具发现教育问题、监测教育状态、探索教育规律已成为可能，在此基础上，教育研究可以破除传统教育研究中对经验、理性判断、理性假设等的过度依赖，减少主观情感、价值观念和认知能力对研究过程的影响③。但教育研究的科学性，还取决于教育研究者的分析和技术能力，以

---

① 李政涛，文娟. 计算教育学：是否可能，如何可能？[J]. 远程教育杂志，2019，37（6）：12 – 18.

② 张务农. 大数据推动教育科学研究进入新境界 [J]. 中国教育学刊，2018（7）：32 – 36.

③ 南钢，夏云峰. 大数据时代的教育科学研究：可能、风险与策略 [J]. 湖南师范大学教育科学学报，2020，19（4）：87 – 94.

及所使用的具体的研究模型①。不可否认的是，教育研究具有其独特的科学性，并会逐渐借助其他学科的力量，在更强大的理论支撑下，提高其科学性与客观性。

4. 人文性

教育既有社会功能，也有个体功能。与自然科学以及其他社会科学的不同之处在于，教育具有很强的人文性②。教育关心人的情感、体验和价值观，关注人的主观层面和精神世界的构建，教育研究也具有这样的特点，研究的目的之一就是使教育的实践活动更好地发挥作用，促进每个人成为更好的、全面发展的独特的个体，而如何实现个性化的教学一直是教育研究需要攻克的难点。在信息技术的推动下，随着互联网的普及、社交媒体的产生和发展，教学方式也开始发生转变，更多的学生接受并习惯于在新的环境中学习和生活，养成了新的行为方式，其心理和认知程度上也呈现出了不一样的特点③。针对这种现状，教育研究需要结合新的背景和环境，融合其他学科的理论，从多个角度来对学生目前的学习特征进行研究。在未来，为了能够更好地实现个性化教育，教育研究需要与时俱进，对学生的知识掌握情况进行更有针对性的、准确的分析和判断，定制出适合不同学习能力的学生的个性化学习内容，生成有效的学生学习行为模型，对未来学生学习发展状况进行良好的预测。

5. 动态性

教育研究的动态性体现在教育研究内容上。教育研究不仅包括通过对历史资料的整理和分析，或者对当前教育现象以及事实的测量来揭示其中存在的教育问题，从而对当下的教育实践提出建议，还包括针对当前存在的教育问题提出理论假设，通过测量并设法验证，对未来可能出现的教育现象或发展趋势进行有根据的预测，进而提出一些可行性的措施。

---

① 王晶莹，张永和，宋倩茹，马勇军. 计算教育学：研究动态与应用场景 [J]. 开放教育研究，2020，26（4）：59-66.

② 南钢，夏云峰. 大数据时代的教育科学研究：可能、风险与策略 [J]. 湖南师范大学教育科学学报，2020，19（4）：87-94.

③ 张生. 构建新时代的计算教育学 [N]. 中国教育报，2018-04-07（003）.

目前，教育研究可以借助前沿的分析方法和工具，发现历史教育实践中折射出来的教育经验，实现对当前教育活动的监测，及时发现教育中存在的问题。还可以通过对不同阶段、不同时期的教育实践进行对比和分析，寻找教育过程中可能存在的教育规律，实现对未来的有效预测，既包括学生未来的学习状况、可能出现的问题、自身发展的需要等，又包括未来教育发展变化的趋势，这些都可以为教育者、教育管理者以及决策者提供帮助。对于教育研究者来说，研究的内容不仅仅是针对过去和现在，还是面向未来的。

1.1.2.2 教育研究的分类

根据研究的使用和受众的不同，教育研究可以分为基础研究和应用研究。基础研究也被称为学术研究或纯研究，其目的是丰富知识、扩充体系，以理论研究居多，可以扩展现有学科的知识体系；应用研究的基本目的则是解决当下的实际问题，往往是有特定的问题倾向，其实用价值更高。具体比较如表 1 - 1 所示①。

表 1 - 1 　　　　　　　　　　基础研究与应用研究比较

比较内容	基础研究	应用研究
使用/受众群体	研究人员	从业者、参与者或主管（非研究人员）
评价者	研究同行	从业者、监事
理论基础的严格性	非常高	较为温和
研究者的自主权	较高	限制的
优先考虑	验证真理	实用性
主要目标	创造新知识	解决实际问题
研究成果用途	出版或对研究人员产生影响	直接应用于解决特定问题

根据研究目的的不同，教育研究可以分为探索性研究、描述性研究和

---

① Lindsay R. Doing quantitative research in education with SPSS [J]. British Journal of Educational Technology，2005，36（2）：353 - 354.

解释性研究（见表 1-2）。探索性研究是针对一个鲜为人知的问题或现象进行调查，对其发展初步的想法，并向精细的研究问题发展；描述性研究的主要目的是用文字或数字"描绘一幅图画"，并给出一个概要、一种类型的分类，或回答诸如谁、何时、何地、如何等问题的步骤大纲；解释性研究是解释事件发生的原因，并建立、阐述、扩展或检验理论的研究。

表 1-2　　　　探索性研究、描述性研究和解释性研究步骤的比较

探索性研究	描述性研究	解释性研究
熟悉已有的基本事实	准备详细并准确的数据	检验理论的猜想或原理
展开构思、产生新的想法	定位与过去数据相矛盾的新数据	阐述和丰富对理论的解释
拟订并聚焦将要研究的问题	创建一组类别或分类类型	将理论扩展到新问题上
提出猜想或假设	阐明步骤或阶段顺序	支持或反驳一种解释或猜测
确定进行研究的可行性	记录因果过程或机制	将问题与普遍原则联系起来
开发测量研究的技术或工具	形成研究报告	确定一种最好的解释

根据研究的时间维度划分，教育研究可以分为横向研究和纵向研究。横向研究是指在某个时间点收集数据，从而研究分析在这一时间点发生的教育事实或存在的教育现象；纵向研究是收集几个不同时间点的数据，针对跨越一段时间的事件、人或行为的动态研究。

1.1.3　教育研究范式

范式（paradigm），意为模范或模型。最初由美国著名科学哲学家托马斯·库恩在《科学革命的结构》中提出。其内涵有两层：一是科学共同体的共同承诺集合；二是科学共同体共有的范例。范式在一定程度内具有公认性；范式是一个由基本定律、理论、应用以及相关的仪器设备等构成的一个整体，它的存在给科学家提供了一个研究纲领；范式还为科学研究提供了可模仿的成功先例。从本质上来讲，范式是一种理论体系，范式理论指常规科学所赖以运作的理论基础和实践规范。

1.1.3.1 科学研究范式的演变

范式的转移是指一个领域里出现新的学术成果，打破了原有的假设或者法则，从而迫使人们对本学科的很多基本理论作出根本性的修正。历史上，科学研究范式的演变经历了四个阶段：经验范式、理论范式、模拟范式以及数据密集型范式，如表 1-3 所示。

表 1-3   四种科学研究范式

科学研究范式	时间	科学模型	具体表现
经验范式	几千年以前	科学实验	描述事实和自然现象
理论范式	几百年以前	数学模型	利用模型总结、分类和归纳
模拟范式	几十年以前	计算机仿真或模拟	计算机仿真模拟
数据密集型范式	现在	数据挖掘、大数据技术工具和算法	由仪器捕获或由模拟器生成数据；通过软件处理；信息存储在计算机中；科学分析数据库

（1）经验范式是偏重于经验事实的描述和明确具体的实用性的科学研究范式。在研究方法上以归纳为主，带有较多盲目性的观测和实验，经典研究方法是三表法——先观察、进而假设、再根据假设进行实验。经验范式的科学模型为科学实验。（2）理论范式主要指偏重理论总结和理性概括，强调较高普遍的理论认识而非直接实用意义的科学研究范式。在研究方法上以演绎为主，不局限于描述经验事实。理论范式的科学模型为数学模型。（3）模拟范式是一个与数据模型构建、定量分析方法以及利用计算机来分析和解决科学问题的研究范式。研究领域在于数值模拟，模拟拟合与数据分析，计算优化。模拟范式在研究中所用模型主要是计算机仿真或模拟。（4）数据密集型范式是针对数据密集型科学，由传统的假设驱动向基于科学数据进行探索的科学方法的转变而生成的科学研究范式，其研究对象是科学数据。

1.1.3.2　教育研究范式的变迁

教育研究范式就是应用于教育领域，为教育实践提供方法论指导的系列准则和理论。在我国，早在春秋战国时期，孔子在《论语》中就已提出"有教无类"的普世教育思想和"因材施教""思学结合"等教育原则；而在西方，昆体良是第一位根据人的个性差异进行施教的教育家，他的著作——《论演说家的教育》结合教学实践经验，主张学校教育应考虑学生的个别特性，并提出了"模仿—理论—练习"的三阶段学习过程理论。

教育研究范式的发展与演变也分为四个时期。（1）从古希腊到 17 世纪中叶，教育研究处于朴素唯物观基础上的直觉观察期。在哲学与宗教思想的影响下，教育研究的方法主要是对教育实践经验进行归纳以及依赖于直觉的思辨，由此逐渐形成了最初的教育研究范式——哲学思辨范式。（2）17 世纪到 20 世纪初，随着近代科学的诞生和生产力的迅速发展，教育研究迈入以实证分析为主的方法论时期，和逻辑推演方法相结合、以牛顿的经典力学理论为标志的近代机械自然观逐渐形成。这个时期的教育研究方法从经验的描述演进到理论的归纳，将教育看作一个进化过程来研究，不仅刻画教育现象的特点，而且还揭示现象间的联系与演化。（3）第二次世界大战以后，随着后现代主义思潮的涌现，以尼采为代表的非理性主义哲学开始以一种崭新的视角解释世界，他们强调对定量研究方法的解构与反思。狄尔泰认为，"理解"是人文科学不同于自然科学"说明"的方法论核心，他主张人文科学不应简单模仿和移植自然科学的方法论。由此，教育研究开启了新的研究范式——解释主义范式。（4）21 世纪以来，随着数字化时代的深入发展，社交网络、智能感知、云计算、物联网等技术得到广泛应用，人类在生产生活中的数据不断被自动记录。同时，大数据也逐渐渗透到教育领域的教、学、管、评等各个方面，海量且快速增长的数据蕴藏着对教育生态系统优化与变革的巨大价值，并对教育研究范式的演进和创新产生深远影响。图灵奖获得者吉姆·格雷（Jim Gray）在2009 年提出了科学研究的第四种范式——数据密集型范式。

教育研究范式经历了观察描述的经验论证期、基于假设的理论推演期和实证分析的方法论期，目前，正经历向新范式的转变，处于向数据密集型科学研究范式的过渡阶段，但其基本范式仍为思辨研究和实证研究。实证研究包括定量研究、定性研究和混合研究。

思辨研究是在研究者的认识能力和价值观念的基础上，通过对已有概念、理论、命题的思考，经过逻辑推理来解释事物或问题的本质。思辨研究的特点在于重逻辑推理，而这种演绎过程是建立在研究者自身的理性认识能力基础上的，它受研究者的主观价值和情感影响较大，是一种基于经验去认识事物本质的研究方法。同时，由于思辨研究认为事物的本质是固定的、不会再改变的，但用静止的观点来面对问题是片面的、缺乏科学性的[①]。

实证研究则是通过观察和收集资料，提出理论假设，并设法去验证假设，是基于证据去探索事物本质或规律的研究方法[②]。其中，定量研究是基于科学的现实主义，认为教育现实的本质是客观的和物质的，采用"自上而下"的方法，先提出理论假设，再通过样本数据来检验假设或理论。它认为人的行为是有规律可循、可以预见的，因此，可以通过定量的、数值的描述来预测未来。教育定量研究中常用的方法，有调查法和实验法。定性研究则是基于相对主义，认为教育理论并不是客观存在的，而是通过认识和实践主体在教育环境中主观构建起来的，采用"自下而上"的方法，通过定性、主观的描述来理解和探究事物本质，再形成假设和扎根理论，它认为人的行为是不可预见的。教育定性研究中常用的方法有参与观察法、访谈法、历史研究法、行动研究法等。定量研究和定性研究在很多方面都是相对的，在实际应用中，各有各的不足之处，如定量研究过度重视数据而忽略人的主观因素的影响，定性研究缺乏理论和数据的支撑，不具有完备的科学性。基于此，有学者提出了混合研究。混合研究以辩证的实用主义为基础，将定量研究和定性研究结合起来，兼用验证性和探究性的方法。它认为人的行为是复杂的，受多重因素的影响，但也不是完全无规律可循，是部分可

---

① 彭荣础. 思辨研究方法：历史、困境与前景 [J]. 大学教育科学，2011 (5)：86-88.
② 姚计海. 教育实证研究方法的范式问题与反思 [J]. 华东师范大学学报（教育科学版），2017，35 (3)：64-71，169-170.

预见的①。混合研究在数据的支撑下，又考虑到了人的主观层面的作用力，因此，得出的结论能更好地解释教育现实，兼顾了科学性和人文性，能较好地应用到教育实践中。混合研究也是目前教育研究中应用较为广泛的一种研究范式。定量研究、定性研究与混合研究的比较如表 1 - 4 所示。

表 1 - 4　　　　　　定量研究、定性研究与混合研究的比较

比较内容	定量研究	定性研究	混合研究
研究方法	验证性或"自上而下"的方法，用数据来检验假设和理论	探究性或"自下而上"的方法，基于实地研究所得数据来生成或构建知识、假设和扎根理论	验证性和探究性方法
认识论	科学的现实主义	相对主义	辩证的实用主义
有关人类思想与行为的观点	有规律的、可预见的	环境的、社会的、情景的、个人的、不可预见的	复杂的、部分可预见的，受多重影响的
具体研究方法	调查法、实验法	参与观察法、访谈法、历史研究法、行动研究法	—

　　教育研究范式的发展与变革，推动着教育研究从主观的、以经验判断为基础发展成为客观的、以数据为基础，由研究小范围的样本数据到全样本的分析，由研究局部的教育现象到观测整个教育系统，促进了教育理论的发展与创新，推动着教育实践活动的科学化和个性化。

1.2　教育研究中的量化分析

1.2.1　量化分析的特征

　　量化分析的三个关键特征是有效性、可靠性和通用性②。

――――――――――

　　①　陈明选，俞文韬. 信息化进程中教育研究范式的转型 [J]. 高等教育研究，2016，37 (12)：47 - 55.

　　②　Lawrence N. Social research methods：qualitative and quantitative approaches [J]. Social Research Methods Qualitative & Quantitative Approaches，2005，39 (3)：447 - 448.

第一个特征是有效性。有效性指研究是否在测量想要测量的东西，教育研究中大多数想要或需要测量的概念，如自我概念或态度等，都是不能直接进行测量的。自尊是一个抽象的概念，在某种程度上，它是通过测量而产生的。但研究者不能直接进入人的大脑，知道被测人员在想什么、感受到什么或经历了什么。从这个意义上来讲，自尊是一个潜在的变量——一个不能直接测量的变量。因此，研究就需要开发能间接测量这些概念的工具，例如，通过问卷调查的方式，使每个问题都变成一个明显的变量（即实际测量的变量），从而梳理出潜在的概念。比如，教育研究中量化分析的主要变量之一就是成绩，在教育研究中，成绩经常被用作一种衡量结果的指标，从而达到研究者想要对学生在某一学科上的能力或成就，或者对他们的学习做出一些更广泛的评价等研究目的。而对于一些更加抽象的研究目的，比如，研究学生的未来发展潜能、学生学习自我效能感等，用成绩来测量这些变量是否有效，就需要研究者进行进一步的验证。

第二个特征是可靠性。在测量中，可靠性是一个关键的概念。在衡量教育研究中的学术成就或教师行为等概念时，可靠性就尤为重要。可靠性指的是研究过程是否科学、是否值得信任，但大部分研究都会有一些误差因素，叫作测量误差。信度是指测试分数不存在测量误差的程度。我们在测试或量表中得到的任何分数都包含三个主要元素：分数 = 真分数 + 系统误差 + 随机误差。其中，真分数是我们真正想要测量的，没有任何错误的分数；系统误差是指从一个测量值到另一个测量值的误差，系统误差是指已知的、可控的错误，如果不知道系统误差是什么，测量将变得不那么有效；可靠性与误差的最后一部分有关，即非系统或随机误差，这种误差会随着测量的变化而变化，并且是不可预测的，这种类型的误差通常在科学测量仪器中是相当有限的，但在教育研究的测量中则可能是相当严重的，例如，学校的成绩测试，很多因素都会导致测试的效度、信度和泛化性的可靠性较低，从而导致随机误差。甚至更随机的因素也能起到干预作用，比如，学生在考试时的情绪，房间里的温度等。系统误差和随机误差都可能导致研究变得不可靠，但系统误差可以在开发工具时予以控制，而随机误差则更需要在研究设计时予以降低其影响性。显然，不可靠性在量化分析中是很严重的问题。如果研究测量的东西不可靠，那么研究结果也会变得不可靠，任何结论都具有科学性和可推广性，不可靠的研究工具也会影响得出严谨科学的研究结果。在教育研究中，工具的低可靠性是研究的科学性不完备、变量关系间不密切、研究结论不具有普适性的原因之一。

第三个特征是通用性。量化分析通常需要从总体中抽取样本，用样本进行研究，极少的研究会选择测量总体。严格来说，研究结果只与该样本相关，但科学研究通常都会想要发现一般性的规律，即将研究结论进行推广以适用于其他类似的情况。如当研究教师行为和学生成就之间的关系时，研究并不只是想发现样本中的100名教师与学生之间的作用机制，证明教师的某种行为对学生成就具有显著影响性，而是要更广泛地研究教师的行为影响与作用，即哪种教师行为会促进学生的高成就，形成学生未来的高水平发展。

1.2.2　量化分析的步骤

1.2.2.1　确定研究目标

任何研究都是从制定研究目标开始的，研究目标将决定要做什么样的研究。研究目标描述了研究领域以及如何进行研究。任何研究都需要清楚地说明研究目标，研究目标必须是现实的，要考虑到研究的可行性及可研究的程度，必须限制在可研究的范围内。

另外，还需要清楚研究的目标群体以及样本容量是多少。例如，对学生的座位安排是否会对学生学习成绩产生影响进行研究，在做实验之前，必须清楚研究结论想要概括到的群体，这会影响对实验参与者的选取，即研究的目标群体。如果只想对中学生进行研究，那么研究样本就不能选择小学生，研究结论也不能推广到小学生这个群体上。在研究样本容量的选择上要考虑到，对这样的样本容量进行研究，得出的结论能否使其具有可推广性。是让40个学生坐在两种不同的座位上，观察能发现什么影响？还是让100个学生坐在两种不同的座位上？研究其实是想要更广泛地讨论学生的座位安排，因此，也需要考虑40或100的样本容量能否达到研究的要求。

1.2.2.2　提出研究假设

制定的研究目标需要被提炼成想要测量的一些特定研究假设的形式。研究假设可以被定义为"对一系列事实的初步解释，并可以通过进一步的测量和调查来验证"。在量化分析中，通常会考虑形成两种不同类型的假设：无效假设和替代假设。例如，研究想知道在课程 PPT 中添加动态图片是否会提高学生对关键内容的记忆，则可以形成以下两个假设。

无效假设（H_0）：增加动态图片不会提高学生对内容的记忆。

替代假设（H_1）：增加动态图片将提高学生对内容的记忆。

这个例子展示了最简单的情况，即只有一个假设需要被检验。而在大多数的研究中，会存在多个假设，也可以假设影响变量之间关系的中介因素。如果对上述假设新增一个附加的假设，即作为中介因素的动态图片是否与内容对齐，则假设为：

H_0：如果动态图片与内容不紧密对齐，增加动态图片并不能提高学生对内容的记忆。

H_1：如果动态图片与内容紧密结合，增加动态图片将提高学生对内容的记忆。

虽然术语指的是"无效假设"，但这并不一定意味着无效假设总是必须指明不会有任何影响，而替代假设则指明会有影响。无效假设本身可以预测特定值，例如：

H_0：男孩和女孩在单词记忆上的差异将低于 20%。

H_1：男生和女生在单词记忆测试上的差异将超过 20%。

在实践中，大多数研究人员会检验一个无差异的无效假设，因为标准统计检验通常只是为了检验这个假设。

1.2.2.3　建立研究设计

一旦确定了研究问题，就需要设计研究。设计一项研究需要对选择的案例或样本的类型、如何衡量相关因素以及采用什么研究技术或工具（如问卷调查、实验）做出设计、规划与决策。注意，在这个研究阶段，设计逻辑需要由特定的相应理论决定。

1.2.2.4　收集数据

在详细设计一个研究之后，必须仔细地记录和验证信息，通常是以数字的形式。如果是实验研究，就需要进行观测和记录；如果是非实验研究，就可能涉及样本抽取、问卷发放与回收等环节。在数据收集完成后，还需要对数据进行处理，将数据转换成计算机可读的格式，方便进行下一步分析。

1.2.2.5　分析数据

根据实验目标和实验目的分析数据，这一步通常需要使用计算机软件及技术来处理，包括但不限于形成可视化图像、创建表格、进行统计与描述等措施。

1.2.2.6　解释数据

在制作完图像、表格和统计数据之后，必须确定它们的含义。通过检查分析数据，使用研究主题的知识，并利用理论来回答研究问题、检验研究假设。综合考虑对数据的不同解释，将该研究结果与过去的研究结果进行比较，从而得出研究可指向的、更广泛的应用价值。

1.2.2.7　形成研究报告

根据研究目标，以相应的特定格式撰写一份关于研究的报告，并对研究分析及其结果进行文字描述。

1.2.3　量化分析的方法

量化分析的方法主要分为两种：一种是介入型的分析，即实验研究；另一种是非介入型的分析，即非实验研究[①]。本书重点对非介入型的相关

---

① Johnson R B, Christensen L. Educational Research: Quantitative, Qualitative, and Mixed Approaches [M]. SAGE Publication, 2020.

方法进行具体介绍，所介绍的方法为当前量化分析中经常采用的，如文献分析法、调查问卷法、社会网络分析法、文本挖掘法等。

1.2.3.1 文献分析法

由于教育研究的特殊性和复杂性，所谓的"经验"，即前人的研究对后续研究至关重要，因此，文献分析法是教育研究的一种特殊且常用的方法。学术文献是教育研究过程中最常使用的资源。文献分析法通常是先通过确定需要的文献类别、数量等确定文献检索的方法、策略及获取渠道，然后再对收集到的文献进行分析。具体分析过程可以通过绘制知识图谱来实现对引文、共被引与耦合、词频与共词等的分析，在工具上可以通过使用 CiteSpace、HistCite、VOSviewer 等来实现对文献的可视化分析。知识图谱分析法可以独立地用于某种研究，也可以与其他方法相结合，作为研究热点的探索，有很强的实用性。

1.2.3.2 调查问卷法

教育研究中最常用的方法是调查问卷法，即使用电话或面对面地通过纸质的、标准的问卷调查表来收集数据，目前，则越来越多地使用基于网络的在线填写的问卷。

调查研究有许多优势。首先，调查研究具有高度的灵活性，使用调查方法可以研究广泛的问题，无论是纵向的还是横向的，无论是描述性还是探索性等；其次，通过调查研究收集数据的成本较低，也很容易保证被调查者的匿名性，因此，调查研究特别适合于征求对特定问题的意见和感受；最后，由于调查问卷是统一制定的，而使用标准化的问题可以便于对被调查者和被调查群体之间进行比较。

但调查问卷法也存在劣势。首先，在使用调查问卷法时，研究者无法有效地控制环境，因此，在纵向研究中很难得到科学、值得信赖的证明因果关系问题的结论；其次，由于问卷是标准化的，其性质限制了被调查者回答的长度和深度，即研究者很难仅通过问卷来更深入地和合理地解释被调查者在不同题项上存在差异的原因；最后，虽然问卷非常适合收集被调查群体对某种情况的看法或意见的信息，但被调查者的自我认知或在对题项的理解上可能会出错，即可能会出现无意识错答或有意识错答的情况，从而影响调查研究结果的可靠性。

1.2.3.3　社会网络分析法

社会网络是指某些特定社会群体之间构成的相对稳定的社会关系。社会网络分析是对社会关系进行量化分析的一种方法，主要用于描述和测量行动者之间的关系以及这些关系中所包含的东西，如资源、信息等，并利用这些关系建立模型，进而研究这些关系与行动者行为之间的相互影响[①]。在分析的过程中，既可以根据研究问题的需求构建合适的算法进行研究，也可以利用很多成熟的工具来进行分析，常用的分析工具如 UCINET、NodeXL、CFINDER 等[②]。例如，在线学习的"情感缺失"问题成为在线教学发展的难题，情感与在线学习行为之间有着密切的关联，关注在线教学中学生学习情感的变化将是在线教学的重点内容之一。有研究借助 UCINET 软件构建情感临场感关系网络，结合分析结果中的情感临场感网络密度来判断情感临场感的紧密程度，也通过中心性分析中的点度中心度和中介中心度来探索各个情感在整个情感临场感网络中的重要性和中介功能性，研究发现：（1）在线学习环境中，情感临场感具有积极趋向性、局部紧密性和功能差异性；（2）教学临场感相关情感在构建情感临场感网络中扮演更为重要的中介作用；（3）在线学习环境中，情感临场感区域之间存在多向流动关系。该研究通过社会网络分析方法，为弥补在线教学的不足提供了新思路，并且该研究发现，为提出在线学习的情感策略提供了重要参考，对促进教育领域中在线学习的发展有重要意义。将社会网络分析方法引入教育研究中，能够通过对教育现实问题的研究，最终为解决教育发展难题提供新的解决思路和解决办法。

---

① 刘军. 社会网络分析导论［M］. 北京：社会科学文献出版社，2004.
② 徐恪，张赛，陈昊，等. 在线社会网络的测量与分析［J］. 计算机学报，2014，37（1）：165－188.

1.2.3.4　文本挖掘法

文本挖掘法是一种通过挖掘、收集从而分析文本内容的方法。使用文本挖掘的好处在于，文本数据是客观的，不会受到研究者主观意识的影响，文本挖掘可以弥补一些难以长期、系统地进行观察的研究情况，通过收集并记录某一时刻或某一期间的文本数据来完成研究。文本分析对三种类型的研究问题很有用：一是涉及大量文本数据的问题，比如，可以通过收集和多重编码来分析10年内出台的所有教育政策；二是在时间、空间跨度上较远或者较分散的内容，比如，可以抓取国外高等教育在信息化教学上的实践及案例进而分析；三是难以通过随意观察或记录的内容，比如，研究者无法参与某课程线上教学实践的过程，难以进行观察和记录，就可以选择通过学生对该课程的评价或意见内容来继续研究。

文本挖掘法的特别之处在于，通过对文本的分析可以揭示文本中难以通过随意观察看到的信息或关系。即使是文本的创作者或阅读者也可能不知道文本的所有主题、偏见或特征，例如，有研究通过抓取某网站上学生对未来想法及憧憬的讨论的文本分析中发现，女生更多地谈论人际关系和社会关系，而男生则更多地谈论成就主题。

1.2.4　量化分析在教育研究中的应用场景

量化分析在教育研究中的应用场景可以概括为：改善教学环境、分析教学行为以及优化教育管理。具体包括教学环境设计、师生人格品质研究、师生课堂互动与学生学习分析、个性化评价以及教育政策改革等[①]。

1.2.4.1　改善教学环境

教学环境是由多种要素组成的复杂系统，从广义上来看，是指影响学校教学活动的所有要素，狭义的教学环境是指班级内教学活动的全部条件，既包括物理环境，又包括文化环境。教学环境设计就是指对教学环境

---

① 王晶莹，张永和，宋倩茹，马勇军. 计算教育学：研究动态与应用场景［J］. 开放教育研究，2020，26（4）：59－66.

进行物理、文化设计，其中，物理设计又包括设施环境，比如，教学场所和教学用具、自然环境、时空环境；文化设计包括班风与课堂氛围、情感环境与师生关系等。通过定量研究，可以使教学环境在物理设计方面和文化设计方面均发生新的改变。例如，通过对智慧校园建设进行意见调查，有利于更好地建设智慧化、智能化的校园，从而使教学环境更加智能、便利；将虚拟现实和模拟技术引入教学过程中，通过实验的方法测试交互学习环境对学生学习和发展的影响。

1.2.4.2　分析教学行为

教学行为是指在教学过程中，教师和学生为达到教学目的而采取的行为，包括教师与学生之间的相互作用、学生与学生之间的相互作用、教师与学生及教学环境的相互作用，一般直接将教学行为分为教师教学行为、学生学习行为和师生交互行为。

1. 教师教学行为分析

对教师教学行为进行分析与评价能够将教师在课堂上的教学行为评价结果反馈给教师，有助于提高教师的教学能力。传统的教师行为评价方式在很大程度上依赖于学校管理人员、教学督导或者其他专业教师，这种评价方式比较耗时、耗力且单一，只能对一节课进行评价，但不能对教师课堂行为进行客观和长期观察。而随着信息化资源和智能设备的建设和使用，使得运用量化分析对教师行为在评价方式和评价内容上有了全新的可能。比如，利用视频来观察教师人体姿态等，之后再将观察到的东西数据化，对人体姿态的分析可以反映出人体的运动特征、人的情绪。在教师教学过程中，有学者发现，小规模限制性在线课程论坛中产生的对话文本为教师了解学习者兴趣、实现智能化和个性化教学带来了契机，通过量化研究剖析了 SPOC 论坛中学习者学习兴趣主题与教学内容的相关性以及对学生学习成效的影响[①]。

---

① 刘智，杨重阳，彭晛，刘三女牙，粟柱，章广涛. SPOC 论坛互动中学习者情绪特征及其与学习效果的关系研究 [J]. 中国电化教育，2018（4）：102 – 110.

2. 学生学习行为分析

学生的学习行为分析主要是借助多种信息技术，根据学生行为的生理模式、运动方式等，通过量化学生不断产生的认知、行为与心理足迹数据，从而分析与预测学生的行为。基于数据的量化分析可以构建学生模型、学业成绩预测、行为模式发现、学习反馈与评价等，可以实现学生的个性化学习[①]。在线上教学过程中，可以基于学习者画像实现对学生的个性化评价。画像技术指通过收集用户在互联网上留下的各种数据，人为地对数据进行贴标签，最后通过不断地概括总结得到对用户的精准刻画。学生在线上学习时会留下种种数据，通过对诸如学习成绩、学习时长、学习习惯等数据进行整合、量化，再利用画像技术精准地识别学习者的状态，从而实现精准指导与干预，实现学生的个性化学习。例如，有学者通过对云课堂平台课程论坛讨论区进行数据采集，采用社会网络分析方法，分析在线学习者在互动讨论中形成的社会网络位置关系与学习成效之间的相关性，从而帮助学生有效地提高学习成绩，增强学习效果[②]。

3. 师生交互行为分析

目前，线上教学、混合教学日趋流行，成为新型教学模式中不可缺少的重要部分。在线课堂、在线学习社区等新的教育方式与传统课堂相比，虽然缺乏教师和学生面对面的交流，但以各种交流平台为载体进行沟通已成为当下知识传播的重要手段之一。而交互行为是在线课堂的核心，因此，研究在线课堂中的交互行为对改善在线课堂的学与教具有重要的意义。在线课堂中，教学者和学习者通过各种交流平台交流情感、传递信息、共享知识，逐渐形成了一定的社会网络，这个社会网络是网络课堂的重要基础，相当于在线课堂的交互模式，可以帮助研究者和使用者理解在线课堂中成员之间存在的关系，以及成员之间的交互行为[③]。例如，有学

---

① 牟智佳，俞显，武法提. 国际教育数据挖掘研究现状的可视化分析：热点与趋势 [J]. 电化教育研究，2017，38（4）：108－114.

② 石月凤，刘三女牙，刘智，韩继辉，彭眼. 基于社会网络分析的在线学习行为分析实证研究 [J]. 中国教育信息化，2019（1）：5－10.

③ 肖莉. 基于社会网络分析的网络课堂中的交互行为研究 [D]. 武汉：华中师范大学，2011.

者选取现代教育技术网络课堂为案例，采用社会网络分析方法，在描述网络课堂社会网络的基础上分析在线课堂中学习者的交互行为，探索网络课堂中学习者的学习交互行为与网络课堂学习效果之间的关系，为网络课堂教学实践提供了一定的建议和策略①。

1.2.4.3　优化教育管理

随着社会经济的不断发展和教育技术信息化的不断推进，教育管理也逐渐变得更加科学化，通过对教育事实和教育现象的研究分析，可以辅助教育管理者更好地进行教育决策、促进科学的教师管理、教师评价和教学评估，优化教育管理。

1. 教育决策

管理学家西蒙认为"管理就是决策"，决策贯穿于管理活动的方方面面。教育决策指为了实现预定的教学目标，采用科学的理论和方法，从多种预案中选择一个最佳行动方案所做的决定。传统的教育决策往往和经验挂钩，容易出现"拍脑袋"行为，而基于数据的教育决策，在微观层面上可以协助教师提高教学质量，可以利用教育全数据对学生进行多方位、多角度的分析，确定学生不同的学习需求，对学生进行学习诊断；在中观层面上，基于数据的教育决策有助于学校和学区实现精准化教育管理，在政策实施上更加准确，例如，可以测量学生的缺勤频率，量化分析出潜在的因果因素，分析学生缺勤的原因有助于及时改善教育环境和调整相应政策，再如通过分析学生的入学数据，可以基于入学趋势来预测学生的兴趣模式，从而分析引入新学科后可能出现的现象、预测学生转移学分行为、确定学生的留校率，并试图评估学生辍学的潜在原因，及时制定相应的循证决策建议；在宏观上，基于数据的教育决策有助于国家教育行政部门更科学地制定相关政策。教育政策是教育办学的路标，准确把握政策的内涵和意义能帮助政策的执行者更好地展开相应的工作。

---

① 肖莉. 基于社会网络分析的网络课堂中的交互行为研究 [D]. 武汉：华中师范大学，2011.

2. 教学过程管理

在教学过程中，通过量化分析可以帮助教师理解学生的学习过程，也能够实现学业预测、情感调节和相关资源的个性推荐。例如，赵帅通过量化分析构建回归模型，测算学生与 MOOC 间的情感指数与学生成绩之间的关系，帮助教师及时了解学生动态，据此优化教学，也对完善 MOOC 平台的授课反馈机制具有启发意义[①]；刘智等通过对云课堂平台中基于情绪词典的发帖内容，调查学习者情绪的表达特征和群体情绪的演化趋势，验证不同学业成就学习者的情绪差异性以及情绪与学习效果相关性，帮助教师及时获取学习者的心理状态和学习诉求，实施精准化的教学干预[②]；黄昌勤等聚焦学习云空间中学习者情感的获取与应用，提出了基于空间交互文本大数据的情感分析方法及其学习推荐机制，以此分析学习者的情感，满足基于网络空间的个性化知识建构需求[③]。

3. 教师管理与教师评教

在教师管理方面，华东师范大学教育信息技术系以 TPACK 框架进行话语编码和分类，通过统计各类话语的比重，旨在测量和评价师范生在真实的教学设计过程中关注的焦点和变化情况，为培养教师的信息技术整合能力为目标的教师教育课程提供了建议。冯博等从大学科研团队成员在团队中所处的网络位置与其知识共享行为的关系研究出发，分析了个人在科研团队中积极情绪与正向发展的影响因素，对大学科研团队建设及成员进步具有支撑意义[④]。

在教师评教方面，随着教育信息化的深入，网络化的学生评教已经被广泛应用，并积累了大量的原始数据。马秀麟等通过对学校学生评教数据展开分析，检测了学生评教的有效性水平，探究了影响评教成绩的主要原

① 赵帅，黄晓婷，卢晓东.情感指数对 MOOC 学生成绩的预测研究［J］.中国大学教学，2019（5）：66–71.

② 刘智，杨重阳，彭眈，刘三女牙，粟柱，章广涛.SPOC 论坛互动中学习者情绪特征及其与学习效果的关系研究［J］.中国电化教育，2018（4）：102–110.

③ 黄昌勤，俞建慧，王希哲.学习云空间中基于情感分析的学习推荐研究［J］.中国电化教育，2018（10）：7–14，39.

④ 冯博，刘佳.大学科研团队知识共享的社会网络分析［J］.科学学研究，2007，25（6）：8.

因，从而对学生评教和教师专业化发展提出建议[1]。罗玉萍等通过对学生留言进行情感挖掘，建立情感词库，从而促进学生的有效评教，帮助提高教师的教学积极性和教学管理的服务水平[2]。

4. 教学质量评估

教学质量评估对改进教学策略、提升教学质量具有重要的调控和导向作用。为解决当前高校教学质量评估过程中存在的不足，以提高高校教学质量评估的准确性，王磊等对收集到的高校教学质量的历史数据进行量化与预处理，构建了教学质量评估学习样本，更加满足高校现代教学管理要求[3]。刘坚等通过对教学评价数据的量化分析，构建了课堂教学质量的综合评价指标，更加清晰地对课堂教学水平进行等级划分，可以有效促进课堂教学质量的提高和教学管理的完善[4]。

1.3　本章小结

本章对教育研究进行了概述。建立在科学研究概念的基础上，教育研究是指通过科学的研究方法去探索教育的本质、发现其中的规律并获得科学的结论，从而用来指导实践、促进教育不断发展的一系列研究活动。教育研究具有复杂性、相关性、科学性、人文性和动态性。教育研究范式经历了观察描述的经验论证期、基于假设的理论推演期和实证分析的方法论期，目前，正经历向新范式的转变，处于向数据密集型科学研究范式的过渡阶段，但其基本范式仍为思辨研究和实证研究，混合研究是目前教育研究中应用较为广泛的一种研究范式。

量化分析的三个关键特征是有效性、可靠性和通用性。本章叙述了量

① 马秀麟，袁克定，刘立超. 从大数据挖掘的视角分析学生评教的有效性 [J]. 中国电化教育，2014（10）：78 – 84.
② 罗玉萍，潘庆先，刘丽娜，张鲁华. 基于情感挖掘的学生评教系统设计及其应用 [J]. 中国电化教育，2018（4）：91 – 95.
③ 王磊，张慧娟. 集成神经网络的高校教学质量评估系统研究 [J]. 现代电子技术，2021.
④ 刘坚，黄钰莹，颜李朝. 课堂教学评价数据挖掘与分析 [J]. 湖南师范大学教育科学学报，2019，18（2）：7.

化分析的七个步骤：确定研究目标－提出研究假设－建立研究设计－收集数据－分析数据－解释数据－形成研究报告；介绍了量化分析的两个方法：介入型分析即实验研究、非介入型分析即非实验研究；综述了量化分析在教育研究中的应用场景，包括改善教学环境、分析教学行为和优化教育管理。量化分析对教育研究至关重要，而随着研究工具的不断进步，量化分析在教育研究中的占比也稳步攀升。使用量化分析方法来进行教育研究有利于使研究过程和结论都更加科学化、更有理论说服力，从而也能更好地应用于现实和指导实践。

第 2 章

研究文献的检索与获取

【学习目标】

1. 理解文献检索对于教育研究的必要性。
2. 掌握研究文献、文献信息源以及文献检索的概念。
3. 掌握文献检索的方法、策略以及检索技巧。
4. 了解教育研究所需的获取文献的主要途径。
5. 掌握学术数据库、搜索引擎等学术资源的使用。

由于教育研究的特殊性和复杂性，以往的研究经验和成果对后续研究有着至关重要的指导和启发作用。研究文献则是沟通以往与未来研究的重要桥梁，是教育研究量化分析过程中最常使用的资源，同时，研究文献也是教育研究中量化分析的重要研究对象之一。首先，本章对文献、文献信息源以及文献检索的概念进行了梳理；其次，对文献检索的过程和方法进行了详细说明，阐述了文献检索策略的制定以及相应方案的设计；最后，则从实际操作的视角，对各个数据库、搜索引擎等资源的使用进行了介绍。

2.1　文献

文献是指为了表达思想、学习、参考、贮存、交流的需要，通过一定的记录方式将信息记录在某种实物载体上形成的产品①。将概念拆解，提

---

① 于良芝. 图书馆情报学概论［M］. 北京：国家图书馆出版社，2016：21.

取可知，文献是由知识、载体和记录三要素构成的。信息与知识是构成文献的主体，没有信息或知识内容的任何形式的载体，只能称之为物质，而非文献。实物载体是指用来记载知识或信息的人工附载物，尽管数字化正在飞速发展，迄今为止，最常用的信息载体还是我国汉代时期发明的纸张。记录方式是将表达特定知识、消息、事实等意义的特定数据物化到实物载体之上的方式，或把特定信息进行载体转移的方式，如手写、印刷、光感、机录等。

根据文献的构成要素可以对文献进行不同角度的划分，从而产生不同的文献类型，如纸张型文献、视听型文献、数字化文献；一次文献、二次文献、三次文献、零次文献；学术文献和非学术文献等。其中，一次文献主要指作者以本人的研究成果为基本素材而创作或撰写的原始文献，如期刊论文、专著、研究报告等；二次文献主要指文献工作者对一次文献进行加工、提炼和压缩之后得到的产物，是为了便于管理利用一次文献而编辑、出版和累积起来的工具性文献，如文摘、索引、目录等；三次文献主要指对一次文献和二次文献进行广泛深入的分析研究之后综合概括而成的产物，如百科全书、教科书、手册、专题述评、综述、指南等；零次文献则指尚未经过系统整理形成一次文献的零散资料。学术文献指以知识为信息类型的研究文献，如学术专著、学术期刊、研究报告等；非学术文献则指除学术文献外的其他文献。

学术文献是研究过程中最常使用的资源，具有若干突出特点。首先，学术文献是科学研究和技术研究结果的最终表现形式，包含着知识创新的结晶；其次，学术文献通常需要遵循学术写作规范，包括语言规范、引文规范、结构规范等；最后，大部分学术文献都要经过"同行评审"，以保证文章的内容是可读的、可信的和有意义的[①]。

2.2 文献信息源

信息源是人们在科研、生产及其他一切人类活动中产生并积累下来的

---

① 于良芝.图书馆情报学概论［M］.北京：国家图书馆出版社，2016：21.

成果和各种原始记录，以及对这些成果和原始记录加工整理后得到的产品①。科研人员使用最多的一次文献信息源具体可分为以下十种：图书、期刊、会议文献、学位论文、专利文献、标准文献、科技报告、政府出版物、档案、产品样本。其中，图书、期刊为普通文献信息源，其余的为特种文献信息源。

2.2.1　图书

图书是指由出版社（商）出版的不包括封面和封底在内的 49 页以上的，具有特定的书名、著者名、国际标准书号、定价并取得版权保护的出版物。图书的内容比较系统、全面，所载信息成熟、可靠，但出版周期较长，传递信息速度较慢。电子图书是指以数字代码方式将图文声像等信息存储在磁、光、电介质上，通过计算机或类似设备阅读和使用，并通过网络传播的一种电子出版物。电子图书制作方便、成本低廉、易于复制、易于修改、发行周期短、时效性强、检索方便、生动直观、使用方便、具备充分的开放性和共享性。图书大致可分为专著、教科书、参考工具书等。因此，通常在系统地学习知识、了解关于某种知识领域的概要或是查找某一问题的具体答案时，图书的利用率更高。

2.2.2　期刊

期刊是印刷或非印刷形式的出版物，具有统一的题名，定期或不定期地以连续分册形式出版，有卷期或年月标志，并且计划无限期地连续出版。其特点是规模大、品种多、内容丰富多彩，能满足人们多方面的信息需求；出版周期较短，报道速度较快，内容新颖；发行面较广，流通渠道较多，影响较大。期刊约占整个科技文献信息量的70%，是主要的信息来源。期刊的使用通常是在下述情况中：（1）了解与自己的课题相关的研究状况，查找必要的参考文献时；（2）了解某学科动态；（3）学习专业知识时。

---

① 延莉，赵丹群主编. 信息检索概论［M］. 北京：北京大学出版社，2006.

在阅读论文或是期刊投稿的时候，最好选取核心期刊以及同行评审期刊。核心期刊是刊载某一学科或与专业有关的信息较多，且学术水平较高，能够反映该学科最新成果和前沿动态，受到该专业读者特别关注并成为检索与阅读首选的期刊。此外，还应当注意期刊是否为同行评审期刊，以确保质量。同行评审是一种学术审查制度，将一位作者的学术著作或计划让同一领域的其他专家学者来加以评价和审查，目的是对稿件的质量进行控制，确保提交的文章是可读的、可信的和有意义的。

2.2.3　会议文献

会议文献是各种会议上宣读、提交讨论和交流过的论文、报告、会议纪要等文献，是重要的信息来源。按出版时间的先后可分为会前文献、会间文献、会后文献。其中，会前文献包括预印本、论文摘要、论文目录；会间文献包括讨论记录、情况报道；会后文献即会议论文。

会议文献的特点是涉及的专业内容集中专一，专业性和针对性强；传递信息速度较快，内容新颖，时效性和原创性较强，能反映相应学科领域的研究新水平；注重学术交流，兼有面对面交流和文献交流两种方式；大多数都经过同行评审或审稿，论文质量有保证；同时，会议文献传播范围有限，一定时间内的会议文献公开不会影响专利申请的新颖性。

2.2.4　学位论文

学位论文指为获得学位而撰写的论文，有学士、硕士、博士论文。学位论文的特点是探讨问题专一、新颖，论述详细系统，数据充分，带有一定的独创性。学位论文一般不公开出版，内容质量也存在参差不齐的现象。就研究要求而言，学士学位论文主要是完成一项有意义的工作；硕士学位论文主要在于对所研究的课题发表一些独到的见解；博士学位论文则需要具有系统的创作性成果。

2.2.5　专利文献

专利文献是专利局公布或存档与专利相关的文献，包括专利说明书、专利局公报、专利文摘、专利分类、检索工具书、申请专利时提交的各种文件、与专利有关的法律文件和诉讼资料等。专利文献反映了某项科技所达到的最新成就，是科学技术领域内一种重要的信息来源，具有创新性、新颖性、实用性的基本特点。

2.2.6　标准文献

标准文献是由标准及其他具有标准性质的规定组成的一种特定形式的文献体系，具有一定的法律效力，是人们从事生产和建设的共同依据，它反映当时的经济技术政策、生产工艺水平，对新产品的研制和改进起到借鉴作用。标准文献具有权威性、规范性、法律性、时效性、陈旧性的特点。按使用范围可分为国际标准、地方标准、国家标准、行业标准和企业标准。

2.2.7　科技报告

科技报告指政府的科研部门、厂矿企业以及大学的合同科研单位，对某项科研项目的调查、实验、研究所提出的正式报告或进展情况的报告，科技人员对某学科或课题进行研究的阶段报告和总结报告。主要分为专题技术报告、技术进展报告、最终报告和组织管理报告四大类型。

2.2.8　政府出版物

政府出版物是各级政府及其所属机构出版的文献资源，可分为行政性文件和科技文献。政府出版物内容广泛，但其核心部分是官方发布的法律和行政性文献，如国家的会议文件、司法资料、方针政策、规章制度、有关国情的报告、国家权威机构发布的统计资料、外交文书等。政府出版物在治理国家、舆论导向、参与国际事务方面具有特殊而又重要的作用，是区别于其他出版物的本质特征。

2.2.9　档案

档案文献是生产建设、科研部门在科学技术活动中形成的科学技术文件、图表、照片、原始记录等。一般存于各级档案馆，供内部使用，不公开出版发行，有些有密级限制，因此，在参考文献和检索工具中极少引用。

2.2.10　产品样本

产品样本包括产品样本、产品标准、产品说明书、产品目录等，是对产品的性能、原理、构造、规格、用途、操作规程和使用方法的具体说明。

2.3　文献检索

2.3.1　文献检索概念

从广义上来说，信息检索（information retrieval）是指将信息按一定的方式组织和存储起来，并根据用户的需要找出有关信息的过程；从狭义上来说，是从信息集合中找出所需信息的过程[①]。

按检索的对象形式分类，可将信息检索划分为以下三种类型[②]。

（1）文献检索（document retrieval）即从一个文献集合中查找出专门包含所需信息内容的文献，是以文献为检索对象的信息检索类型。文献检索结果提供的是与用户的信息需求相关的文献的线索或原文。

（2）数据检索（data retrieval）以特定数据为检索对象和检索目的的信息检索类型。包括数据图表，某物质材料成分、性能、图谱、市场行情、物质的物理与化学特性，设备的型号与规格等。

---

①②　黄如花主编. 信息检索［M］. 武汉：武汉大学出版社，2010.

（3）事实检索（fact retrieval）是获取以事物的实际情况为基础而集合生成的新的分析结果的一类信息检索，是以从文献中抽取的事项为检索内容，包括事物的基本概念、基本情况，事物发生的时间、地点、相关事实与过程等。

上述三种类型中，文献检索的检索目标是动态发展的，而数据检索与事实检索的检索目标则是客观存在、定型知识、名词术语等，一般具有公认结果或是标准答案。由此可知，数据检索与事实检索属于确定性检索，而文献检索是一种相关性检索[①]。

在进行文献检索的过程中，关键要考虑信息需求与检出结果的匹配关系。我们需要从自身的信息需求出发，确定信息来源、信息查询方向及信息检索的初始范围，合理运用发散思维和收敛思维，设计制定检索策略，选择多种与信息需求和检索策略相匹配的检索工具，合理使用不同类型的检索语言，构造完整而准确的检索式，根据检索结果来动态调整检索提问、改进检索策略，以及妥善整理、保存检索结果。

2.3.2　文献检索方法

文献检索方法，即查找文献的方法，通常与文献检索的课题、性质和所检索的文献类型有关，方法主要分为三种，即常规检索法、追溯检索法、循环检索法。

2.3.2.1　常规检索法

常规检索法是直接利用文献检索工具来查找文献的方法。在检索工具的选择上，一般应根据课题内容首先利用综合性的检索工具，然后使用专业性的检索工具，两者结合，可提高查全率和查准率。常规检索法按时间划分可分为顺查法、倒查法、抽查法。

顺查法是按照从旧到新、由远及近、由过去到现在的顺时序逐年查找的方法，直至满足课题的所有需求，检索即可停止。这种方法的缺点是工

---

① 叶鹰主编；陆伟，黄国凡，王曰芬副主编.信息检索理论与方法：第 2 版 [M].北京：高等教育出版社，2015.

作量大，但是查全率和查准率较高。

倒查法是从现在时间开始一直追溯到过去基本能满足查询需求为止的年份即可的检索方法，主要用于跟踪相关学科前沿的研究理论、方法或技术。这种方法能节约时间，但漏检率较高。

抽查法是根据某个学科的发展特点，在其重点发展阶段或其快速发展阶段抽取一定时间段，然后对这一时间段进行逐年检索查询的方法。此法信息量大且费时较少，但要求对学科的发展特点掌握较好，时间段选取必须恰当，否则难以取得预期效果。

2.3.2.2　追溯检索法

追溯检索法是一种跟踪查找的方法，查找某篇文献后，根据已有文献后面的参考文献追溯相关文献，由近及远进行追溯查找。此法可以不断追溯，可查到某一专题的大量参考文献，在检索工具不齐全的情况下是一种有效方法，但缺点在于检索效率较低、查全率较低、漏检率较低，且已有文献的质量决定参考文献质量。

2.3.2.3　循环检索法

循环检索法是常规检索法和追溯检索法二者的综合。先利用检索工具查出一批文献，然后在这个文献集中，选择出与检索课题关联性强的文献，再利用追溯法继续查找，扩大检索线索，分期分段循环。它可得到较高的查全率和查准率，是被采用较多的方法之一。

2.3.3　文献检索算符

检索式是计算机信息检索中用来表达用户检索提问的逻辑表达式，一般由检索词和各种布尔逻辑算符、位置算符、截词算符以及系统规定的其他组配连接符号组成。因此，要使检索式能完整而准确地反映检索提问的主题内容，离不开检索算符对检索词的组配。本节将重点介绍如何利用检索算符合理构建检索式，以满足检索需求。

2.3.3.1　布尔逻辑算符

逻辑算符是一种最为流行的算符，规定了检索词之间的逻辑关系。主要的布尔逻辑算符有逻辑与（AND）、逻辑或（OR）、逻辑非（NOT）。

1. 逻辑与

逻辑与用 AND（或 ＊）表示，检索词 A、B 若用逻辑"与"相连，则表示同时含有这两个检索词才能被命中。

2. 逻辑或

逻辑或用 OR（或 ＋）表示，检索词 A、B 若用逻辑"或"相连，则表示只要含有其中一个检索词或同时含有这两个检索词的文献都将被命中。

3. 逻辑非

逻辑非用 NOT（或 －）表示，检索词 A、B 若用逻辑"非"相连，则表示被检索文献在含有检索词 A，而不含有检索词 B 时才能被命中。

布尔逻辑运算的优先次序为逻辑"非"—逻辑"与"—逻辑"或"。若同一组检索式中有括号，则括号优先；含有截词符、位置算符、限制符时，布尔运算最后。

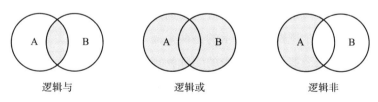

逻辑与　　　　　　　　逻辑或　　　　　　　　逻辑非

图 2-1　逻辑运算符

从图 2-1 可以看出，AND、NOT 是使检索结果减少的布尔逻辑算符，OR 是使检索结果增加的布尔逻辑算符。当需要使检索结果增多的时候选择 OR；当需要减少搜索结果的时候选择 AND 或者 NOT。

2.3.3.2　字段限定算符

字段限定算符，即字段代码。数据库中的每条记录都有许多字段，将检索词限定在特定的字段中进行检索就叫作字段限定检索，通常在检索式中加入字段代码来限定检索字段。使用字段限制可以帮助用户提高查准率，缩小检索范围。字段代码与检索词之间可用后缀符（如"／"）或前缀符（如"＝"）连接起来。

各个检索系统的字段限定算符和前缀、后缀符号可能各有不同。在菜单式检索界面中，用户通常只要在下拉菜单中选择某个字段名称，在提问框中输入检索词，就可完成字段限定检索。

例如，在 CNKI 中，TI＝图书馆，意味着 TI（题名）限制后面的检索词必须出现在题名当中。

又如，AU＝柯平 AND（AF＝南开大学），其中 AU 代表作者，AF 代表作者机构。结合布尔逻辑算符的含义，该字段意味着检索南开大学的柯平写的论文。

2.3.3.3　位置算符

位置算符用于表达检索词间的位置关系。位置检索适用于两个检索词以指定间隔或者指定顺序出现的场合，比如，以词组形式表达的概念；彼此相邻的两个或两个以上的词；被禁用词或特殊符分隔的词以及化学分子式等。如果说布尔逻辑算符表示的是两个概念之间的逻辑关系，那么位置算符表示的是两个概念在信息中的实际物理位置关系。下面介绍部分常用的位置算符。

1. PRE/0、P/0

两个要求：（1）检索词的顺序不能颠倒；（2）检索词之间不能插入任何单词。

比如，Tianjin P/0 University，也就是说，Tianjin 和 University 之间是不允许有单词插入且顺序不允许颠倒，但是可以插入空格、标点符号，像下面这样：

Tianjin University

Tianjin-University

Tianjin，University

……

2. PRE/#、P/#

两个要求：（1）检索词的顺序不能颠倒；（2）检索词之间允许插入一定数量的单词。（#这里的数字是多少，就意味着能插入多少个单词；#是指插入单词的上限，也就是说，不能超过这个数字）

比如，Tianjin P/1 University，也就是说，Tianjin 和 University 的顺序不允许颠倒，且最多允许有 1 个单词插入，像下面这样：

Tianjin Normal University

……

3. NEAR/0、N/0

两个要求：（1）检索词的顺序可以颠倒；（2）检索词之间不能插入任何单词。

比如，Tianjin N/0 University，也就是说，Tianjin 和 University 的顺序允许颠倒，但不允许有任何单词插入，像下面这样：

Tianjin University

Tianjin-University

Tianjin，University

University，Tianjin

University-Tianjin

University Tianjin

……

4. NEAR/#、N/#

两个要求：（1）检索词的顺序可以颠倒；（2）检索词之间允许插入一定数量的单词。（#这里的数字是多少，就意味着能插入多少个单词；#是指插入单词的上限，也就是说，不能超过这个数字）

比如，Tianjin N/1 University，也就是说，Tianjin 和 University 的顺序可以颠倒，且最多允许有 1 个单词插入，像下面这样：

Tianjin Normal University

University of Tianjin

......

2.3.3.4 截词符

截词检索是指在检索式中用截词符号来表示检索词的某一部分的词形变化，因此，检索词的不变部分加上由截词符号所代表的任何变化形式构成的词汇都是符合要求的检索词，结果中只要包含其中任意一个就满足检索要求。截词检索的主要目的是提高查全率。截词检索可以帮助检索一些具有共同拼写的单词。

可以把截词检索分为以下三种情况。

（1）前截词。允许检索词的词前有若干变化，如 * ology 可以检索到 biology、physiology、ecology、geology 等结果。

（2）中间截词。允许检索词的词中有若干变化，中间截词可以用于解决有些单词的英美国家的拼写方式不同，或者有些词在某个元音位置上出现的单复数形式不同。例如，wom?n 将检索出 woman、women（一个问号通常代表一个字符的位置）。

（3）后截词。允许检索词的词后有若干变化，后截词主要用在：词的单复数；年代；作者；同根词。例如，econom * 可以检索出 economic、economist、economy 等结果。

一般情况下，* 代表 0 - 多个字符，? 代表一个字符，但是不同的数据库是不一样的。

2.4 文献检索策略

检索策略是为实现检索目标而实行的全盘计划或方案，是就一个问题检索一个或多个数据库所输入的全部检索式的集合。在具体操作上，主要指数据库的选择和检索式的编制。本节先就检索式编制介绍几种具体的检索策略，后具体阐述检索策略的编制流程。

2.4.1 检索策略

2.4.1.1 积木型策略

把自己的检索课题剖析成若干个不同的概念面，先分别对这几个概念面进行检索，在每个概念面中尽可能全和多地列举相关词、同义词、近义词，并用布尔算符 OR 连接成子检索式，然后再用布尔算符 AND 把所有子检索式连接起来，构成一个总检索式。

2.4.1.2 引文珠形增长策略

从已知的关于检索问题的少数几个专指词开始检索，以便至少检出一篇命中文献或一条相关信息，然后审阅这批文献或信息条目，从中选出一些新的相关检索词，补充到检索式中去。这些词加入检索式之后，就能查出其他新的命中结果。不断重复进行上述过程，直到找不到其他适合包含于本检索式的附加词为止，或者已经得到了数量适宜的命中结果。

2.4.1.3 逐次分馏策略

先确定一个相当大的、范围较广的检索初始对象集合，然后提高检索的专指度，得到一个较小的命中结果集合；继续提高检索式的专指度，一步一步缩小命中结果集合，直到得到数量适宜、用户满意的结果为止。

2.4.2 检索方案设计

2.4.2.1 分析信息需求

分析信息需求，即要确切了解所要查询的目的和要求，确定需要的信息类型等。

1. 明确检索目的

明确检索目的是指要明确检索信息的用途，具体可分为申报课题、开题报告、学术论文、成果查新、课程论文、商业需求以及其他需求类型等，不同用途所需要的信息不同，检索方向不同。

2. 明确检索要求

明确检索要求是指明确所需信息的类型、语种、数量、文献范围和年代等，以控制对查新、查准、查全的指标要求及其侧重。

（1）信息类型。如要查找某个概念的确切含义、背景知识或是某事物的数值及量化指标等特征型知识，一般可以通过事实性、数值型数据库和搜索引擎获得；如查找某一学科的一般知识、学科专业领域的最新进展、课题相关的专业文献等关联型知识，一般通过文献数据库检索。

（2）确定检索的时间范围。每一项研究理论和技术都有其发生、形成和发展的过程，为提高检索效率，检索时应根据研究课题的背景，即有关知识发展的形成期、高峰期和稳定期，来确定检索的时间范围，对发展较快的学科领域应首先查找最近几年的文献。

（3）确定检索需要的语种。

（4）了解课题对查新、查准、查全等方面的具体要求。

3. 分析课题的主题内容

首先，要了解课题的背景知识，包括课题的研究对象及学科类别，主要涉及的内容包括研究方法、研究工具、研究单位、研究人员等。获取背景知识，可以询问专业人员，也可以自行阅读相关的基础文献。

其次，要探究检索课题所需的实质性内容，找出隐性的主题概念并将抽象的主题概念转化成具体的概念。分析课题时不能仅从题目中包含的词找出概念，认为这个概念是满足检索课题要求的，而要从专业方面及检索目标与规则方面分析，找出反映课题本质的概念，选取主题词。

2.4.2.2 选择合适的检索工具

合适的检索工具的选择关键在于要思考：与检索主题相关的检索工具

有哪些？这主要看数据库的学科覆盖范围；与检索需求的文献类型相关的检索工具有哪些？如哪些数据库中含有会议文献或者是专利文献；还要针对自己所需的文献语种、年限、结果形式等内容选择数据库，如需要搜集文摘，就可以使用 Web of Science。具体内容将在 2.5 部分进行介绍。

2.4.2.3　确定检索点与检索词

拟订关键词主要考虑以下几点。

（1）选取反映课题实质内容的关键词，如翻转课堂在高校中的应用，翻转课题与高校是关键词；

（2）考虑同义词、近义词、上位词、下位词、缩写、俗称等，如翻转课堂与反转课堂为同义词；

（3）虚词不作为检索词，如代词、副词、连词、介词、助词等；

（4）意义宽泛的词不要作为检索词，如研究、分析、探究、比较、方法等；

（5）避免使用组合较长的检索词，容易造成漏检，尽量选用最小概念词，如"核污染"可拆分为"核""污染"；

（6）关注专有名词，如地名、机构名等；

（7）切忌望词生义，如见到"热管"就认为是"热水"＋"管道"，其实则是一种节能技术。

2.4.2.4　正确构建检索式

检索式是检索策略的具体体现，是要求检索系统执行的检索语句。

检索式构建首先要搞清概念之间的逻辑关系，将同一关系的概念集合起来作为一个概念组面，各个概念组面之间是交叉关系，即不同概念组面之间是"逻辑与"的关系，而相同概念组面之间为"逻辑或"的关系。此外，还要明确哪些是可用于扩检的上位概念。哪些是可用于缩检的下位概念。哪些是主要概念。哪些是可用来作限制用的次要概念，等等。梳理清楚逻辑关系后，可按照 2.3.1.1 所述内容构建检索式。

初次检索结果输出后，大致浏览检索结果，分析其全面性、准确性、新颖性等方面的检索效果，再据此调整和优化检索式。如果检索出来的文献量太多，就需要考虑适当缩小检索范围，减少检出量；反之，则要采取相反的措施。这个过程可以进行多次，直到逼近相对更优的检索效果。表 2 – 1 为调整检索策略。

表 2 – 1 调整检索策略

检索策略	方法
扩大检索范围	布尔逻辑"或"连接表达某一概念的同义词、近义词或相关词； 降低检索词的专指度； 减少用布尔逻辑"与"连接的最不重要的检索词； 去掉布尔逻辑"非"及其连接的检索词； 取消某些限制； 使用截词检索以检索出某词的单复数形式、英美单词拼写差异、同根词或者含有某几个字母组合的所有单词； 利用某些检索工具提供的"自动扩检"功能进行相关检索； 对于查全率要求高的检索问题使用多个检索工具； 使用信息资源的整合平台检索来自不同提供方的各种数据库 ……
缩小检索范围	使用逻辑"与"连接更多关键词； 使用逻辑"非"把不需要查找的关键词排除在检索结果之外； 使用位置限制的检索； 使用字段限制检索； 用短语检索进行精确检索； 当某一缩略语有多种全称时，同时使用缩写与全称； 利用检索工具的进阶检索功能； 限制查询范围 ……

此外，检索式编制还应注意：不同的课题、不同的检索目的，有不同的检索方法和策略。一般来说，使用逻辑与算符越多，专指性则越强，查准率就越高；使用逻辑或算符越多，检索范围就越大，查全率就越高；使用逻辑非算符去掉不相关的概念也可提高查准率，但用时要慎重，以免漏检。另外，在制定检索策略时，不要连续使用多个位置和逻辑算符，以免限制过严而导致漏检文献。

2.4.2.5 获取和管理检索结果

检索结果输出后，可以充分利用数据库提供的结果分析功能，对结果进行多角度的聚类、排序、过滤等操作，总体上把握检索结果反映出的信息。然后按照自己的需求和检索工具提供的不同格式，对选中的文献进行标记、记录、导出、关注、分享、收藏、打印、保存、下载、邮件订阅等各种操作。

当明确文献类型和出版物的全称后，即可利用各种馆藏目录或联合目录查找所需文献的收藏机构，进行借阅或复制；或通过网络全文数据库检索，直接下载得到原文；通过搜索引擎搜索获得部分原文；通过作者个人主页或博客获得原文；与作者联系获得原文；通过馆际互借、文献传递等方式获得原文等。

2.5　文献获取渠道

上述可知，学术文献是学习、科研过程中必不可少的部分。为了保障学术信息的可获取性和可靠性，就要求研究人员了解能检索和利用的各类高质量的、收录全面的、权威的、学术专业性强的学术信息源。出于利用方便性考虑，本节主要介绍多种文献获取渠道，并结合实例，选择部分利用率相对较高的资源，详细解释操作方法。

2.5.1　书目数据库

书目数据库是一种专门存储二次文摘信息的数据集合，亦称二次文献数据库，通常收录有关主题领域的各种书目信息，以向用户提供文献信息，指引用户查找、使用原始文献。

2.5.1.1　图书馆馆藏目录

图书馆馆藏书目检索主要采用 OPAC 即联机公共目录检索系统，这是利用计算机终端来查询基于图书馆局域网内馆藏数据资源的一种检索方式，即通过联机查询为用户提供馆藏文献的线索。OPAC 系统拥有馆藏书刊查询、实现预约服务、读者借阅查询、发布图书馆公告、读者留言、网络查询其他图书馆的 OPAC 系统等功能。具体检索功能如图 2 - 2 所示。

图 2-2　深圳图书馆旧版 OPAC 检索平台页面

资料来源：深圳图书馆网站。

2.5.1.2　CALIS 联合目录

中国高等教育文献保障系统（China Academic Library & Information System，CALIS）是教育部"九五""十五""三期""211 工程"中投资建设的面向所有高校图书馆的公共服务基础设施，通过构建基于互联网的"共建共享"云服务平台——中国高等教育数字图书馆、制定图书馆协同工作的相关技术标准和协作工作流程、培训图书馆专业馆员、为各成员馆提供各类应用系统等，支撑着高校成员馆间的"文献、数据、设备、软件、知识、人员"等多层次共享，已成为高校图书馆基础业务中一日不可或缺的公共服务基础平台，并担负着促进高校图书馆整体发展的重任。

CALIS 中的联合目录检索系统采用 Web 方式提供查询和浏览。在使用过程中可以选择多库分类进行检索：按语种划分，可分为中文、西文、日文、俄文四个数据库；按文献类型划分，可分为普通图书、连续出版物、古籍。检索完成后，如果文献数量太多，还可进行二次检索。

2.5.1.3　WorldCat

WorldCat（OCLC 联机联合目录）是目前全球最大的书目与馆藏信息

数据库，包含三个组成部分：一个书目目录、一个知识库和一个图书馆信息注册中心。WorldCat 书目目录包含用户可在图书馆中获取的所有信息。除图书和印刷期刊外，实体资料的目录还包括 DVD、历史照片、电子游戏、乐谱、报纸、网页和其他众多标准资料，其中还包含许多独一无二的资料，累计收录数百万条记录和数十亿馆藏。

WorldCat 知识库将图书馆用户与相关图书馆提供的电子资源连接在一起。它整合与图书馆电子资源相关的数据，此类数据的链接特征使得馆藏更易于查找、共享、管理和使用。与 WorldCat 书目目录中的数据类似，知识库数据未绑定某个特定的应用程序，这样方便图书馆简化多个系统的电子内容工作流程。图 2 - 3 为 WorldCat 首页。

图 2 - 3　WorldCat 首页

随着世界各地的图书馆和出版社提供的内容的不断增加，WorldCat 知识库中合作维护的馆藏也日益增长。鉴于 OCLC 是一个非营利的供应商中立合作机制，在众多内容提供商中，WorldCat 知识库是 EBSCO 和 ProQuest、Gale 和 Springer，以及 Wiley 和 Elsevier 所提供记录的唯一来源。

2.5.2　文摘索引数据库

文摘是对文献内容作实质性描述的文献条目，是简明、确切地记述原文献重要内容的语义连贯的短文，也是检索刊物中描述文献内容特征的条目。索引是揭示文献内容出处、提供文献查考线索的工具，也是对数据库表中一列或多列的值进行排序的一种结构。文摘索引数据库能简要地通报有关领域某一时期发表的文献，供人们查阅与检索，还能准确鉴别相对应的原始文献[①]。

2.5.2.1　Web of Science

1. 概况

Web of Science 是汤森路透（Thomson Reuters）公司开发的信息平台，是全球最大、覆盖学科最多的综合性学术信息资源，收录了自然科学、工程技术、生物医学等各个研究领域最具影响力的超过 9000 种的核心学术期刊（涵盖 178 个学科）。Web of Science 作为一站式发现检索分析平台，为科研共同体中的基础研究与高影响力研究提供强大的、多学科的数据资源。用户可以用一篇文章、一个专利号、一篇会议文献、一本期刊或者一本书作为检索词，检索它们的被引用情况，轻松回溯某一研究文献的起源与历史，或者追踪其最新进展；可以越查越广、越查越新、越查越深。

2. Web of Science™核心合集数据库

（1）期刊引文数据库。

①Science Citation Index Expanded（科学引文索引），收录年限为 1900 年至今，迄今为止收录了 178 个学科的 9500 多种高质量学术期刊。SCI 被公认为是世界范围内最权威的科学技术文献的索引工具，所收录的文献能全面覆盖全世界最重要和最有影响力的研究成果。

②Social Sciences Citation Index（社会科学引文索引），收录年限为 1900 年至今，是针对社会科学期刊文献的多学科索引，迄今为止共收录 58 个社会科学学科的 3500 多种权威学术期刊。

---

① 叶鹰主编；陆伟，黄国凡，王曰芬副主编. 信息检索理论与方法：第 2 版［M］. 北京：高等教育出版社，2015.

③Arts & Humanities Citation Index（艺术与人文引文索引），收录年限为 1975 年至今，完整收录了 28 个人文艺术领域学科的 1800 多种国际性、高影响力的学术期刊的数据内容。

④Emerging Sources Citation Index（ESCI），收录年限为 2005 年至今。ESCI 中的期刊已经通过了初步的编辑评估，并将被考虑纳入 SCIE、SSCI 和 AHCI 等产品中。

（2）会议论文引文数据库。

会议论文引文数据库主要为 Conference Proceedings Citation Index – Science + Social Science & Humanities（会议录引文索引 – 自然科学版 + 社会科学与人文版），收录年限为 1990 年至今，收录超过 200000 个会议记录，涵盖 250 多个学科领域。CPCI 可以帮助研究人员在期刊文献尚未记载相关内容之前，跟踪特定学科领域内涌现出来的新概念和新研究。

（3）图书引文数据库。

Web of Science™核心合集中的 Book Citation Index – Science + Social Science & Humanities（图书引文索引 – 自然科学版 + 社会科学与人文版）收录超过 101800 种学术专著，同时每年增加 10000 种新书。

（4）化学数据库。

Current Chemical Reactions（CCR）和 Index Chemicus（IC）共收录超过 100 万种化学反应信息及 420 万种化合物。两个化学数据库可以使用结构式、化合物和反应的详情和书目信息进行检索。

3. 检索

（1）检索运算符与检索规则，具体如表 2 – 2 所示。

表 2 – 2　　　　　　　　**Web of Science™检索算符**

检索算符	表达	含义	举例
逻辑算符	AND	两个检索词必须同时出现（与）	online AND education
	OR	两个检索词任一出现即可（或）	online OR education
	NOT	只可出现第一个检索词	online NOT education

续表

检索算符	表达	含义	举例
截词符	*	无限截词符 * ，可代替任意数量的字符变化	educat * = educate、education、educational
	?	中间屏蔽符?	wom？n = woman、women
	$	$ 表示零或一个字符	favo $ rite = favorite、favourite
词组		以自然词序输入	输入"online education"返回相对应的词组结果
位置算符	SAME	两个检索词位置前后可以互换	online SAME education

检索规则如下。

①平台支持布尔逻辑运算，AND、OR、NOT，不区分大小写。

②系统不区分检索词大小写。

③双引号内的检索词被视为短语进行精准检索。

④截词符可以和短语算符联合使用，如"A B * "OR"C D * "。

⑤NEAR 在主题与标题中用该算符时，短语需要用" "框住，默认两词间隔不大于15个字符。

⑥SAME 指检索词在同一句中，句子指文献题名或摘要的句子或者单个地址。

⑦空格算作检索词，加与不加会影响检索结果。

⑧检索的优先顺序：NEAR、SAME、NOT、AND、OR，括号可以改变运算符的优先级。

（2）检索方式。Web of Science 数据库提供多种检索方式，如基本检索、高级检索、作者检索、被引参考文献检索和化学结构检索等，如图 2-4 所示。

①基本检索。基本检索提供较全面的检索功能，能够通过选择主题、标题、作者、出版物标题、出版年、所属机构、DOI 等字段进行检索。通过单击"添加行"来添加检索字段，并限定逻辑关系扩大或缩小检索范围。常用检索字段及内容如表 2-3 所示。

图 2 - 4　Web of Science™ 新版首页

注：Web of Science 首页的列表结构：数据库选择；检索类型选择；检索字段选择；检索词输入框；多条件设置；检索时期设置；检索按钮；作者检索。

表 2 - 3　　　　　　　　　　　**Web of Science 数据库检索字段**

检索字段	检索内容	举例
主题	检索标题、摘要、作者关键词和 Keywords Plus	robot＊ control＊ "input shaping"
标题	检索文献标题，标题是指期刊文献、会议录论文、书籍或书籍章节的标题（注：要检索期刊标题，请选择"出版物标题"字段）	"Application of ATAD technology"
作者	检索这些字段：作者和团体作者，对于作者，请先输入姓氏，后跟空格和作者名字首字母	johnson m＊
出版物标题	检索期刊标题、书籍标题、会议录标题等，也称为"来源出版物名称"	clin＊ nucl＊ med＊ "Journal of Agricultural and Food Chemistry"
出版年	检索出版年字段，这将同时检索出版和在线发表日期字段； 可以检索某一年，也可检索某个范围内的多个年份	2018 2005 - 2014
所属机构	检索首选组织名称和/或其名称的不同拼写形式	Cornell University International Business Machines（IBM）

续表

检索字段	检索内容	举例
基金资助机构	在记录中的"基金资助致谢"部分检索基金资助机构的名称	National Institute of Health OR NIH
出版商	检索统一的出版商名称	Europe Edition eLife Oxford Univ press
出版日期	检索出版日期字段，使用此日期而不是最终出版日期来检索具有在线发表日期的记录；月和日是可选的字段，但必须在开始日期和结束日期框中都输入或者都不输入	2020 – 01 – 01 to 2020 – 05 – 30 2019 – 01 to 2020 – 01
摘要	检索摘要字段	Somitogenesis delta notch
入藏号	检索"入藏号"字段；入藏号是与产品中各条记录相关的唯一识别号码	WOS：000301236900016
地址	检索"地址"字段，从作者的地址中查找机构和/或位置的完整或部分名称	San Jose IBM SAME NY
作者标识符	检索 Web of Science Researcher ID 和 ORCID ID 字段，这将返回研究人员使用该 Web of Science Researcher ID 或 ORCID ID 撰写的文献	C – 1205 – 2013 0000 – 0002 – 8214 – 5734
作者关键词	检索作者关键词字段	"hair cells"（使用引号以精确匹配） zebrafish
会议	检索会议标题、位置、地点和赞助方	fiber optics AND India AND 2000
文献类型	检索此文献的文献类型，单击检索框以从文献类型列表中选择；默认选择是"所有文献类型"，如果选择多种类型，则可找到其中任意类型的记录	Review
DOI	检索 DOI 字段以获取包含此标识符的记录	"10. 14489/vkit. 2014. 12. pp. 018 – 023"
编者	检索编者，通常可在书籍和会议录中找到，对于姓名，请先输入姓氏，后跟空格和作者名字首字母	volodina t *
授权号	在记录中的"基金资助致谢"部分检索授权号	RSG – 04 – 066 – 01
团体作者	检索团体作者，即被视为出版物作者的组织或机构	United Nat *

续表

检索字段	检索内容	举例
Keywords Plus	检索 Keywords Plus 字段	"Sonic Hedgehog"（使用引号以精确匹配）
语种	检索此文献的语言，单击检索框以从语种列表中选择，默认选择是"所有语种"；如果选择多个语种，则可找到其中任意语种的记录	ENGLISH
PubMed ID	检索 PubMed ID 字段，PubMed ID 是分配给每个 MEDLINE 记录的唯一识别号，MEDLINE 中的 PubMed ID 也可以在其他数据库的对等记录中找到	15499015
Web of Science 类别	Web of Science 核心合集中的每条记录都继承了其来源出版物（期刊、书籍等）所属的学科类别，一条记录可以分配给多个类别	Optics Neurosciences Art

例如，检索"新冠肺炎疫情时期的在线教育研究"相关文献，可构建英文检索式："COVID – 19 AND online AND（learning ＋ education）"；检索年限设定为 2020 年 1 月 1 日至 2022 年 4 月 17 日；因课题为教育学相关，检索文献类别可限定为"Education & Educational Research"，具体如图 2 – 5 所示。

图 2 – 5　Web of Science 数据库基本检索页面

②高级检索。在高级检索中，可使用字段标识符（用两个字符表示）、其他检索算符和检索词组配成复杂的检索式。例如，如果想查找 2021 年在线教育（online education）的全部文献，可以在检索框内输入"PY = 2021 AND TS = online education"。在新版 WOS 平台中，新增"精确检索"以精确检索与匹配结果，如图 2 - 6 所示。

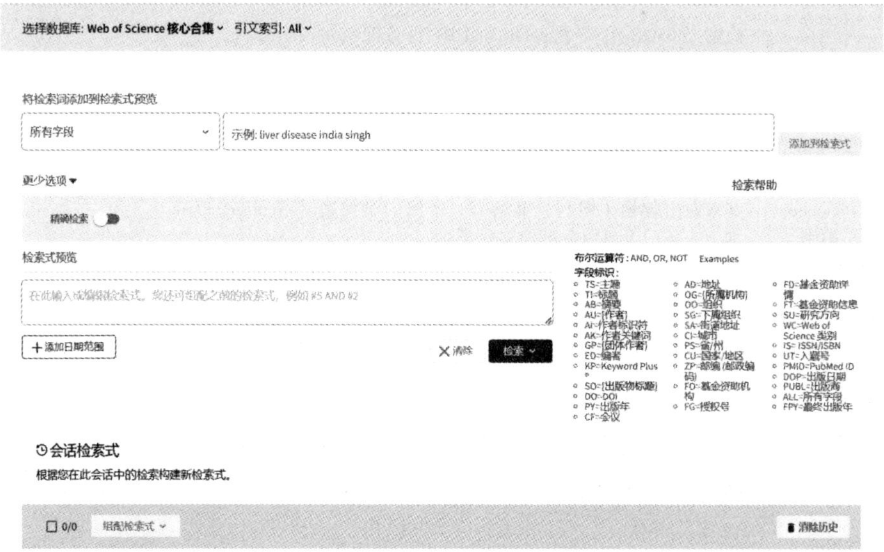

图 2 - 6 Web of Science 数据库高级检索页面

③作者检索。步骤是输入作者姓名、选择研究领域、选择组织机构。姓必填，如输入 Smith，名填首字母，最多允许 4 个字母，如输入 CE。可添加作者姓名的不同拼写形式，可选择是否精确匹配。此外，还可以使用作者的 Web of Science Researcher ID 或 ORCID ID 查找作者记录。但会存在某些 Web of Science Researcher ID 和 ORCID ID 可能未与作者记录相关联的情况，若遇此情况需改为姓名检索。

④被引参考文献检索，即引文检索。传统的检索系统是从作者、分类、标题等角度来提供检索途径的，而引文检索却是从另一角度，即从文献之间相互引证的关系角度来提供检索途径，显示出检索的高效性、检索

结果的高度相关性、文献之间的内在联系。在这个页面中，检索字段主要为"被引作者""被引著作""被引年份"，以及被引的 DOI、卷、期、页、标题等。如图 2 – 7 所示。

图 2 – 7　Web of Science 数据库被引参考文献检索页面

⑤化学结构检索。使用前需要下载化学结构绘图插件 Structure Drawing。通过化学结构检索方式，可以检索与创建的化学结构检索式匹配的化合物和化学反应、检索与化合物和化学反应相关联的数据、检索化合物或化学反应数据而不进行化学结构检索。另外，在检索前还要在选择数据库中勾选 Current Chemical Reactions 和 Index Chemicus 两个数据库。

（3）检索结果。

①调整检索结果。二次检索。可以通过主题（标题、摘要、关键词和词组）在检索结果中进行二次检索，从而生成一个新的集合，这样无须进行集合的组合便可提高查准率，并生成另一个结果页面。

精炼检索结果。可以从检索结果中筛选出高被引论文、热点论文、综述论文、在线发表、开放获取等论文，其中高被引论文指按学科分类，10 年内被引频次总和排名的前 1/100，但这个排序不等同于某年被引频次排序；热点论文则表示近两个月内被引用次数处于本学科总引用排名 1/1000 位置。还能对出版年、文献类型、Web of Science 类别、作者、所属机构、出版物标题、出版商等字段进行选择，勾选任意字段可对检索结果进行过滤，进一步提高检索的查准率。

检索结果排序。可以通过选择相关性、日期升降序、被引频次、使用次数等排序方式，获取与需求最相关的条目内容。图 2 – 8 为基本检索实例结果输出页面。

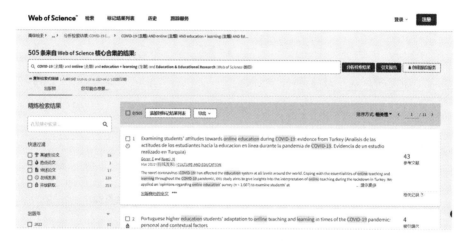

图 2 – 8　检索结果输出

注：结果输出后，可按需求点击页面进行精炼检索结果、检索结果分析、生成引文报告、导出文献记录等。

②分析检索结果。分析功能可用于任何结果概要页面，因此，可以在选择查看记录后对感兴趣的结果进行再次分析。分析检索结果有助于从宏观上把握检索课题的情况，并且轻易地将需要的文献显示出来。Web of Science 数据库可对检索结果进行 19 个角度的可视化分析，包括：出版年、文献类型、Web of Science 类别、作者、所属机构、出版物标题、出版商、基金资助机构、授权号、开放获取、社论声明、编者、团体作者、研究方向、国家/地区、语种、会议名称、丛书名称、Web of Science 索引。表 2 – 4 为 Web of Science 检索结果分析。

表 2 - 4   Web of Science 检索结果分析

分析角度	作用
出版年分析	了解课题的发展趋势；高峰期在什么时期；目前的发展阶段
作者结果分析	发现该领域的高产出研究人员；了解同行评审专家；选择潜在合作者
机构分析结果	发现该领域高产出的大学及研究机构；有利于机构间合作；发现深造的研究机构
来源出版物分析	发现此领域相关的学术期刊进行追踪关注和投稿
研究方向分析	了解该主题涉及的主要研究方向以及学科交叉情况
基金资助机构分析	寻求基金资助来源；发现本课题基金资助的机构；各大基金资助的论文产出
国家/地区分析	发现该领域高产国家；了解国际研究形势；寻找交流合作的地区

③检索历史。单击"检索历史"，按倒序数字顺序显示已用检索式，即最近创建的检索式显示在列表顶部。在检索历史中，可以根据以前的检索式组配成新的检索式。选中以前的检索式，单击"AND"或"OR"选项，然后单击"组配"按钮开始新检索式的检索。

④自动推荐。2021 年推出的新版 WOS 平台，新增了"自动推荐"功能，会根据用户的检索内容，自动推荐更多相关的文献。

（4）个性化服务。

用户可以在 Web of Science 主页上注册，注册后可以使用文献管理软件 End Note Online，用于建立和保存邮件提醒服务（如定题提醒和引文提醒等）并查看和管理，了解一个定题服务是否有效及过期时间。进入检索式的管理页面可管理自己曾经保存的检索式，更新某一篇文章的服务状态，对其进行重新设置或删除，还可以打开检索式并加以运行。

2.5.2.2　中文社会科学引文索引（CSSCI）

中文社会科学引文索引的英文全称为"Chinese Social Sciences Citation Index"，缩写为 CSSCI。该数据库由南京大学中国社会科学研究评价中心开发研制，用来检索中文社会科学领域的论文收录和文献被引用情况，是我国人文社会科学评价领域的标志性工程。CSSCI 主要收录所有来源期刊/

集刊全部来源和引文信息，旨在服务于人文社会科学领域的知识创新、前沿研判、综合评价，提升中文学术影响力。其数据是对中文人文社会科学领域以期刊/集刊为载体的成果产出状况和学术引用情况的真实记录，可以为研究机构、学术期刊和研究人员提供可用于分析、研究、批评和评价的原始数据和统计结果。截至 2021 年，共收录包括马克思主义、法学、管理学、经济学、政治学、教育学等 25 大类的 585 种学术期刊。

2.5.3　全文数据库

2.5.3.1　超星数字图书馆

超星数字图书馆成立于 1993 年，是国内专业的数字图书馆解决方案提供商和数字图书资源供应商。超星数字图书馆是国家"863"计划中国数字图书馆示范工程项目。它由北京世纪超星信息技术发展有限责任公司投资兴建，目前拥有数字图书 80 多万种。

超星电子书库内含图书资源数百万种，涵盖中图法 22 大分类，数字化加工中心 20 多个，年加工能力超过 30 万种，并拥有大量珍本善本、民国图书等稀缺文献资源。电子图书分为汇雅电子书和超星书世界两个品牌，汇雅电子书为图像格式图书，超星书世界为全文本格式图书。下载的图书需使用超星阅读器阅读。

超星数字图书馆提供电脑端与移动端服务，提供镜像站、读书卡、免费浏览等服务方式。镜像站方式主要面对高校、科研机构、企业等单位用户，只能使用已购买的数字资源；读书卡方式主要是针对个人用户，通过购买超星公司的读书卡，注册、登录、下载、离线阅读和打印图书，下载后的使用期一般为 30 年；免费用户无须下载阅览器也可以免费阅读部分电子图书。超星数字图书馆提供了快速检索、高级检索、分类导航等检索方式。

2.5.3.2　读秀学术搜索

读秀学术搜索是一个海量全文数据及元数据组成的超大型数据库。它提供全文检索、图书、期刊、报纸、学位论文、会议论文 6 个主要搜索频道。所涵盖的学术资料比以往任何传统的数据库都要多元、全面。读者通过读秀学术搜索，能够获得关于检索点的最全面多样的学术资料，避免了读者反复收集和查找的困扰。它将检索结果与馆藏各种资源库对接。读者检索任何一个知识点，都可以直接获取图书馆内与其相关的纸质图书、电子图书全文、期刊全文、论文内容等。不需要再对各种资源库进行逐一登录、检索查找。不论是学习、研究、写论文、做课题，读秀都能够为读者提供最全面、准确的学术资料。读秀的图书检索页面如图 2 - 9 所示。

图 2 - 9　读秀图书检索页面

读秀提供普通检索、高级检索、专业检索、分类导航四种检索方式。默认界面是普通检索，用户可输入单个或多个检索词，可检出图书、期刊、报纸、学位论文、会议论文等多种资源的相关信息。用户也可以单击相应的文献类型标签，检索某一特定类型的文献。

检索结果以列表形式显示，一般分三栏，中间栏是读秀知识库中检索到的题录信息；左栏一般是聚类，如类型、年代、学科、作者，单击特定聚类，可精准定位，缩小检索范围；右栏将检出结果按文献类型分类显示，用户可方便切换。读秀检索任何词时，可以同时得到相关的人物、工具书、图书、期刊、报纸、会议论文、学位论文、网页、图片、视频、专利、标准等各种文献类型的资源。图 2 - 10 为读秀检索结果输出页面。

图2-10 读秀检索结果输出页面

读秀获取图书有以下方式。

第一,从本图书馆借阅纸书。如在检索结果标题后有"馆藏纸本"按钮,或图书的信息页面中有"本馆馆藏纸书"链接的,可单击该链接直接进入本单位图书馆系统。

第二,直接阅读本馆的电子全文。如在检索结果标题后有"电子全文"按钮,或者信息页面中有"电子全文"标记的,可单击该链接直接在线阅读或下载全文。

第三,使用文献传递。在图书详细信息页面,用户可以单击"图书馆文献传递中心",进入"图书馆参考咨询服务"页面,填写相关信息并提交,即可通过邮箱接收所需文献。每本图书单次咨询不超过50页,同一图书每周咨询量不超过全书的20%,咨询内容有效期为20天。

第四,文献互助平台及相似文档下载。这两种方式都是读秀提供的供用户交流的平台,前者通过上传用户自己的文献与其他用户交换达到获取文献的目的,后者可以获取其他用户已经上传的文献(大部分都是全文文献),是读秀文献的有益补充。

读秀最大的特色就是提供"读秀全文搜索"功能。选择"知识"频道进行搜索,系统将围绕关键词深入到图书的每一页资料中进行信息深度查找。读秀将所有图书的内容打碎为知识点,以章节为基础重新整合在一起,实现了330万种图书、10亿页资料的文本化,任何一句话、一句诗词、一幅图、一份图表都可以在读秀中找到出处，相当于把所有图书变成了一部最大的百科全书。

2.5.3.3　中国知网（CNKI）

中国知识基础设施工程（China National Knowledge Infrastructure, CNKI，其主要访问平台是中国知网）是一项知识工程，在教育部、中共中央宣传部、科技部、国家新闻出版广电总局、国家计委的大力支持下，由清华大学直接领导。该工程由清华大学和清华同方发起，于 1995 年正式立项，最初仅仅是发行《中国学术期刊（光盘版）》，后迅速占领中国图书情报市场，尤其是高等院校图书馆市场。1999 年，CNKI 实现网络化，《中国期刊网》开通，该项目由清华大学光盘国家工程研究中心、清华同方光盘股份有限公司与中国学术期刊（光盘版）电子杂志社联合立项。在这之后，CNKI 工程不断拓展服务，建立了包括期刊、博硕士论文、会议论文、年鉴、统计数据、图书、标准、专利等资源在内的中国知识资源总库（China Integrated Knowledge Resources Database）。目前，中国知网在北京、北美、日本、韩国等地设立了 10 个网络服务中心，用户覆盖各国重要高校、研究机构、政府智库、企业、医院、公共图书馆等。

CNKI 依托其主导产品《中国学术期刊全文数据库》，不断集成并整合新的资源，在主导产品的基础上开发新产品，新产品开发主要是在数字化全文学术资料和数字化软件平台两方面，形成了中国最大的集各种全文学术信息于一体的网站——中国知网。

1. 资源与服务

知网目前提供的资源与服务主要包括资源总库、国际文献总库、专题知识库、行业知识服务与知识管理平台、研究学习平台、个人/机构数字图书馆、出版与评价服务等。

任何人在中国知网的检索、浏览文献的题录、摘要、参考文献、引用文献等知网节信息都是免费的；任何人、任何机构可以免费在中国知网注册自己的个性化数字图书馆，并免费获得中国知网的定制和推送服务；任何人可以在中国知网免费参加学术交流，并可获得积分下载全文。但是下载中国知网的全文需要权限，用户可通过包年、本地镜像以及流量计费方式获得权限。任何人在任何地方均可以利用互联网非常方便地获得中国知网的全文服务。

个人数字图书馆可自动跟踪读者所研究主题的最新发文，为读者提供管理评价本人成果的平台，连通个人所在机构数字图书馆后可免费下载文献，以及打造属于用户个人的个性化阅览室。机构数字图书馆可提供文献资源一站式整合发现平台，构建层级化的机构管理体系，提供详尽准确的资源使用情况统计，以及为机构定制个性化信息门户。

2. 检索

（1）检索运算符。知网的检索运算符包括布尔逻辑运算符和系统专用的检索算符（仅在专业检索中可用），如位置算符、通配算符等。布尔逻辑运算符定义了词或词组之间的关系，位置算符限定了检索词之间的数量，通配算符可扩展检索范围具体如表2-5、表2-6、表2-7所示。

表2-5　　　　　　　　　　中国知网逻辑算符

逻辑关系	符号	举例	含义
逻辑与（AND）	*	教育 * 经济	教育、经济两个检索词必须同时出现
逻辑或（OR）	+	教育 + 经济	教育、经济两个检索词任一出现即可
逻辑非（NOT）	-	教育 - 经济	教育必须出现，经济必须不出现

表2-6　　　　　　　　　　中国知网位置算符

符号	含义
/NEAR n	表示两检索词之间可包含 n 个其他词，两词的顺序任意，/NEAR n 前后有空格
/PREV n	表示两检索词之间可包含 n 个其他词，两词的顺序不变，/NEAR n 前后有空格
/SEN n	表示两检索词之间可相隔 n 个其他句子，两词的顺序任意，/NEAR n 前后有空格
#	两检索词在同一句子中，#前后须有空格

表 2-7   中国知网通配算符

符号	含义
?	截词符,用在词尾表示零个或多个字符或汉字,例如:题名＝计算?,可检索到计算、计算机、计算语言等;用在两个检索词之间,则一个?表示一个字符或单元词,??表示两个字符
*	多字符通配符,用在两个检索词之间,代表零个或多个字符或汉字,如:计算机＊检索,可检索到"计算机情报检索""计算机情报信息检索"等

除以上运算符外,还应当注意以下规则。

①三种布尔逻辑算符的优先级相同,如要改变组合的顺序,则使用括号"( )"将条件括起。使用时,在符号的前后位置须各空一个字节。

②所有符号和英文字母都必须使用英文半角字符。

③位置算符。使用"同句""同段""词频"时,需用一组西文单引号将多个检索词及其运算符括起,如'在线#教育'。

④ $n,词频,表示检索词在相应的检索字段中出现的频率。词频为空,表示至少出现1词,如果为数字 n,则表示至少出现 n 词。$ 前后须有空格。

⑤匹配方式包括精确和模糊。精确表示检索结果与检索词完全一致,模糊表示检索结果中包含检索词中所含各单元词,在专业检索中,使用算符%表示模糊查询。

(2)检索字段。专业检索支持对以下检索字段的检索,可用相应的代码来表示,如表 2-8 所示。各子数据库的检索字段根据文献类型特点的不同而有所不同,具体参见数据库网站。

表 2-8   中国知网检索字段

代码	字段	代码	字段	代码	字段	代码	字段
SU	主题	TKA	篇关摘	TI	题名	KY	关键词
AB	摘要	FT	全文	AU	作者	FI	第一责任人
RP	通讯作者	AF	机构	JN	文献来源	RF	参考文献
YE	年	FU	基金	CLC	分类号	SN	ISSN
CN	统一刊号	IB	ISBN	CF	被引频次		

（3）检索方式。

①一框式检索/快速检索。将检索功能浓缩至"一框"中，根据不同检索项的需求特点采用不同的检索机制和匹配方式，体现智能检索优势，操作便捷，检索结果兼顾检全和检准。检索字段包括主题、篇关摘、关键词、篇名、全文、作者、第一作者、通讯作者、作者单位、基金、摘要、小标题、参考文献、分类号、文献来源、DOI。匹配有精确和模糊两种方式，精确检索指检索结果中含有与检索词完全匹配的词语；模糊检索指检索结果包含检索词或检索词中的词素。在具体检索应用中，可以先限定检索字段、检索时间范围、匹配方式，然后输入检索词，选择检索的数据库，快速检索界面如图 2 – 11 所示。

图 2 – 11   中国知网快速检索

资料来源：中国知网。

②高级检索。高级检索支持多字段逻辑组合，并可通过选择精确或模糊的匹配方式、检索控制等方法完成较复杂的检索，得到符合需求的检索结果。多字段组合检索的运算优先级，按从上到下的顺序依次进行。检索项包括主题、篇关摘、关键词、篇名、全文、作者、第一作者、通讯作者、作者单位、基金、摘要、小标题、参考文献、分类号、文献来源、DOI。默认显示主题、作者、文献来源三个检索框，可自由选择检索项、

检索项间的逻辑关系、检索词匹配方式等；点击检索框后的"＋""－"按钮可添加或删除检索项，最多支持 10 个检索项的组合检索。同时还能通过条件筛选、时间选择等，对检索结果进行范围控制。控制条件包括出版模式、基金文献、时间范围、检索扩展。检索时默认进行中英文扩展，如果不需要中英文扩展，则手动取消勾选。

例如，以"新冠肺炎疫情时期的在线教育研究"为检索课题，在检索之前将课题概念面进行提取，得出两个大概念面——"新冠疫情""在线教育"。"新冠疫情"可拆解为"新冠""疫情""新冠疫情"；"在线教育"可拆解为"在线""教育"，进一步扩展为"在线""线上与教育""教学""课程"。梳理逻辑关系后得出检索式：

"（新冠＋疫情＋新冠疫情）AND（在线＋线上）AND（教育＋教学＋课程）"

检索年限设定为 2020 年 1 月 1 日至 2022 年 4 月 17 日；因课题与教育学相关，检索文献类别限定在社会科学Ⅱ辑。检出结果 9558 条，其中，学术期刊 6098 条、学位论文 270 条、会议论文 278 条、报纸 55 条。高级检索页面如图 2 - 12 所示。

图 2 - 12　中国知网高级检索

③专业检索。在高级检索页切换"专业检索"标签，可进行专业检索。专业检索用于图书情报专业人员查新、信息分析等工作，使用运算符和检索词构造检索式进行检索。专业检索的一般流程为：确定检索字段构造一般检

索式，借助字段间关系运算符和检索值限定运算符可以构造复杂的检索式。专业检索中使用的字段代码、布尔逻辑算符，运算优先级使用说明如下。

专业检索的检索式表达：检索字段＝（检索表达式），（）为英文半角状态下输入。

布尔算符：NOT 代表逻辑非运算，AND 代表逻辑与运算，OR 代表逻辑或运算。

运算优先级：由于中国知网的逻辑算符优先顺序相同，所以可以用（）改变优先顺序。

例如，以"新冠疫情时期的在线教育研究"为检索课题，在检索框中输入检索式："SU% ＝（新冠＋疫情＋新冠疫情）AND SU% ＝（在线＋线上）AND SU% ＝（教育＋教学＋课程）"。

检索年限设定为 2020 年 1 月 1 日至 2022 年 4 月 17 日；因课题与教育学相关，检索文献类别限定在社会科学Ⅱ辑。检出结果 9558 条，其中，学术期刊 6098 条、学位论文 270 条、会议论文 278 条、报纸 55 条。专业检索页面如图 2－13 所示。

图 2－13　中国知网专业检索

④作者发文检索。在高级检索页切换"作者发文检索"标签，可进行作者发文检索。作者发文检索通过输入作者姓名及其单位信息，检索某作者发表的文献，其功能及操作与高级检索基本相同。

⑤句子检索。在高级检索页切换为"句子检索"标签，可进行句子检

索。句子检索是通过输入的两个检索词，在全文范围内查找同时包含这两个词的句子，找到有关事实的问题答案。句子检索不支持空检，同句、同段检索时必须输入两个检索词。句子检索支持同句或同段的组合检索。

（4）检索结果输出。检索结果提供题录、文摘、全文。用户可获得免费题录和文摘，全文收费使用。全文下载有 CAJ 和 PDF 两种格式，可通过网站免费下载 CAJ 浏览器；部分论文提供 HTML 格式，可直接在线阅读。

检索结果可进行二次检索，从而缩小检索范围；可提供记录的各种相关链接。如：同类文献题录链接、相关文献作者链接、相关研究机构链接等；可以了解某个期刊是否是中国学术期刊综合评价数据库、中国科学引文数据库、中国人文科学引文数据库的来源期刊。例如，将"新冠疫情时期的在线教育研究"检索结果进行二次检索，将文献类型限定为期刊，且要求期刊来源为 CSSCI 和北大核心，可输出结果 651 条，如图 2 – 14 所示。

图 2 – 14　"新冠肺炎疫情时期的在线教育研究"二次检索结果

浏览检索结果可按相关度、发表时间、被引次数和下载次数排序，并可按来源数据库、学科、发表年度、研究层次、作者、机构、基金等进行分组浏览，便于用户从多种不同角度对检索结果进行浏览分析。还可以选择记录并对所选记录进行清除、导出、分析、阅读、定制、生成检索报告等操作，导出格式多达 10 余种：GB/T 7714 - 2015 格式引文、知网研学（原 E-Study）、CAJ-CD 格式引文、MLA 引文格式、APA 引文格式、查新（引文格式）、查新（自定义引文格式）、Refworks、EndNote、NoteExpress、NoteFirst、自定义格式等，方便用户学习和研究使用。

例如，可将"新冠疫情时期的在线教育研究"二次检索结果选择相关度最高的前 50 条记录，进行导出与分析，具体如图 2 - 15、图 2 - 16 所示。

图 2 - 15　"新冠肺炎疫情时期的在线教育研究"部分检索结果导出

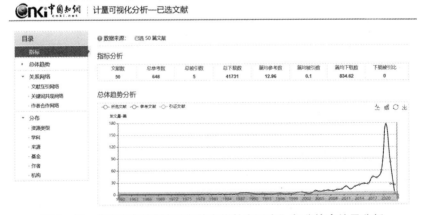

图 2 - 16　"新冠肺炎疫情时期的在线教育研究"部分检索结果分析

3. CNKI 科研工具——知网研学（原 E-Study）

知网研学是在文献资源 XML 碎片化的基础上，通过云服务的方式，集文献检索与管理、在线阅读、笔记文摘、写作投稿、思维导图、知识管理等功能于一体的个人终身学习平台，旨在为读者的个人研究和学习提供文献服务、知识服务，从而构建个人知识结构，实现知识创新。

2.5.3.4　万方数据知识服务平台

万方是大型科技、商务信息平台，内容涉及自然科学和社会科学的各个专业领域，包括学术期刊、学位论文、会议论文、专利、科技报告、科技成果、中外标准、政策法规、地方志、视频、OA 论文等。各类资源的实时数据可查看万方网站。除资源外，万方还提供万方检测、万方分析、万方书案、万方学术圈、万方选题等平台产品，以及增值服务（万方指数、检索结果分析、研究趋势、热门文献）、编辑部专用服务（中文 DOI、优先出版）、个人专用服务（引用通知）、万方快看（专题聚焦、基金会议、科技动态、万方资讯）等平台服务。

万方提供的检索功能主要是：基本检索、高级检索和专业检索。

1. 基本检索

基本检索提供全部资源的统一检索和单独资源的检索，每种检索字段不同，其中，全部资源的检索字段为题名、关键词、摘要、作者和作者单位。用户可以选择在特定的字段中检索或者直接进行检索。当用户输入检索词为人名、期刊名和机构名称时，系统会提示用户查看相应的文献。

除了限定字段或者直接输入检索词进行检索外，平台还支持精确检索、逻辑表达式以及括号的限定检索，用户可以输入英文的双引号进行精确检索。平台支持的符号如表 2－9 所示。

表 2－9　　　　　　　　　　　**万方检索运算符**

运算符	检索含义	举例
AND	逻辑与： 两个检索词必须同时出现	教育 AND 经济

续表

运算符	检索含义	举例
OR	逻辑或: 两个检索词任一出现即可	教育 OR 经济
NOT	逻辑非: 前一检索词必须出现,后一检索词必须不出现	教育 NOT 经济
""	精确匹配: 引号中词作为整体进行查询	"在线教育"
( )	限定检索顺序: 括号中检索式作为一个子查询	

注:逻辑运算符优先级为 NOT > AND > OR,系统按照优先级顺序执行,如果需要有先后顺序,可以使用括号;逻辑运算符不区分大小写,由于检索功能优化,平台不再支持运算符(*/ +/^)的检索。

除了特定检索词的检索外,还提供分类号的检索,主要支持的资源是学位论文的学科分类号、专利的分类号、标准分类号的检索,图 2-17 为万方一框式检索。

图 2-17　万方一框式检索

2. 高级检索和专业检索

高级检索和专业检索支持多种资源一站式检索。在高级检索页面,用户可以选择要检索的字段名称;在专业检索页面,用户可以手动输入,或者在"可检索字段"中选择想要检索的字段进行检索。表 2-10 为万方高级检索及专业检索字段表。

表 2 − 10　　　　　　　　　　万方高级检索和专业检索字段表

资源对应	字段名称
常用检索字段	全部、主题、题名或关键词、题名、关键词、作者、第一作者、作者单位、摘要、DOI
期刊	期刊名称/刊名、期、基金、ISSN/CN
学位	专业、学科、学科授予单位、导师、学位
会议	会议名称、主办单位
专利	申请/专利号、申请/专利权人、公开/公告号、主权项、优先权、申请日、公开日、主分类号、分类号、代理人、代理机构
标准	标准标号、发布单位、中国标准分类号、国际标准分类号
科技成果	省市、类别、成果水平、成果密级、获奖情况、行业、鉴定单位、申报单位、登记部门、联系单位、联系人
科技报告	计划名称、项目名称
法律法规	发文文号、效力级别、颁布部门、时效性、终审法院
地方志	编纂人员、编纂单位、条目来源

高级检索和专业检索支持的符号和基本检索一致。高级检索添加了智能检索的功能，智能检索包括中英文扩展和主题词扩展。中英文扩展指的是对检索词进行中文、英文的扩展检索，扩大检索范围；主题词扩展指从所属范畴、同义词、上下位词、优选术语等维度出发。范畴指检索词所属的学科或领域；同义词指与检索词意义相同的一组词语；上位术语指概念上外延更广的词；下位术语指概念上内涵更窄的词；优选术语指概念优先选择的术语。用户可以根据检索需求进行自行勾选。图 2 − 18 为万方高级检索、图 2 − 19 为万方专业检索。

图 2 − 18　万方高级检索

图 2-19 万方专业检索

3. 检索结果

检索结果页面提供记录列表。每条记录包括题名、出处、作者、简短摘要、文献类型、下载量、关键词。提供期刊、作者等项的热链。页面左栏按资源类型、学科、年份、语种、来源数据库、作者、机构等对检索结果进行分类；右栏提供研究趋势、热词、视频等信息，可快速了解结果全貌和相关信息，具体如图 2-20 所示。

图 2-20 万方检索结果

可查看详细文摘、查看和下载全文（在线阅读、PDF 格式）、导出记录、定制引用通知等。导出文献提供导出文献列表、参考文献格式、Note-Express、RefWorks、NoteFirst EndNote、Bibtex、自定义格式等格式。

2.5.3.5　维普中文期刊服务平台

维普中文期刊服务平台是以中文期刊资源保障为核心基础，以数据检索应用为基础，以数据挖掘与分析为特色，面向教、学、产、研等多场景应用的期刊大数据服务平台。平台采用了先进的大数据构架与云端服务模式，通过准确、完整的数据索引和知识本体分析，着力为读者及信息服务机构提供优质的知识服务解决方案和良好的使用体验。

平台默认使用一框式检索，用户在首页检索框中输入检索词，点击"检索"按钮即可获得检索结果。用户还可以通过设定检索命中字段，从而获取最佳检索结果。平台支持题名或关键词、题名、关键词、摘要、作者、第一作者、作者简介、机构、基金、分类号、参考文献、栏目信息、刊名等十余个检索字段。图 2 – 21 为维普简单检索。

图 2 – 21　维普简单检索

中文期刊服务平台的高级检索具体包括：向导式检索和检索式检索两种类型见图 2 – 22、图 2 – 23。向导式检索是指用户可以运用"与""或""非"的布尔逻辑关系将多个检索词进行组配检索。用户可以对每个检索词分别设定检索命中字段，并且通过时间范围限定、期刊范围限定、学科范围限定来调整检索的数据范围；还可以选择"精确"和"模糊"两种匹配方式，选择是否进行"中英文扩展"和"同义词扩展"，通过更多的检索前条件限定，获得最佳的检索结果。检索式检索指用户可以自行在检索框中书写布尔逻辑表达式进行检索。同样支持用户选择时间范围、期刊范围、学科范围等检索限定条件来控制检索命中的数据范围。

图 2 - 22　维普向导式检索

图 2 - 23　维普检索式检索

此外，中文期刊服务平台提供了基于检索结果的二次检索、分面聚类筛选、多种排序方式，方便用户快速找到目标文献。

2.5.3.6　EBSCO 数据库

EBSCO 出版公司是世界上最大的全文期刊数据集成出版商，也是全球最早推出全文在线数据库检索系统的公司之一，可以提供 100 多种全文数据库和二次文献数据库。数据库涵盖的范围包罗万象，包括针对公共、学术、医学和商业性图书馆而设计的各种数据库，涉及自然科学、社会科学、人文和艺术等多种学术领域，所用检索系统为 EBSCOhost。

EBSCO 数据库主要包括下列两个全文库。

（1）综合学科参考类全文数据库（Academic Search Premier，ASP），包括有关生物科学、工商经济、资讯科技、通信传播、工程、教育、艺术、文学、医药学领域的 7000 多种期刊，其中近 4000 种全文刊。全文最早回溯到 1990 年，索引和文摘最早回溯到 1984 年，数据每日更新。

（2）商业资源集成全文数据库（Business Source Premier，BSP），包括国际商务、经济学、经济管理、金融、会计、劳动人事、银行等 3000 多种期刊的索引、文摘，其中近 3000 种全文。全文最早收录时间为 1990 年，有图像，数据每日更新。

另外，EBSCO 数据库免费提供以下数据库。

（1）ERIC（Educational Resource Information Center）（教育资源信息中心）。ERIC 是权威的教育文献和资源索引的全文数据库，由美国教育部教育科学研究所赞助，它是各种教育研究人员的必要工具。收录 980 多种教育及和教育相关的期刊文献的题录和文摘。

（2）Newspaper Source（报纸资源）。Newspaper Source 收录 159 种美国地方报纸、18 种国际性报纸、6 个新闻专线、9 个报纸专栏，包括《基督教科学箴言报》《洛杉矶时报》等 194 种报纸的全文，另外，还收录 4 种美国全国性报纸的索引和摘要。

（3）Professional Development Collection。此数据库是为职业教育者而设计，它提供了近 550 种非常专业的优质教育期刊集，包括 350 多个同行评审题名。此数据库还包含 200 多篇教育报告。Professional Development Collection 是世界上最全面的全文教育期刊集。

（4）Teacher Reference Center（教师参考中心）。教师参考中心（TRC）为教师提供了一个补充研究数据库，为 220 多个同行评议的期刊提供索引和摘要。涵盖了教师感兴趣的各种主题，包括评定、最佳做法、继续教育、现行教学研究、课程发展、小学教育、高等教育、教学媒体、语言艺术、扫盲标准、学校管理、科学与数学、教师教育等。

2.5.3.7　PQDT 学位论文全文数据库

ProQuest Dissertations & Theses（PQDT）作为美国国会图书馆的官方论文存储资料库，收录了来自 1700 多所全球研究院和大学的研究论文，涵盖了各个研究学科。该数据库包含了美国和加拿大各重点研究大学的论文，同时也不断增加着其他国家/地区的高品质博硕论文。数据库提供书目和索引信息，收录论文最早可回溯到 1861 年美国的第一篇论文，以及 17 世纪欧洲的论文，最新收录可至上学期刚发表的论文。其中，包含 100 多万篇可直接订购的电子版全文，210 多万篇可订购的印刷版全文。大多数 1997 年以后出版的论文可提供全文，同时也提供大量的早期毕业论文的全文回溯资料。每年新增 8 万多篇博硕论文记录。

2.5.4　学术搜索引擎

学术搜索引擎是一种以学术资源为检索对象的专业搜索引擎，涵盖互联网上的免费学术资源和以深层网页形式存在的学术资源，通过对这类资源的爬行、抓取、索引，以统一的、简单的、一站式的访问界面向用户提供服务，避免返回大量无关的网上信息，保证了检索结果的专业性和相关性。

2.5.4.1　Google 学术搜索（Google Scholar）

Google 学术搜索（Google Scholar）是一个可以免费搜索学术文章的网络搜索引擎，索引了出版文章中文字的格式和科目，能够帮助用户查找包括期刊论文、学位论文、书籍、预印本、文摘和技术报告在内的学术文献，内容涵盖自然科学、人文科学、社会科学等多种学科，覆盖面广、权威性强，已成为科技人员、教师、学生查找专业文献资料的重要工具。

　　谷歌学术的广告标语是"站在巨人的肩膀上"，这是对所有学术工作者的肯定，在过去的几个世纪中，他们贡献了各自领域的知识，并为新的智能成就奠定了基础。目前，Google 公司与许多科学和学术出版商进行了合作，包括学术、科技和技术出版商，例如，ACM、Nature、IEEE、OCLC等。合作使用户能够检索特定的学术文献，通过 Google Scholar 从学术出版者、专业团体、预印本库、大学范围内以及从网络上获得学术文献，包括来自所有研究领域的同级评审论文、学位论文、图书、预印本、摘要和技术报告。图 2 - 24 为谷歌学术首页。

图 2 - 24　谷歌学术首页

　　谷歌学术搜索的特色有：可显示被引用信息；显示图书馆链接；使用偏好设置。谷歌学术搜索的高级检索支持按主题、作者、出版物、日期等进行搜索。

　　检索结果默认按照相关度排序，最有价值的信息优先显示。相关度排序综合考虑每篇文章的内容、作者、出版物以及被引用情况等因素。每条期刊论文记录显示标题、作者、期刊名、出版社、出版年份、来源数据库商、简要文摘信息，以及"引用""被引次数""相关文章"、所有版本、图书馆链接、导入文献管理软件等。部分结果右侧提供 PDF 链接，可直接下载阅读。

　　例如，在谷歌学术首页输入检索式："COVID - 19 AND online AND (learning + education)"。

结果输出后，页面左侧可添加时间限定条件，进行二次检索。检索出约 72700 条结果，结果按相关性排序，无法按学科进一步筛选。用户可以按照自身需求保存、引用、查看被引数量、相关文章、文献版本等。如图 2-25 所示。

图 2-25　谷歌学术

2.5.4.2　百度学术

百度学术搜索是百度旗下的提供海量中英文文献检索的学术资源搜索平台，涵盖多个学科的学术期刊、会议论文、学位论文、图书、专利等，提供论文查重、学术分析、开题分析、学者主页、期刊频道、文献互助等功能，旨在为海内外学者提供最全面的学术资源检索和最好的科研服务体验。目前，百度学术搜索收录国内外学术站点 120 万家，包含大量商业学术数据库，如中国知网、万方、维普、ScienceDirect、Wiley、ACM、IEEE、EBSCO、Springer 等，以及百度文库、道客巴巴、豆工网、开放获取资源、杂志社和高校的机构仓储等大量提供全文链接的网站，共计收录中外文文献信息资源 6.8 亿份，免费全文资源 1.6 亿种，并处于持续增长中①②。

---

① 百度学术 [EB/OL]. [2022-4-10]. https://xueshu. baidu. com/usercenter/show/baiducas? cmd = intro.

② 林豪慧主编；陈晓瑜，杨伟副主编. 大学生信息素养 [M]. 北京：电子工业出版社，2017：157.

百度学术搜索提供基本检索和高级检索两种检索方式，与百度搜索的检索方式基本一致，高级检索可查找指定作者、机构、出版物、时间、语种的文献。百度学术搜索对检索结果进行了结构化提取处理，用户在结果页中间可以查看到题名、作者、文献来源、发表时间、文献摘要、关键词、被引量等信息，并提供文献下载、引用、收藏功能；结果页左侧对检索结果进行筛选/组织，可以按论文发表时间、领域、核心期刊、获取方式、关键词、文献类型、期刊、作者、机构等聚类显示；结果页右侧给出检索词的百科词条解释和研究点分析以及相关文献推荐。百度学术搜索目前对结果进行中英文筛选，还可按相关度、被引量、时间降序进行排序。单击"研究点分析"，可看到关键词的核心研究点分析，从研究走势、关联研究、学科渗透、相关学者、相关机构等方面，来满足论文写作过程中对学术文献的需求。图 2 - 26 为百度学术检索页面。

图 2 - 26　百度学术检索页面

2.5.5　开放获取资源

开放获取（Open Access，OA）是指文献可以通过公共网络免费获取，允许任何用户阅读、下载、传播、打印、检索、链接到论文的全文，为论文建立索引，将论文作为素材编入软件，或者对论文进行任何其他出于合法目的的使用，而不受经济、法律和技术方面的任何限制，除非网络本身造成数据获取的障碍①。简而言之，就在线链接、免费使用、版权豁免。

《布达佩斯开放获取倡议》（BOAI）呈现了两种开放获取：一是自我典藏（Self-Archiving），目前以机构知识库和学科知识库为代表，通常称之为绿色开放获取；二是开放获取期刊（Open-access Journals），也称之为开放出版或开放获取出版，通常称之为金色开放获取。BOAI同时强调，能够公开获取经同行评议的期刊文献是开放获取的最终目标，鼓励用自我典藏和开放获取期刊之外的更多的方式向开放获取转换。时至今日，主要的开放获取类型有：金色开放获取（Gold Open Access）、绿色开放获取（Green Open Access）、钻石开放获取（Diamond Open Access）、混合开放获取（Hybrid Open Access）、青铜开放获取（Bronze Open Access）和黑色开放获取（Black Open Access），详情如表2-11所示②。

表2-11 主要的开放获取类型

开放获取类型	主要特征
金色开放获取	作者支付文章处理费，任何人都可以免费访问论文，通常也可以再利用
绿色开放获取	作者提交论文至知识库，使其可以被自由访问，一般有禁运期（通常为6~12月）
钻石开放获取	作者无须支付文章处理费，任何人也都可以免费访问论文
混合开放获取	传统订阅期刊允许其中的部分文章开放获取出版，其他文章仍需付费阅读
青铜开放获取	论文可以被免费访问，但没有清晰的版权约定
黑色开放获取	现有知识产权体系下的"盗版"网站，通常免费、大规模、易用

以下将介绍几个重要的开放获取资源。

（1）DOAJ（https：//doaj.org/）。

开放存取期刊目录（DOAJ）于2003年在瑞典隆德大学推出，拥有300种开放存取期刊，现在包含近17500种同行评审的开放获取期刊，涵

---

① 叶鹰主编；陆伟，黄国凡，王曰芬副主编.信息检索理论与方法：第2版［M］.北京：高等教育出版社，2015.

② 宁笔.开放获取Open Access的各种类型［EB/OL］.（2022-3-22）［2022-4-20］.https：//blog.sciencenet.cn/blog-408109-1330517.html.

盖科学、技术、医学、社会科学、艺术和人文科学的所有领域。接受对所有国家/地区和所有语言的开放获取期刊进行索引。DOAJ 目前提供期刊名检索和论文名检索两种检索方式。截至 2022 年 4 月 20 日，DOAJ 已收录教育学（Education）学科期刊 1659 种。

（2）cnpLINKer。

cnpLINKer（中图链接服务）是由中国图书进出口（集团）总公司开发并提供的国外期刊网络检索系统。目前，共收录了国外 50 多家出版社的 12000 余种商业期刊、14000 多种 OpenAccess 期刊、900 万篇目次文摘数据和全文链接服务、400 家国内馆藏 OPAC 信息，并保持时时更新。目前，系统内收录教育类期刊 536 种。

（3）Socolar。

Socolar 是中国教育图书进出口公司（以下简称"教图公司"），为了顺应开放式获取资源（OA 资源）的迅速发展，方便学生、老师、研究人员和学者对 OA 资源的使用，自主研发的"一站式 OA 资源检索平台——Socolar"。Socolar 收录外文付费期刊文章 5442 万余篇，外文开放获取文章 1534 万余篇，实现全学科、多语种的资源覆盖。平台提供文章检索和期刊检索两种类别，以及基本检索和高级检索两种方式。目前，平台内收录的教育学期刊有 15950 种。

（4）国家哲学社会科学学术期刊数据库（NSSD）。

国家哲学社会科学学术期刊数据库，简称"国家期刊库"（NSSD）是由全国哲学社会科学规划领导小组批准建设，中国社会科学院承建的国家级、开放型、公益性哲学社会科学信息平台。收录精品学术期刊 2000 多种，论文超过 1000 万篇、超过 101 万位学者、2.1 万家研究机构相关信息。内含国家社科基金重点资助期刊 187 种、中国社会科学院主管主办期刊 80 多种、三大评价体系（中国社会科学院、北京大学、南京大学）收录的 600 多种核心期刊。平台提供免费在线阅读和全文下载以及多种论文检索和期刊导航方式。

（5）Sci-Hub。

Sci-Hub 属于黑色开放获取，由亚历山德拉·埃尔巴金（Alexandra

Elbakyan）于 2011 年创办，目前收集了 8800 多万篇学术文献，在网络上面向全球且免费下载，其中 80% 是期刊论文、6% 是会议论文、5% 是学术专著章节；77% 是在 1980~2020 年发表的、36% 是 2010~2020 年发表的；主要学术出版商的文献覆盖率超过 95%；总文献量约为 100TB。在现有知识产权体系下，Sci-Hub 涉嫌盗版。可以确定的是，黑色开放获取网站提供的文献，包括订阅模式出版的，也包括金色开放获取的文章。平台操作简单，用户通过复制论文 DOI 或是论文的数据库链接，粘贴至 Sci-Hub 检索框即可获取 PDF 格式的原文。

（6）期刊官网。

有些学术期刊，为了扩大刊物的影响力，会选择主动开放所刊载的论文。中国大部分中文期刊，可以在其网站上免费下载，是事实上的青铜开放获取。读者可以根据需求，自行至期刊的官网浏览查找，判断目标期刊是否开放获取。以下简单介绍几种国内开放获取的教育学期刊。

①《远程教育杂志》系 CSSCI 来源期刊，是由浙江开放大学主办的一本紧密追踪与反映国内外现代远程教育、教育技术及相关领域的前沿脉搏、选题与研究新进展，为广大读者/作者展示广阔的教育研究图景的新锐学术性杂志。期刊的官网专设有"文章查询"，读者可按需求下载文章PDF 进行阅读，也可以导出参考文献。

②《华东师范大学学报》（教育科学版）创刊于 1983 年，是我国高校中第一本教育科学专业类学报，也是目前在全国有着广泛影响力的教育类学术期刊之一。期刊官网设有"读者中心"，文章提供 HTML 和 PDF 两种阅读方式，也可以导出参考文献。

③《开放教育研究》创办于 1983 年，是由上海市教育委员会主管，上海远程教育集团与上海开放大学主办的国家级远程教育期刊。期刊官网设有"过刊查询"，可按论文标题、作者、栏目等查询文献，结果提供PDF 阅读。

2.6 本章小结

文献检索往往不是一步到位的，而是一个根据自己对课题的理解和掌握，逐步调整、不断完善检索策略的过程。只有经过多次的试检索后，才能最终得到比较理想的检索结果。本章主要介绍了文献、文献类型、文献检索方法以及文献获取渠道等方面内容，希望读者通过阅读、学习本章节，可以触类旁通，灵活运用，以满足自己的科研信息需求。

第 3 章

研究文献的知识图谱分析

【学习目标】

1. 理解知识图谱的概念、类型和发展过程。

2. 了解知识图谱的绘制过程和方法。

3. 了解知识图谱的相关理论基础。

4. 掌握 CiteSpace、HistCite 以及 VOSviewer 的分析指标和操作过程。

5. 利用知识图谱工具分析教育学科领域的相关研究热点和发展趋势。

知识图谱分析是重要的量化分析方法之一，其分析思路是将研究文献中的各个单元进行统计分析，从而以可视化的方式呈现出不同研究领域的轮廓和特征。借助知识图谱的分析方法，可以有效地探究教育学科的研究热点、结构及其发展趋势。首先，本章引入知识图谱的相关概念，并阐述了知识图谱的类型及其发展过程，并在此基础上对知识图谱的绘制过程进行了简单说明；其次，对知识图谱所涉及的相关原理和理论基础进行了系统阐述，并介绍了主要的知识图谱分析工具；最后，通过展示 CiteSpace、HistCite 以及 VOSviewer 的实际操作过程，介绍了相关工具的使用方法和技巧。

3.1　知识图谱分析概述

3.1.1　知识图谱的概念与类型

3.1.1.1　知识图谱的概念

知识图谱最早被应用于信息搜索领域，该概念于 2012 年由谷歌提出，目的是支撑语义搜索任务，使谷歌可以高效的搜索，随后在各领域得到了广泛关注和应用研究。知识图谱是通过将应用数学、图形学、信息可视化技术、信息科学等学科的理论、方法与计量学引文分析、共现分析等方法结合，形象地展示学科的核心结构、发展历史、前沿领域以及整体知识架构的可视化图谱，且在图谱中可以实现多学科的融合。由于它是以科学知识为计量研究对象的，所以属于科学计量学（Scientometrics）的范畴。在形式上，知识图谱由相互连接的实体和其属性构成，通常表现为网络结构，其中包含了多种类型的实体（节点）和多种类型的连接关系（边）。

科学计量学之父普赖斯最早提出了引文数据库中蕴含着科学结构这一论断，构想了基于引文数据绘制科学知识图谱的宏伟蓝图。他指出，因为引证许多论文，也就形成了一个以某种复杂的方式把它们全部连接在一起的网络。借助这种网络模型，人们就可以用图论和矩阵的方法来加以研究，它似乎还向人们暗示，论文一定会聚集成团，而形成几乎能绘制成地图上的"陆地"和"国家"，并显示出拥有高地与不可逾越的沼泽。关于科学知识图谱的意义，有学者也给出了一些有价值的认识：如陈超美的"科学知识图谱改变你看世界的方式"，刘则渊的"一图展春秋，一览无余；一图胜万言，一目了然"。①

科学知识图谱又同绘图学和地图学有一定关系，但知识图谱的概念与知识地图的概念并不完全相同。地图是按照一定的法则，有选择地以二维

---

①　刘则渊. 视觉思维、数学思维和哲学思维的集成之作——陈超美著《科学前沿图谱》中译本推介 [J]. 科学与管理，2014，34（3）：25 – 26.

或多维形式与手段在平面或球面上表示地球（或其他星球）若干现象的图形或图像，这一图像能科学地反映出自然和社会经济现象的分布特征及其相互关系。知识地图最早是由布鲁克斯提出的，可以理解为将地名替换为知识的地图，最初是表现为科学技术活动与知识的地理分布状况的地图。而"图谱"是一个图像，以一定空间形式在一定时间范围中展现与变化的系统概念，虽然可以把知识地图作为知识图谱的一种形式，但知识图谱比知识地图更能揭示知识之间的联系及知识的进化规律。

知识地图的概念，在狭义上就是表达科学技术知识或一般知识资源地理分布状况的地图。美国捷运公司最早的知识地图是一张展示知识资源地理分布的美国地图，这就是知识地图的雏形。之后带有索引号或用其他方式表示层次关系的表格和文件，以及用来表示信息资源与各部门或人员之间关系的信息资源管理表和信息资源地理分布图，都是知识地图的早期形式。随着信息技术的迅速发展，知识地图进入了电子时代，互联网上普遍使用的超文本链接和应用链接就是知识地图的简单形式。之后绘制知识地图的工具的创造突破了原有的局限于描述知识地理分布的界限，逐渐演化为含义与内容更加广泛的知识图谱了。

《科学知识图谱：方法与应用》借鉴知识地图的定义，将知识图谱定义为可视化地描述人类随时间拥有的知识资源及其载体，绘制、挖掘、分析和显示科学技术知识以及它们之间的相互联系，在组织内创造知识共享的环境以促进科学技术研究的合作和深入[①]。

3.1.1.2　知识图谱的类型

按照覆盖范围划分，本体可以分为通用本体和领域本体，那么知识图谱也可以划分为通用知识图谱与行业知识图谱；按照可视化表达形式划分，可以分为基于距离的科学知识图谱表达、基于关系的科学知识图谱表达、基于时间线的科学知识图谱表达以及基于叠加分析的科学知识图谱表达；按照不同的方法和技术划分，可以分为传统科学计量图谱、三维构型图谱、多维尺

---

① 刘则渊，陈悦，侯海燕. 科学知识图谱：方法与应用 [J]. 辽宁省哲学社会科学获奖成果汇编 [2007－2008 年度]，2010.

度图谱、社会网络分析图谱、自组织映射图谱以及寻径网络图谱。

1. 按照覆盖范围划分

（1）通用知识图谱。谷歌提出的知识图谱即为通用知识图谱，它是面向全领域的。通用知识图谱主要应用于语义搜索，面向互联网的搜索、问答、推荐等业务场所。通用知识图谱描述全面的常识性的知识，对知识的准确度要求不高，如百科类的 DBpedia、zhishi. me 和语言学类的 WordNet、大词林等。通用知识图谱强调知识的广度，大多采用自底向上的方式构建，侧重实体层的扩充，因此，也导致其大部分较难构建规范的本体层。图 3 - 1 总结了部分典型中文通用知识图谱①。

（2）行业知识图谱。行业知识图谱是面向特定领域，需要一定深度与完备度，对精确度要求非常高，能够进行知识推理，实现辅助各种复杂的分析及决策支持等功能的图谱，如 GeoNames、中医医案知识图谱等。行业知识图谱要求其必须有严格的本体层模式，通常采用自底向上与自顶向下结合的方式进行构建。

2. 按照可视化表达形式划分

（1）基于距离的科学知识图谱表达。基于距离的科学知识图谱将高维数据可视化到二维平面中，图形中的每一个节点代表一个分析的要素，图形中要素之间的距离是用来测度它们之间的相似性的。图形中元素之间的连线通常不会直接显示出来。基于距离的科学知识图谱绘制工作，比较早期的是怀特（Howard D. White）和麦凯恩（Katherine W. Mccain）绘制的信息科学领域的作者共被引网络。2005 年，凡·艾克在其硕士学位论文中开始对用于进行知识图谱分析的多维尺度进行分析，其在博士期间仍继续进行该项研究。凡·艾克和瓦特曼于 2009 年开发了一款基于 JAVA 的免费软件，即 VOSviewer，该软件主要面向文献数据的可视化表达，一经开放，便得到了广泛的使用。

（2）基于关系的科学知识图谱表达。科学知识图谱分析的基本原理就

---

① 黄恒琪，于娟，廖晓，等 . 知识图谱研究综述［J］. 计算机系统应用，2019，28（6）：1 - 12.

是从科技文献中提取知识单元之间的关系，并将其矩阵化和可视化。因此，基于关系的表达也是知识图谱可视化表达的核心方法之一。

在基于关系的科学知识图谱的表达中，元素之间的关系使用边来连接。边的宽度通常用来表达元素之间关系的强度，线的连接方向则可代表特定的联系（像无方向的连线可能代表元素之间是共同参与的关系，有向的连线可能为两者之间存在权力关系、被引用关系等）。这种科学知识图谱的表达实质上是一种矩阵的网络化表达，因此，网络分析的方法被广泛应用于知识图谱的研究中，当前主流的科学知识图谱软件 CiteSpace、VOSviewer 以及 SCI^2，都使用了基于网络的聚类方法来对科学知识图谱进行聚类。

（3）基于时间线的科学知识图谱表达。第三类科学知识图谱可视化方法是基于时间线的表达。从网络的分类角度来看，其为有向网络。其中最具代表的成果是 WoS 的创始人加菲尔德教授开发的 HistCite，2014 年凡·艾克和瓦特曼在 HistCite 的启发下开发了功能更加高级的引文历时分析工具（Citnet Explorer）。

（4）基于叠加分析的科学知识图谱表达。第四类是基于叠加分析的科学知识图谱可视化方法。叠加分析是科学知识图谱领域近年兴起的一种新的分析技术，其基本原理是在已有科学知识图谱的图层上叠加新分析的结果，用来展示某一研究主题或者领域数据集在整个科学结构地图上的分布情况及多样性。可以直观表达出机构科研成果的学科覆盖面，便于科研管理人员从相应节点的颜色、大小、位置等可视化信息中发现优势与特色学科，从而为机构间横向对比或寻找未来合作伙伴提供依据。除了静态对比之外，科学叠加图谱也适用于发现机构内科研活动随时间推移的演变态势，可以帮助科研管理人员及时发现潜力学科或学科发展中存在的某些问题[①]。最具代表性的研究成果主要包含了基于 WoS 学科领域（即 WoS Category 字段）的全景科学领域叠加和基于《期刊引证报告》（Journal Citation Reports，JCR）的全景期刊科学结构地图叠加。研究人员可以将自己的数据叠加到这些地图上，以研究数据的分布情况。

---

① 孙茜，赵旭，王大盈. 科学叠加图谱及其应用研究［J］. 情报资料工作，2016，37（5）：53－60.

3. 按照不同的方法和技术划分

（1）传统科学计量图谱（Two Dimensional Scientometric Map，2DSM）。传统科学计量学图谱是以简单的二维、三维图的形式表达的，在某些情况下，它们之间是可以互相转换的。如二维的柱形图、线形图、点布图、扇形图、二维平面分布图以及三维图等，都以最直观的形式表现了一些科学统计结果。

（2）三维构型图谱（Three Dimension Configuration Map，3DCM）。三维构型图谱是由国际著名科学计量学家克雷奇默教授创立的。她根据梅茨格（W. Metzger）在 1986 年创立的"构型"（configuration）理论，借助非线性函数形象地描述了科学家合著网络构型的三维图形，揭示出高层次人才比低层次人员更容易合作，从而取得更多成果的结论，并揭示了社会网络中人际关系结构的普遍特性，即"物以类聚"和"相辅相成"。梅茨格"构型"的定义为："如果一客体的形式不是取决于具体的构成材料，也不依赖于将其各个部分固定下来，而是依赖于若干个力的平衡，就称它为构型"。此外，如果过程的形式或路径不是被一些不能逾越的渠道限死，也不限制在一个自由度，而是由若干场力的自由作用（当存在着许多自由度时）所造成的，也称之为构型……因此，我们一般将这些客体称为构型，正如皮亚杰指出的，它们的构成归因于若干力的平衡交互作用①。

基于梅茨格的"构型"定义，克雷奇默做出如下假设：如文献中一致指出的那样，社会结构的所有的个别表现形式都在一个具有均衡力的系统内相互作用，从这里出发就有可能对相应的三维构型的表现形式建立起一种假说。这些形式应该按照简化趋势尽可能地简单、有序、和谐和一致，而且其构成应符合某些确定的规则。基于此假设，克雷奇默选择了一种幂函数作为研究的出发点，创立了用来描述科学合作的社会网络构型非线性函数模型。

（3）多维尺度图谱（Muli-Dimensional Scaling Map，MDSM）。MDSM的基本原理是多维尺度分析。在多维空间中，人们常以点表示每一个事物或物件，这些点是根据事件或物件彼此间的相似关系安排位置的。越相似

① 皮亚杰. 结构主义 [J]. 哲学动态，1987（3）：37.

的物件，其两点间的距离越近；而相异的两物件，其两点间的距离较远。这些点所在的空间即为欧几里得几何（Euclidean）空间，可以是二维、三维或多维的。多维尺度分析通过某种非线性变换，把高维空间的数据转换成低维空间中的数据，变换后的低维数据仍能近似地保持原高维数据间的关系的一种技术。

通过 MDSM，可以在较低维空间中直观地看到一些高维样本点相互关系的近似图像。共被引分析中最常使用的是克拉斯卡尔非度量（Kruskal-non-metric）多维标度技术。该技术已经成为 SPSS 中的一个分析模块。共被引分析中如果用 n 个分析对象的共被引矩阵作为原始数据，那么这 n 个分析对象可以看成是 n 维空间的 n 个点，每个对象所对应的那行数据即为该对象的 n 维数据。MDSM 就是要将这 n 维数据所表示的对象散列到低维空间（一般是二维），并且在低维空间中的散列点表现出原 n 维数据之间的位置关系和亲疏程度。

（4）社会网络分析图谱（Social Network Analysis Map，SNAM）。社会网络是西方社会学从 20 世纪 60 年代兴起的一种分析视角，是将社会结构界定为一个网格，社会个体成员之间因为互动而形成相对稳定的关系体系。社会网络关注的是人们之间的互动和联系，社会互动会影响人们的社会行为。社会网络分析就是要建立关系的模型，致力于描述群体关系的结构，研究这种结构对群体功能或者群体内部个体的影响。社会网络分析方法被证明可以成功地研究科学合作网络和互联网络所得到的可视化网络，并被用于展示科学计量学的合作网络结构与发展。发展至今，社会网络分析已经被广泛应用于网络社会关系发掘、支配类型发现（关键因素发现）以及信息流跟踪等领域，通过社会网络信息来判断和解释信息行为和信息态度。

在情报学领域，最早是南丝（R. E. Nance）等在 1972 年对消息传播结构进行分析，利用可获取性和灵活性对信息网络进行分析[①]。在引文分析中，通过社会网络的方法可以找出有影响力的文章或者核心文章，奥特和鲁索（Evelien Otte，Ronald Rousseau，2002）在对 133 位合作作者形成的

① Nance R E, Korfhage R R, Bhat U N. Information networks: definitions and message transfer models [J]. Journal of the American Society for Information Science, 1972, 23 (4): 237 –247.

社会网络分析中，形成了由其中 57 位作者构成的一个核心网络，其中波特（Ronald S. Burt）是社会关系网中最核心的论文作者（17 篇），这与应用传统文献计量分析而得的核心论文作者威尔曼（Barry Wellman）（34 篇）有所不同①。

（5）自组织映射图谱（Self-Organizing Map，SOM）。简单地说，SOM 就是把一系列高维数据集映射成低维的离散数据集，而映射后的数据集通常会以拓扑图的形式表示，常见的如 n * n 的网格图，每个 cell 或 node 代表一类数据向量，cell 或 node 越相近，则表示两类数据越接近。卡汉（T. Kohone）提出了人造神经中枢网络对信息可视化极其重要的自组织特征映射模型（Self-organizing Feature Map），它是一种竞争学习网络，采用无导师学习的分类方法，把高维输入映射到一维或二维的离散网格上，并保持一定的拓扑有序性的结构②。

夏林等首先将 SOM 方法应用于文档的信息可视化分析中，其 Visual Sitemaps 技术可以显示出从数据库中提取出来的重要的概念串③。1995 年，陈炘钧（Hshinchun Chen）等开发出了 Et-maps 技术，他们创建了多层次图像的 SOM 方法，用于对大量文档和网页自动分类④⑤。

（6）寻径网络图谱（Pathfinder Network Scaling Map，PFNET）。寻径网络是根据经验性的数据，对不同的概念或实体间联系的相似或差异程度进行评估，然后应用图论中的一些原理和方法生成的一类特殊的网状模型。它对不同概念或实体间形成的语义网络进行表达，从一定程度上模拟了人脑的记忆模型和联想式思维方式。在一般变换情况下，该网络具有一定的

———————————

①　Otte E，Rousseau R. Social network analysis：a powerful strategy，also for the information sciences [J]. Journal of information Science，2002，28（6）：441 –453.

②　Kohonen T. Self-organizing feature maps [M] //Self-organization and associative memory. Springer，Berlin，Heidelberg，1989：119 – 157.

③　Lin X，Soergel D，Marchionini G. A self – organizing semantic map for information retrieval [C] //Proceedings of the 14th annual international ACM SIGIR conference on Research and development in information retrieval. 1991：262 –269.

④　Chen H，Schuffels C，Orwig R. Internet categorization and search：A self-organizing approach [J]. Journal of visual communication and image representation，1996，7（1）：88 – 102.

⑤　Chen C，Rada R. Modelling situated actions in collaborative hypertext databases [J]. Journal of Computer-Mediated Communication，1996，2（3）：JCMC231.

稳定性，通过对 PFNET 的分析，可以对不同的概念、实体进行分层和聚类。该算法检查所有数据之间的关系，然后建立数据间最有效连接的路径。最终结果是将数据以及数据之间的关系表达成一个图，图中节点表示数据，线表示数据之间的关系。

关键路径网络常常用来对大规模、复杂的知识单元关系网络进行简化，本质上来讲是简化一个稠密的网络。与其他类似算法相比，关键路径网络法具有其独特的优势，它具有能获得更精确局部结构的能力。然而关键路径算法具有很复杂的运算过程，所以在处理大网络的时候，其挑战性会比较大。

3.1.2 知识图谱的发展

科学计量学是对科学本身进行定量研究，学者们为了了解一个学科领域发展的整体状况，传统的方法是：查阅该领域的几乎所有文献。查阅大量的文献阅读使得这一工作烦琐且耗时，并且难以重复进行，同时还会或多或少地掺杂主观的判断，况且随着时间的推移，文献的数量也在迅速增长着。尤其是随着信息增长速度的加快，通过传统的方法去捕捉学科发展的脉络变得越来越困难。因此，科学计量学家们努力寻找一种同传统方法相比，具有更大的客观性、科学性、数据的有效性、高效率的新方法来研究科学学科的结构与进展。

知识图谱不是无缘无故诞生的技术，在此之前有许多相关联的技术给它作了铺垫，它的诞生过程经历过语义网络、本体论以及万维网等阶段，如图 3 - 1 所示。

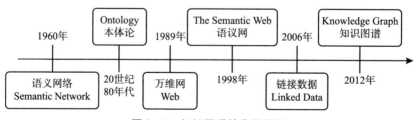

图 3 - 1　知识图谱的发展历程

3.1.2.1　语义网络

1960 年，认知科学家艾伦·柯林斯（Allan M. Collins）提出用语义网络（Semantic Network）研究人脑的语义记忆，用图来表示知识的结构化方式，用相互连接的节点和边来表示知识。节点表示对象、概念，边则表示节点之间的关系。语义网络可以比较容易地让我们理解语义和语义关系，其表达形式简单直白，然而由于缺少标准，难以应用于实践。相比于知识图谱，早期的语义网络更加侧重描述概念以及概念之间的关系，而知识图谱更加强调数据或事物之间的链接。

3.1.2.2　本体论

1980 年，哲学概念的"本体论"是探究世界的本原或基质的哲学理论，后被引入人工智能领域，用于刻画知识，对知识建模，使计算机能够识别人类知识的方法。本体论的基本元素是词汇（term）/概念（concept），转而构成同质化的类（class）和子类（sub-class），然后各个类和概念之间加入了适合的关系（relation）后，形成一个简单的本体。概念和类皆用来表达词汇本身，而关系则为词汇提供连接（mapping），并加入限制条件（constraint），使之与现实情况相符合。与知识图谱相比，本体侧重概念模型的说明，能对知识表示进行概括性、抽象性的描述，强调的是概念以及概念之间的关系，而知识图谱更侧重描述实体关系，在实体层面对本体进行大量的丰富与扩充。

3.1.2.3　万维网

1989 年，英国科学家蒂姆·伯纳斯·李（Tim Berners Lee）在欧洲高能物理研究所工作的时候，发明了万维网技术。万维网技术通过超文本标记语言（HTML）把信息组织成为图文并茂的超文本，利用链接从一个站点跳到另一个站点，彻底摆脱了以前查询工具只能按特定路径一步步查找信息的限制。因此，万维网一下子激活了信息组织的灵活性，使万维网成为了互联网上的最大应用。

3.1.2.4 语义网

1998 年，英国科学家蒂姆·伯纳斯·李认为当前的 Web 是供人阅读和理解的，它作为一个越来越大的文件媒体，并不利于实现数据和信息的自动化处理。因此，在上述技术基础上，他又提出了语义网，语义网的核心内涵是：通过给万维网上的文档（如：HTML 文档）添加能够被计算机所理解的语义"元数据"，从而使整个互联网成为一个通用的信息交换媒介。即 Web 不仅要通过超链接把文本页面链接起来，还应该把事物链接起来，使得搜索引擎可以直接对事物进行搜索，而不仅是对网页进行搜索。简单地说，新一代的语义网是一种智能网络，它不但能够理解词语和概念，而且还能够理解它们之间的逻辑关系，实现信息处理的自动化，可以使交流变得更有效率和价值。

3.1.2.5 链接数据

语义网的设计模型是"自上而下"的，所以在面对大规模的数据的情况下，实现起来很困难，于是学者们逐渐将焦点转向数据本身。在这种情况下，蒂姆·伯纳斯·李提出链接数据（Linked Data）的概念，强调语义互联网的目的是要建立数据之间的链接，对数据源实现访问和控制且带权限的连接方式，以提高数据可用性，特指把万维网上计算机可读的数据链接起来，而非仅仅是把结构化的数据发布到网上，鼓励大家将数据公开并遵循一定的原则，将其发布在互联网中。

3.1.2.6 知识图谱

2012 年，谷歌在上述技术的基础上，对收购的 Freebase 进行扩充和改进，最后提出了知识图谱，目的是提升搜索引擎返回的答案的质量和用户查询的效率。搜索引擎把知识图谱作为辅助，能够洞察用户查询背后的语义信息，返回更为精准、结构化的信息，作出更全面的总结，并提供更有深度的相关信息，更大程度地满足用户的查询需求。同时，其融合了所有的学科，使用户的搜索更加连贯。

3.1.3　知识图谱的绘制

知识图谱的绘制，可以归为以下几个步骤，部分步骤可以用软件完成，其基本步骤如图 3 - 2 所示。

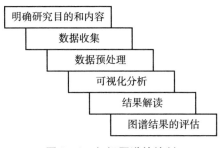

图 3 - 2　知识图谱的绘制

3.1.3.1　明确研究目的和内容

研究者需要先确定自己的研究目的，从而确定研究主题，并根据研究目的来制订可行的科学知识图谱研究计划，确定数据库及数据的采集方法。常见的可以用于进行科学知识图谱分析的中文数据库有中国知网 CNKI、CSSCI 以及 CSCD 等，常见的英文科技文献数据库有 Web of Science、Scopus 和 PubMed 等。不同的数据库，数据的格式也有一定的差异性，相比而言，Web of Science 和 Scopus 这两种索引数据库都提供了丰富的检索功能模块，其数据结构是最为完整的，CSSCI 次之，CNKI 的完整性最小。如果是通过学校的 VPN 使用 Web of Science 数据库，需要注意学校购买的数据库的数据是否完整。

3.1.3.2　数据收集

在确定研究目的后，就需要进行数据检索。在具体的实践应用过程中发现，很多研究者常常由于数据获取时存在问题，导致其对知识图谱的解读与呈现是错误的，因此，数据检索是整个分析的关键环节。按照国际上科技文献的索引标准，以上数据库通常包含除文献全文以外的所有信息，如标题、作者、机构、国家/地区、摘要、关键词、参考文献、发表期刊以及其他索引信息，这些信息是进行文献图谱分析的基础。当前数据的采集主要是借助科技文献数据库，并采用成熟的文献检索策略进行。数据默认下载到名为 savedrecs. txt 的文件中，建议在下载时命名为类似"download_＊＊"的名称。

1. 以 Web of Science 的数据收集为例，其步骤如下。

第一步：登录 Web of Science。

第二步：进入 Web of Science 核心合集的数据检索界面。

进入 Web of Science 核心合集数据库后，对相关参数进行设置，这些参数包含检索的功能选择，如基本检索、作者检索、被引参考文献检索以及高级检索。

第三步：获取数据。

单击"检索"后进入数据的检索结果页面，该页面包含了检索式，结果的 Web of Science 类别、文献类型、研究方向以及作者等方面的分布情况，数据排序，检索的保存，数据的描述性统计结果，引文报告以及被引次数、使用次数等其他信息。

第四步：导出参考文献。

单击"结果的保存和导出"中的"保存为其他文件格式"，随后出现"发送至文件"的对话框，输入记录 1～500，记录内容选择"全记录与引用的参考文献"，文本格式选择"纯文本"，单击"发送"后，会提示关于数据下载的相关信息。

需要注意的是，在 Web of Science 中，用户每次仅能下载 500 条数据，如果数量大于 500 条则需要多次分批导出。

2. 以 CNKI 的数据收集为例，其步骤如下。

第一步：登陆 CNKI。

第二步：进入 CNKI 核心合集的数据检索界面。

进入 CNKI 数据库后，对相关参数进行设置，这些参数包含检索的功能选择，如专业检索、作者发文检索、句子检索以及高级检索。

第三步：获取数据。

单击"检索"后进入数据的检索结果页面。

第四步：下载 Refworks 格式。

选择需要导出的文献，单击"导出与分析"中的"导出文献"，选择 Refworks 格式。在 CNKI 中，用户每次也仅能下载 500 条数据，如果数量大于 500 条则需要多次分批导出。

3. 1. 3. 3　数据预处理

数据分析与数据内容密切相关，Google 公司的亨兹格（Manika Henzingger）和 NEC 的劳伦斯（Steve Lawrence）认为，大量的信息网络是瘫痪的，即不能提供现成的信息，必须要对它们进行数据格式和存取方式上的加工，以获取有用的信息。由于不同数据库所提供下载的数据格式有所差异，所以为了能够使用分析软件对不同的数据库数据进行分析，需要对数据进行预处理，包含对原始数据进行的除重、消歧、格式转换以及排序等处理，具体的处理操作需要根据分析结果来确定。

CiteSpace 专门提供数据的转换功能，用于将 CNKI、CSSCI 以及 Scopus 等数据转换为 Web of Science 的数据格式，供其进行分析。从 CNKI 下载的数据的格式转换的步骤如下所示。

在功能参数区的菜单栏，单击 Data 中的 Import/Export，选择相应数据库进行转换，如 CNKI 下载的数据则选择 CNKI，转换后的格式即为 Web of Science 的数据格式。具体如图 3 - 3 所示。

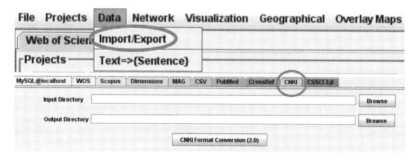

图 3 - 3　CNKI 数据转换

3.1.3.4　可视化分析

可视化分析实质上是对分析结果的可视化展示的设计。得到图谱之后，可以借助软件提供的网络可视化编辑功能美化图形，选择适合的可视化图表，也可以利用提供的网络计算功能，对网络进行进一步分析。

以 CiteSpace 为例，点击 CiteSpace 功能与参数页面的 New，会进入 New Project 界面。Title 为项目的名称，用户可以自定义。在 New Project 界面中，对功能与参数设置区进行设置，设置完成后点击 GO，即可对数据进行分析。

3.1.3.5　结果解读

解读绘制的科学知识图谱需要结合领域内的专业背景进行，解读的要点包括网络整体结构、网络聚类、各聚类之间的关联、关键节点（转折点）和节点间的连线。在现有的基于知识图谱的研究中，大部分知识图谱对出现的高频节点进行解读，一般论文对图谱中得到的聚类以及中介中心性作了解读，时间趋势与突发性检测的使用较少。解读时可从直观显示入手，然后再参照各项指标，及时对存在的问题进行修正，必要时需要与熟悉该领域的学者和专家进行沟通。

3.1.3.6　图谱结果的评估

图谱结果的评估是文献图谱分析中最重要的步骤之一，评估的结果决定了图谱是否能被采用。《科学知识图谱原理及应用》一书中给出两点建议：（1）从整体上看，图谱的分析结果是否相对比较清晰地反映了所分析的数据集内容；（2）在满足结果清晰的基础上，可视化表达是否合理，如节点及其标签的大小或者颜色是否协调、空间的布局是否合理等①。

本书认为，知识图谱不仅需要满足以上两点，还需要看知识图谱可视化的结果是否满足研究需求。如果对得到的可视化结果不满意，那么需要

---

① 李杰. 科学知识图谱原理及应用：VOSviewer 和 CitNetExplorer 初学者指南 [M]. 北京：高等教育出版社，2018.

重新调整可视化参数，直至得到满意的可视化结果。

3.2　知识图谱分析的原理和工具

3.2.1　知识图谱分析的基本原理

3.2.1.1　引文分析

引文分析是文献共被引及其耦合分析的基础。在文献计量学中，有学者认为，引文分析法就是利用数学及统计学方法进行比较、归纳、抽象、概括等，对科学期刊、论文、著者等分析对象的引用和被引现象进行分析，以揭示其数量特征和内在规律的一种信息计量研究方法。引文分析法的类型主要有引文数量分析、引文网状分析和引文链状分析[①]。下面介绍引文和引文网络的形成。

学者在其论文中引证了前人的研究成果，并以参考文献形式列于所在研究中。当然，学者引证一篇论文的原因是多方面的。1971 年，温斯托克（M. Weinstock）将其总结为对先驱者表示崇敬、对相关工作表示赞赏、对同行表示尊敬、对方法或仪器设备表示认同、向读者提供阅读背景、鉴别曾讨论过某个思想或概念的原始文献等 15 个方面的原因[②]。从温斯托克提出的这些引用原因中不难得到，被引的文献与所研究的论文在内容上是相关的。而事实上论文引用其他论文的行为可以看作知识从不同的研究主题流动到当前所进行的研究，是知识单元从游离状态到重组产生新知识的过程，而发表的论文又被其他论文引用是这个过程的持续。由于这种引证行为的客观存在，随着科学研究的不断推进，引文网络也就自然形成了。科学文献之间的引证关系还说明科学文献不是孤立的，而是相互联系、不断延伸的系统，科学文献的相互引证反映了科学发展的客观规律，体现了科学知识的累积性、连续性、继承性以及学科之间的交叉、渗透，通过引文

---

① 邱均平，文孝庭，宋艳辉，等 . 知识计量学［M］. 北京：科学出版社，2014.
② Weinstock M. Citation indexes［J］. Encyclopedia of Library & Information Science，1971（5）.

网络向前可以追根溯源，向后可以追踪发展，科学文献的引用频次是不平衡的，引文网络的疏密反映了引文分布的分散与集中规律①。

邱均平认为，引文分析理论和方法可以用于测定学科的影响和重要性、研究学科情报源分布、确定核心期刊、研究科学交流和情报传递规律、研究文献老化和情报利用规律、研究情报用户的需求特点、进行科学水平和人才的评价等②。

3.2.1.2 共被引与耦合分析

用共被引分析（co-citation analysis）研究学科演进及变化的理论开始于 20 世纪 70 年代，由斯莫尔和格里菲斯（Griffith）③ 以及玛莎科娃（Marshakova）④ 分别提出。1973 年，苏联信息科学家马莎科娃和美国科学计量学家斯莫尔分别提出了把文献的共被引分析作为计量文献之间关系的一种新的方法。当两篇文献共同出现在第三篇文献的参考文献目录中时，这两篇文献就成为共被引的关系。通过对一个文献空间数据集合进行文献共被引关系的挖掘的过程就是文献的共被引分析。

文献共被引分析的基本原理如图 3 - 4⑤ 所示，A 中施引文献 pa1，pa2，…，pa4 以及它们的参考文献 pb1，pb2，…，pb5 共同组成了文献的引证网络（此类网络可以通过 Web of Science 查看）。通过该网络，我们可以建立如 B 所示的参考文献之间的共被引网络。如在引证网络 A 中 pb1 和 pb4 的共被引次数为 3 次，pb1 和 pb2 共被引次数为 2 次。在实际操作过程中，通常是将原始的引证网络转化为矩阵，再通过矩阵运算得到文献的共被引矩阵。得到文献共被引矩阵就可以进行统计学和可视化处理了。

① 尹丽春. 科学学引文网络的结构研究［D］. 大连：大连理工大学，2006.

② 邱均平，文孝庭，宋艳辉，等. 知识计量学［M］. 北京：科学出版社，2014.

③ Small，H G，& Griffith，B C. The structure of scientific literatures Ⅰ：Identifying and graphing specialities［J］. Science Studies，1974，4：17 - 40.

④ Irena Marshakova Shaikevich. System of Document Connections Based on References［J］. Scientific and Technical Information Serial of VINITI，1973，6（2）：3 - 8.

⑤ Van Raan，Anthony F J. Advances in biblimetric analysis：Research performance assessment and science mapping. Bibliometrics. Use and Abuse in the Review of Research Performance，2014：17 - 28.

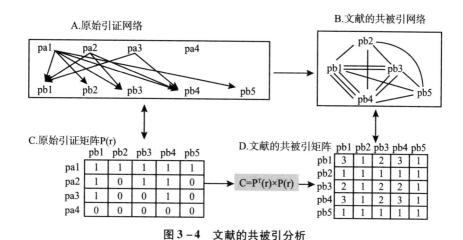

图 3-4　文献的共被引分析

埃格赫（L. Egghe）在《信息计量学导论》中定义了两条共被引分析的准则。

准则 A：如果一共被引相关群的每一篇论文至少与某一篇给定论文共被引一次，那么这几篇论文就构成了一个共被引相关群体。

准则 B：如果一共被引相关群的每一篇论文与该群体中的每一篇其他论文（至少一次）共被引，那么这几篇论文就构成了一个共被引相关群体。

由于一个最基本的文献单元还包含了作者和期刊的信息，因此，除了对整体文献进行论文的共被引分析，还可以仅仅提取文献中的作者信息或期刊信息，来进行作者或期刊的共被引分析。

作者共被引分析：作者共被引分析就是指 n（n≥2）个作者发表的文献同时被别的文献引用，则称这 n 个作者具有共被引关系。其被引强度可由引用文献的作者数量来衡量，这种测度称为作者共被引强度或频率。

作者共被引与文献共被引是密切相关的，但它是以文献的作者为基本单元而建立的共被引关系。它使为数众多的作者按照被引征的关系聚集成一个个作者相关群体，从而揭示学科专业人员之间的联系和结构特点，并进而反映出他们所从事的学科专业之间的联系及其发展变化趋势。当 n 位作者被某一专题文献的作者同时引用时，则可以认为这些作者以及引用作者都是该专题研究的同行，而且共被引频率越高，说明他们之间的学科专业关系越密切。从同被引作者群可以获得同行作者的数量、构成、活动规律等方面的许多情况。若把某专题研究的同行作者联系起来组成科学合作网络，开展合作攻关，将大大促进该课题研究的深入和发展。

作者的数量和结构变化，在一定程度上反映了学科的兴衰起伏、分化渗透等趋势。在共被引关系网络中，作者数量和结构方式的变化可作为判断学科变化动态的一个依据。若定期分析这些方面的变化，就可以跟踪和推测学科或专业的发展趋向。

期刊共被引分析：所谓"期刊共被引分析"，是指以期刊为基本单元而建立的共被引关系。具体地说，就是 n 种（n≥2）科技期刊的论文被其他期刊同时引用时，称这 n 种期刊具有"共被引"关系。其共被引程度以引用它们的期刊种数（或次数）多少来衡量，这个测度称为期刊共被引强度或频率。期刊共被引分析把数量众多的期刊按被引证关系联系起来，从而从利用的角度揭示了各学科期刊之间的相互关系和结构特征。根据期刊的共被引关系及其强度，可以判断某些期刊的学科或专业性质，期刊共被引分析也可以为确定核心期刊提供依据。期刊的共被引关系反映了它们之间的某种学科或专业上的联系，而且如共被引频率较高，则说明这种专业关系比较密切，从而为确定学科的核心期刊提供依据。

文献的耦合是开斯勒（Kessler）于 1963 年提出的概念，具体是指两篇文献共同引用的参考文献的情况，两篇文章引用了同一篇文献，则两篇文献之间就存在耦合关系，此时的耦合强度为 1。当这两篇文献引用了三篇相同的文献，那么这两篇文献之间的耦合强度就为 3。以此类推，两篇文献的相同参考文献的数量越多，表示两篇文献耦合的强度越大，在研究主题上越相近。由于作者在发表论文之后，其参考文献不再改动，因此，文献耦合形成的文献网络属于静态的结构。从论文的作者、机构、国家/地区以及期刊等角度出发[1]，依据相同的原理，也可以对作者、国家/地区或期刊的耦合网络进行分析，进而分析作者、机构、国家/地区的相似性。

---

① Glänzel W, Czerwon H J. A new methodological approach to bibliographic coupling and its application to the national, regional and institutional level [J]. Scientometrics, 1996.

文献耦合分析的基本原理如图 3 – 5① 所示。图中施引文献 pal 和 pa2
有三篇相同的参考文献，那么他们之间的耦合强度就为 3，pa2 与 pa4 没有
引用相同的参考文献，那么他们之间的耦合强度就为 0。通过原始引证网
络可以得到原始的引证矩阵，同样可以通过对矩阵进行运算而得到相应的
文献耦合矩阵。

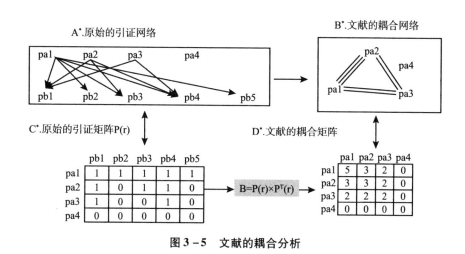

图 3 – 5　文献的耦合分析

3.2.1.3　词频与共词分析

词频是指所分析的文档中词语出现的次数。在科学计量研究中，可以
按照学科领域建立词频词典，从而对科学家的创造活动作出定量分析。词
频分析方法是文献计量学的传统分析方法之一，其所依据的基本理论为齐
普夫定律（Zipf's law）。1935 年，齐普夫以大量统计数据对词频分布规律
进行了系统研究。齐普夫在他以前研究的基础上，又收集了大量统计材
料，并进行了系统的分析，发现在任何一篇文章中，词的出现频率都服从
如下规律：如果把一篇较长文章（约 5000 字）中每个词出现的频次统计
起来，按照高频词在前，低频词在后的递减顺序排列，并用自然数给这些

① Van Raan, Anthony F J. Advances in biblimetric analysis: Research performance assessment and
science mapping. Bibliometrics. Use and Abuse in the Review of Research Performance, 2014: 17 – 28.

词编上等级序号，即频次最高的词等级为 1，频次次之的等级为 2，以此类推，若用 f 表示词在文章中出现的频次，r 表示词频的等级序号，则有：

$$fr = c（其中 c 为给定情境下的一个常数）$$

词频分析方法被国内外的许多科学计量学研究者应用于学科前沿的研究。例如，中国科学计量学家梁立明借助词频分析方法研究了 56 位情报学家对科学的关注视角及解读方法；荷兰科学计量学家用共被引分析与词频分析相结合的方法，绘制出了生物化学领域研究前沿的知识图谱；等等。

从词的共现模式中提取更高层次的研究可以追溯到 20 世纪 80 年代的共词分析方法。来自法国科学研究中心的卡隆（Callon）等人出版了《科学技术动态图谱》①，当时还称为"LEXIMAPPE"（是该时期进行共词分析的一款软件的名称，Leximappe 在法语中是"关键词"的意思）。卡隆等人的成果可以认为是共词分析比较早期的研究。共词分析相比文献的共被引和耦合，其得到的结果是非常直观的。即研究者直接可以通过共词分析的结果，对所研究领域的主题进行分析。虽然共词分析在应用中也经过了一些争论②，却并没有影响其在科技文本知识挖掘等方面的发展和应用③。

当然，任何一种分析都必须在一定的假设条件下进行。惠特克（Whittaker）最早提出共词分析的假设前提④，主要包括以下几个方面。

（1）作者都是很认真地选择他们的技术术语的。

（2）当在同一篇文章中选择不同的技术术语时，就意味着这些不同的技术术语之间的关系并不是微不足道，它们一定是被作者认可和认同的。

（3）如果有足够多的作者对同一种关系认可，那么可以认为这种关系在他们所关注的科学领域中具有一定意义。

（4）当针对关键词时，经过专业学习的学者，在其论文中标引出来的

① Callon M, Law J, Rip A. Mapping the dynamics of science and technology [M]. The Macmillan Press, 1986.

② Leydesdorff L. Why words and co-words cannot map the development of the sciences [J]. Journal of the American Society for Information Science, 1997, 48 (5): 418 – 427.

③ Qin H. Knowledge discovery through co-word analysis [J]. Library Trends, 1999, 48 (1): 133 – 59.

④ Whittaker J. Creativity and conformity in science: Titles, keywords and co-word analysis [J]. Social Studies of Science, 1989, 19 (3): 473 – 496.

关键词是能够反映文章的内容的，是值得信赖的指标。在作者标引关键词时，通常也会受到其他学者成果的影响，而在论文中使用相同或者类似的关键词标引自己的论文。

基于以上假设，使用共词方法分析学科的热点内容、主题分布以及学科结构等问题就成为可能。

共词分析的基本原理是对一组词两两统计它们在同一组文献中出现的次数，通过这种共现次数来测度他们之间的亲疏关系。共词分析的一般过程如图 3 - 6 所示（实际操作中，共词分析或许不完全按照这样的过程，但基本的理念是一致的）。

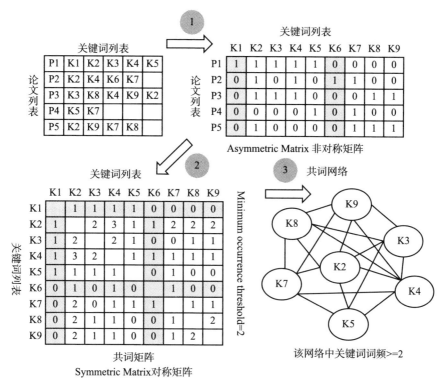

图 3 - 6　共词分析的一般过程

资料来源：Van Raan, Anthony F J. Advances in biblimetric analysis：Research performance assessment and science mapping. Bibliometrics. Use and Abuse in the Review of Research Performance，2014：17 - 28.

通常是提取每一篇论文的关键词列表，这里 Pl 表示文献 1，Kl 表示关键词 1，相同的关键词使用相同的字母和数字组合表示。这样就可以得到一个文档—关键词矩阵，该矩阵为 0 - 1 矩阵，表达的含义是某个关键词语和某个文档是否存在隶属关系。该过程得到的 0 - 1 关键词—文档隶属矩阵，可以用来对文档的相似性进行测度。这里我们的目的是进行共词分析，因此，进一步通过得到 0 - 1 矩阵的运算得到关键词和关键词的共现矩阵。得到共现矩阵之后可以对其进行统计分析以及可视化展示。

3.2.1.4 多元统计分析

在《信息计量学导论》中，埃格赫详细介绍了多元统计分析的概念及其在引文分析中的应用。多元统计分析是对若干（可能）相关的随机变量观测值的分析。"维度降低技术"是多元统计分析的一个特征，其中包括因子分析（主成分分析）、多维尺度分析和聚类分析。在几何学上，这一简化过程是将高维空间中的目标投影到低维空间（通常是二维）。这些方法将在关系矩阵上运算，典型的例子就是引文分析。例如，在固定的学科范围选择一组期刊，并研究该期刊群组的共被引矩阵。

相关分析是研究变量之间密切程度的一种统计方法，包括双变量相关分析、偏相关分析和距离相关分析，使用距离相关分析将原始共被引矩阵转化为相关矩阵是较为常用的。距离相关分析用于计算变量之间的相似性测度[①]。

因子分析（factor anaylsis）的基本目的就是用少数几个因子来描述许多指标或因素之间的联系，即将比较密切的几个变量归在同一类中，每一类变量就成为一个因子，以较少的几个因子来反映原资料的大部分信息。其中的主成分分析法把给定的一组变量通过先行变换，转换为一组不相关的变量，在变换的过程中，保持变量的总方差不变，同时是第一主成分具有最大方差，以此类推[②]。埃格赫（Egghe）认为，将主成分分析与科学计

---

① 李志辉，罗平. SPSS for Windows 统计分析教程：第 2 版 [M]. 北京：电子工业出版社，2004.

② 马庆国. 管理统计 [M]. 北京：科学出版社，2002.

量学分析相结合，就可以确定研究人员群体（无形学院）或是一个国家内不同学科领域的分布状况。①

多维尺度分析（MDS）通过低维空间（通常是二维空间）展示作者（文献）之间的联系，并利用平面距离来反映作者（文献）之间的相似程度。在知识图谱中，作者（文献）的位置显示了他们之间的相似性，有高度相似性的作者（文献）聚集在一起，形成科学共同体（学科前沿）。并且处于中间位置的作者（文献）与其他作者的联系越多，在学科里的位置也越核心；反之，则越孤独，越处于外围。因此，通过多维尺度分析，某研究领域、思想流派或其他学术共同体在学科里的位置就很容易判断。同因子分析相比，MDS 的图形显示结果更加直观和形象，但在确定各个学术群体的边界和数目时，MDS 则无法与因子分析抗衡，因此，通常都需要同时借助因子分析的结果，进行共被引知识图谱的绘制。

聚类分析是最常用的多元统计分析方法之一，它的研究起点也是原始数据的矩阵，目标同样是获得点的二维图。因此，聚类分析属于降低维数技术的范畴。不过，聚类分析主要与自然群（聚合）的识别有关。聚类分析是与主成分分析、多维尺度分析或因子分析等结合使用的。

3.2.1.5　社会网络分析

社会网络分析（social network analysis），有时候也被称为"结构分析"，并不是一个正式的理论，而是一个广义的研究社会结构的战略。社会网络分析是一个受到多学科影响的交叉科学技术，其主要思想来源于数学和计算机技术。在社会学中，社会网络分析则起源于社会计量学（sicio-metrics）。传统的个人社会理论和数据分析仅仅研究个体行动者本身，而不考虑其他人的行为，这种个体的方法忽视了行动者的社会背景。在社会网络分析中，行动者之间的关系成为研究的第一要素，个体的属性仅仅是第二位的。然而，应该指出，这两个方面对透彻地理解社会现象都很重要。

---

① Eggle 2，Rousseau R. Introduction to informetrics. quantitative methods in library，documentation and information science ［M］. Amsterdam：Elsevier，1990.

韦瑟雷尔（Wetherell）① 等人这样描述社会网络分析："广义上说，社会网络分析将社会结构界定为一个网络，这个网络由成员之间的联系进行连接。社会网络分析更多地聚焦于成员之间的联系而非个体的特征，并把共同体视为'个人的共同体'，就是视为人们在日常生活中所建立、维护并应用的个人关系的网络。"

社会网络是一个人群的集，其中的每一个人都与其中某个子群体的人相互熟悉。这样一个网络可以用点（或矢量）的集合来代表人，用线的连接来表示相识。在理论上，可以为一个公司、一个学校、一个大学或者任何共同体构建一个社会网络，甚至可以包含整个世界。社会网络分析是知识图谱构建的重要理论基础之一，例如，在文献知识图谱的分析过程中，科学合作网络是其中重要的分析内容，社会网络分析方法被证明可以成功地研究科学合作网络和互联网中的可视化网络。依照奥特（Otte）和鲁索（Rousseau）、怀特和克雷奇默（Kretschmer）等人的方法，社会网络分析方法被用于展示科学计量学的合作网络结构与发展②③④。目前，科学研究中的合作特征分析仍然活跃，且有多篇研究成果发表在了国际权威期刊上。例如，2007 年，美国西北大学的研究人员在 Nature 上发文，通过对 Web of Science 中 1955～2005 年（50 年）的 1990 万篇论文数据和 1975～2005 年（30 年）的 210 万份专利数据的分析得出：除了艺术与人文领域的合作保持稳定外，其他几大类中都明显呈现团队合作发表成果比例越来越高以及团队规模越来越大的趋势⑤。2019 年，吴凌峰（Wu Lingfei）和王大顺（Wang Dashun）等人通过分析 60 年来的（1954～2014 年）6500 多

① 杨莹. 国内外机器人研究领域的知识计量 [D]. 大连：大连理工大学，2009.

② Otte E，R Rousseau. Social network analysis：A powerful strategy，also for the information science [J]. Journal of Information Science，2002，28（6）：441 – 453.

③ White H D. Pathfinder networks and author cocitation analysis：A remapping of paradigmatic information scientists [J]. Journal of the American Society for Information Science & Technology，2003，54（5）：423 – 434.

④ Kretschmer H，Aguillo I F. Visibility of collaboration on the web [J]. Scientometrics，2004，61（3）：405 – 426.

⑤ Wuchty S，Jones B F，Uzzi B. The increasing dominance of teams in production of knowledge [J]. Science，2007，316（5827）：1036 – 1039.

万篇论文/专利/软件等数据，在 Nature 上发表了"大型团队成长性发展科学技术、小型团队则破坏性创造科学技术"的论文，从论文作者的规模角度探讨了在创新性中的团队影响①。

3.2.2　知识图谱的工具

随着知识图谱分析方法和技术的不断深入，越来越多的分析工具可以辅助知识图谱的分析和绘制，本书将介绍其中较为常用的几种工具。

3.2.2.1　Bibexcel

Bibexcel 是由瑞典科学计量学家皮尔逊（Persson）开发的科学计量学研究软件。目前，该软件是仅用于科学研究的免费软件。其功能包括文献计量（bibliometric）、引文分析（citation analysis）、共被引分析（co-cita-tion）、引文耦合分析（bibliographic coupling）、聚类分析（cluster analy-sis）、绘制图谱（mapping）等。其所应用的数据包括 ISI 的 SCI、SSCI 和 A&HCI，也可用于其他类型数据的分析。

3.2.2.2　CiteSpace

CiteSpace 软件是由美国德雷塞尔大学计算与情报学院陈超美教授在库恩科学革命结构理论和文献共被引分析等理论的启发下，于 2003 年 9 月份基于 JAVA 开发的科学计量与知识图谱工具。CiteSpace 的前身是 StarWalker，它是借鉴了圣地亚国家实验室的 Vxinsight 科学文献三维图景系统开发的，但可视化的效果并不理想，后转为二维平面的显示形式。随着软件的逐步更新升级，其涵盖的功能也日趋丰富，包括 n-gram 专业术语的提取、突变检测、中介中心性指标、引文年轮环的可视化方式、异质网络的构建、时区视图以及并行 Pathfinder、科研合作网络分析、作者合作网络的 Google Earth 地理可视化、文献的耦合和共被引网络分析、文献共被引网络的聚类命名、主题和领域共现网络分析、期刊的双图叠加、网络的结构变异分析

---

　　①　Wu L, Wang D, Evans J A. Large teams develop and small teams disrupt science and technology [J]. Nature, 2019, 566 (7744): 1.

等。CiteSpace 软件旨在通过对研究领域的引文空间分析，来探究和挖掘科学研究的动态变化过程。

3.2.2.3　VOSviewer

VOSviwer（Visualization of Similarities）是由来自荷兰莱顿大学科学技术研究中心两位年轻的科学计量学学者尼斯·简·凡·艾克（Nees Jan van Eck）和卢多·沃尔特曼（Ludo Waltman）开发的科学计量和知识图谱分析工具。该工具提供了三种方式数据的可视化，分别为基于网络文件的分析（Create a map based on network data）、基于文献数据的分析（Create a map based on bibliographic data）、基于文本数据的分析（Create a map based on text data）。目前还提供了对 Web of Science、Scopus、Pubmed 以及 RIS 数据分析。可以通过文献题录数据构建合作网络（Authors，Organizations，Countries/Territories）、共现网络（All Keywords，Author keywords，Keywords Plus）、引证分析（Documents，Sources，Authors，Organizations，Countries/Territories）、耦合分析（Documents，Sources，Authors，Organizations，Countries/Territories）以及共被引分析（Cited References，Cited sources，Cited Authors），并提供了整数计数和分数计数两种方式来进行统计和构建网络。VOSviewer 在界面设计上非常简洁和友好，且结果可靠，近年来在科学计量与知识图谱领域得到了广泛的认可和应用。

3.2.2.4　HistCite

HistCite（History of Cite）是 SCI 的发明人加菲尔德教授与其同事开发的专门用于分析 Web of Science 的科学计量和引文图谱（Historiogram）工具。该软件界面显示版本时间跨度为 2004～2009 年，因此，目前的最终版本还是 2009 年版本，也没有进一步更新的计划。HistCite 为导入分析的数据提供了整体的描述统计分析、某一知识单元的详细分布以及按照某一规则进行排序。此外，该软件还提供了对文献引文网络的绘制。该软件可以用图示的方式展示某一领域不同文献之间的关系；可以快速帮助我们绘制出一个领域的发展历史，定位出该领域的重要文献，以及最新的重要文献。

3.3　教育研究中文献可视化分析的应用与实操

3.3.1　基于 CiteSpace 的文献可视化分析

登录中国知网 CNKI 数据库，点击期刊，使用高级检索功能，将检索时间设置为 2000 ~ 2021 年，来源期刊设置为《中国高教研究》，以"教育改革"为检索词，进行主题检索。点击检索得到文献，选择需要导出的文献，单击"导出与分析"中的"导出文献"，选择 Refworks 格式导出，如图 3 - 7 所示。建立一个文件夹，在该文件夹内分别建立 Input、Output 与 Project 三个文件夹。将导出的文献下载到 Input 文件夹中。

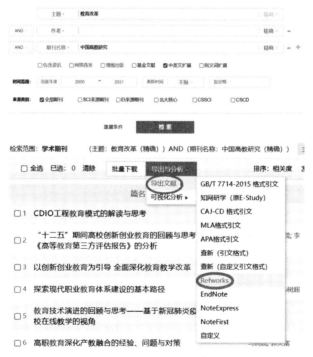

图 3 - 7　CNKI 数据获取

资料来源：Van Raan，Anthony F J. Advances in biblimetric analysis：Research performance assessment and science mapping. Bibliometrics. Use and Abuse in the Review of Research Performance，2014：17 - 28.

CNKI 的数据不能直接用于 CiteSpace 的分析，在可视化之前，需要先进行数据格式的转换。在 CiteSpace 的功能参数区的菜单栏中，单击 Data 中的 Import/Export。CiteSpace 的数据转换界面如图 3-8 所示，选择相应数据库进行转换，如 CNKI 下载的数据则选择 CNKI，"Input Direction" 选择从 CNKI 导出文献所在的 Input 文件夹，"Output Direction" 选择之前建立的 Output 文件夹，转换后的格式即为 Web of Science 的数据格式，存储在 Output 文件夹中。

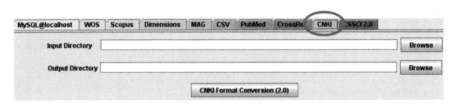

图 3-8　CiteSpace 中 CNKI 数据的格式转换

3.3.1.1　作者合作网络分析

韦瑟雷尔（Wetherell）[①] 等人这样描述社会网络分析："广义上说，社会网络分析将社会结构界定为一个网络，这个网络由成员之间的联系进行连接。社会网络分析更多地聚焦于成员之间的联系而非个体的特征，并把共同体视为个人的共同体，就是视为人们在日常生活中所建立、维护并应用的个人关系的网络。"科学计量学家卡茨（Katz）和马丁（Martin）将科学合作定义为："科学合作就是研究学者为生产新的科学知识这一共同目的而在一起工作。"[②] 在实际过程中，科学合作有多种形式以及表现，这里所提到的科学合作是指在一篇论文中同时出现不同的作者、机构或者国家/地区，就认为存在合作关系。

CiteSpace 从微观、中观和宏观这三个层次提供科学合作网络分析，分

[①]　杨莹. 国内外机器人研究领域的知识计量 [D]. 大连：大连理工大学，2009.

[②]　Katz J S, Martin B R. What is research collaboration? [J]. Research policy, 1997, 26（1）: 1-18.

别对应学者合作网络 Co-Author、机构合作网络 Co-Institutions 和国家或地区的合作网络 Co-country/territory。在 CiteSpace 得到的合作网络中，节点的大小代表了作者、机构或者国家/地区发表论文的数量，节点之间的连线代表了不同主体之间的合作关系。作者合作网络是一种基于关系的可视化表达，借助合作网络，可以发现领域内的核心合作者、该领域有哪几个聚类以及该领域的研究方向有哪些。在作者合作分析中，是不考虑作者排名先后的。

第一步：启动和参数设置。

在 CiteSpace 功能与参数设置区的 Node Type 选择为 Author，分析时间为 2000 ~ 2021 年，时间切片为 1 年，取消数据的裁剪功能 "pathfinder"，Top N 默认为 50，意思是每个时间切片内频次出现排名前 50 位的作者，随后点击 "GO" 对数据进行分析。

第二步：运算数据和可视化。

当网络计算完成并得到结果后，会出现一个对话框，出现三个选项：Visualize、Save As graphml、Cancel。如果用户认为一切都运行正常，那么点击 "Visualize"，对分析的数据网络进行可视化，并进入网络的可视化界面。

第三步：生成可视化网络。

点击 "Visualize" 即可进入网络的可视化界面。进入网络可视化界面时，网络是动态的黑色背景，这表明网络还在计算中，当网络可视化界面的背景变为白色时，则表示运算结束。左边是数据表，右边为可视化界面，在这个界面，用户能够直观地得到所分析数据的作者合作网络结果。

第四步：调整可视化网络。

生成的可视化网络，可能没有在界面的中间位置或者网络整体比较小，不利于观察，此时可以通过对该界面进行水平或者垂直方向上的滚动，对网络所处的位置进行调整。使用图形的放大或缩小功能，可以对网络的大小进行调节。单击节点，拖动节点的位置，来调节网络的形状，使重叠的节点分开，使可视化结果更加清晰。调整控制面板 Node Labeling 中的 Font Size 和 Node Size，分别对字体的大小和节点的大小进行调整。此处，对阈值进行设置，调整图上要标识出多少个点，即合作次数大于阈值的节点才会在图上有标签，此处选择显示阈值 >3 的点。对得到的可视化网络结果进行过滤，点击 Filter 中的 show the largest K connected compenents only，选择 K = 2，即选择显示前两个的聚类，结果如图 3 - 9 所示。

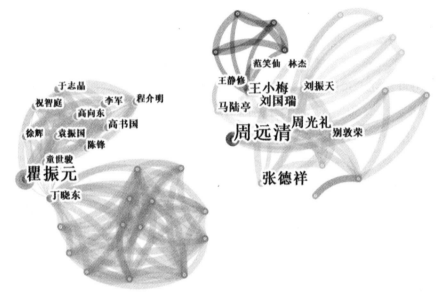

图 3 - 9　作者合作网络的可视化结果

第五步：解读可视化网络结果。

在网络生成后，作者的合作会形成若干个自然聚类，聚类内部的作者合作密切，各个类之间的作者合作会比较少。从调整后的可视化结果，如图 3 - 9 所示，我们可以明显判断出，有两个合作子网络。点度中心性（Degree Centrality）是在网络分析中刻画节点中心性的最直接度量指标，一个节点的节点度越大就意味着这个节点的度中心性越高，该节点在网络中就越重要。在一个子网络中，点度中心性最高的作者，则为该领域的核心作者。

在作者合作网络中，节点的大小代表作者发表论文的数量，节点越大，该作者发表论文的数量越多。如图 3 - 9 所示，在左下角的聚类中，发文数量最多的作者为翟振元；在右上角的聚类中，发表论文数量最多的则为周远清。节点以年轮形式显示时，某一年的年轮宽度则代表了作者在这一年发表论文的多少，作者某一年发表的论文越多，则年轮在该年越宽，年轮有几圈则代表作者在几年发表过论文。如图 3 - 9 所示，翟振元所处的节点有五圈年轮，查看该点的 Node Details 进行验证，得到结果如图 3 - 10 所示，图 3 - 10 显示，该作者的发文年份分别为 2013 年、2014 年、2015 年、2017 年以及 2018 年，共五年，与该节点的年轮圈数相同，在这一部分还可以看到该作者对应年份的发文量。

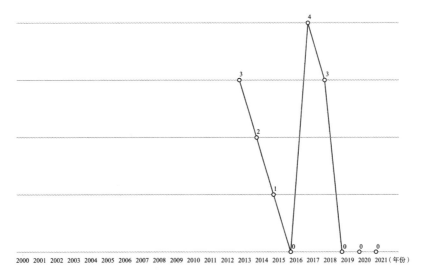

2000 2001 2002 2003 2004 2005 2006 2007 2008 2009 2010 2011 2012 2013 2014 2015 2016 2017 2018 2019 2020 2021（年份）

图 3 - 10　作者发文年份

节点之间的连线代表作者之间存在合作关系，连线的宽度代表了合作的强度。网络节点的中介中心性（Betweenness Centrality）是指一个网络中经过该节点的最短路径的数量，是衡量位置重要性的指标，而非衡量作者发文量多少。通俗来说，中介中心性指的是一个结点担任其他两个结点之间最短路径的桥梁的次数。一个结点充当"中介"的次数越高，它的中介中心度就越大。中介中心性可以研究一个参与者在多大程度上居于其他两个参与者之间，它是一种"控制能力"指数。节点的中介中心性越大，则它在其他节点之间的通信中起到的作用越大，可以借助这个指标来发现网络中的"跨界者"。由图 3-11 可知，丁晓东这个节点具有较高的中介中心性，该作者网络处在不同作者群落的桥梁路径上，是一个连接不同聚类路径的节点。从丁晓东与其他作者连线的宽度，可以明显看出其与右下角的作者的连线普遍宽于其与左上角的作者连线，说明即使处于同一子网络内，该作者与右下方的作者合作强度更强。

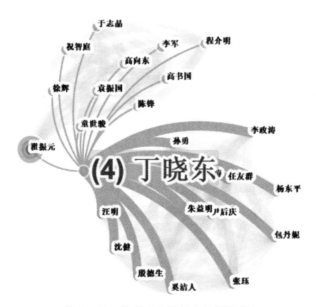

图 3-11　作者合作网络中的枢纽节点

3.3.1.2　关键词共现网络

词频是用于评估一个词对于一个文件或者一个语料库中的一个领域文件集的重复程度。词频分析方法就是在文献信息中提取能够表达文献核心内容的关键词或主题词频次的高低分布，来研究该领域发展动向和研究热点的方法。共词分析的基本原理是对一组词两两统计它们在同一组文献中出现的次数，通过这种共现次数来测度他们之间的亲疏关系。CiteSpace 分析共词的方法有两种：一种是直接分析作者的原始关键词，在参数设置处的 Nodes Type 处选 Keyword；另一种是先从数据集的标题、作者关键词、系统补充关键词以及摘要中提取名词性术语，然后在 Nodes Type 中选择 Term，对名词性术语进行共词分析。这两者的区别在于，前者使用的是数据集中原始的字段；而后者使用自然语言处理过程分析后提取的术语。该部分的实操演示的是关键词共现网络分析。

关键词共现分析的数据与作者合作网络分析的数据集相同，以分析教育改革主题论文研究为例，分析时间为 2000~2021 年。

第一步：启动和参数设置。

Nodes Type 选 Keyword，分析时间为 2000~2021 年，时间切片为 1 年，取消数据的裁剪功能"pathfinder"，点击 Noun Phrases 选择 Create POS Tags，设置完相关参数之后，点击 GO 运行，即可得到原始关键词的共词网络。

第二步：运算数据和可视化。

当网络计算完成并得到结果后，会出现一个对话框提示用户 Visualize、Save As graphml、Cancel。如果用户认为一切都运行正常，那么点击"Visualize"对分析的数据网络进行可视化，并进入网络的可视化界面。

第三步：可视化网络。

点击"Visualize"后，即可进入网络的可视化界面。进入网络可视化界面时，网络是动态的黑色背景，这表明网络还在计算中，当网络可视化界面的背景变为白色时，则表示运算结束。左边是数据表，右边为可视化界面，在这个界面，用户能够直观地得到所分析数据的关键词共现网络结果。

第四步：调整可视化网络。

生成的可视化网络，可能没有在界面的中间位置或者网络整体比较小，不利于观察，此时可以通过对该界面进行水平或者垂直方向上的滚动，对网络所处的位置进行调整。使用图形的放大或缩小功能，可以对网络的大小进行调节。单击节点，拖动节点的位置，来调节网络的形状，使重叠的节点分开，使可视化结果更加清晰。调整控制面板 Node Labeling 中的 Font Size 和 Node Size，分别对字体的大小和节点的大小进行调整。此处，对阈值进行设置，调整图上要标识出多少个点，即共现次数大于阈值的节点才会在图上有标签，此处选择显示阈值＞42的点，对得到的可视化结果进行过滤，结果如图3－12所示。

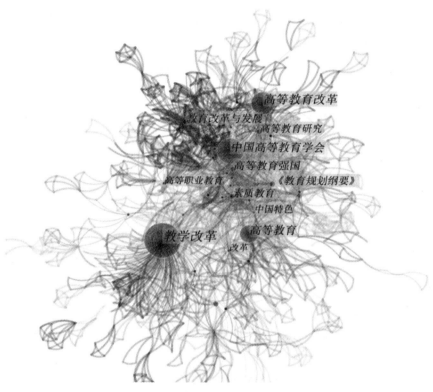

图3－12　关键词共现的可视化结果

第五步：聚类分析可视化网络。

对调整后的可视化网络进行聚类，选择 K 方式，K 方式是指聚类的命名从关键词中提取。聚类结果如图3－13所示，聚类内部比聚类外部具有更高密度的联结。在分析的时候，可能不需要展示太多聚类，点击 Clusters 下的 show clusters by IDs，选择只展示0～9的聚类，即前十个聚类，结果如图3－14所示。

图 3 – 13　关键词聚类结果

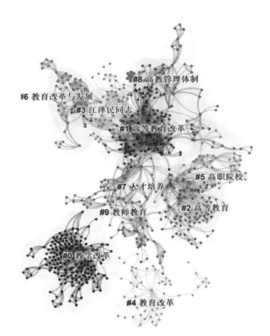

图 3 – 14　筛选后的聚类结果

第六步：解读可视化网络结果。

在关键词共现网络的结果中，节点的大小代表关键词出现的频次，节点越大，则代表关键词词频越高。由图 3 – 12 可知，"教学改革"的节点最大，那么这个词出现的频次最高。节点之间的连线代表关键词之间存在共现关系，连线的宽度代表了关键词共现的强度，连线的颜色代表关键词共现首次出现的时间。节点以年轮形式显示时，某一年的年轮宽度代表了这一年份该主题出现的数量多少。右击节点，选择 Node Details，可以进一步查询该节点的相关信息，如这里选择对"高等教育改革"一词的词频的年度分布进行了查询，结果如图 3 – 15 所示。

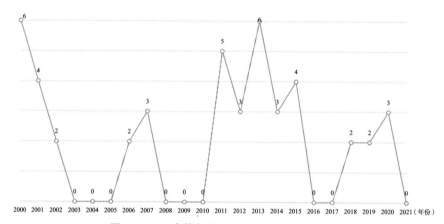

图 3 – 15 "高等教育改革"的词频年度分布

突发性探测是指一个变量的值在短期内有很大变化，用来探测主题、文献、作者以及期刊引证信息的突发性变化，发现某一个主题词或者关键词的衰落和兴起的情况。点击 Citation/Frequent Burst，可进行突发性探测，在可视化界面，检测的结果可能不明显，点击控制面板中的 Burstness，Burst item found 显示的即为突发性节点数量，点击 View 即可查看节点的详细信息，可以选择显示的节点个数，此处选择展示全部突发性节点，如图 3 – 16 所示，可以看到，关键词首次出现以及最后出现的年份。

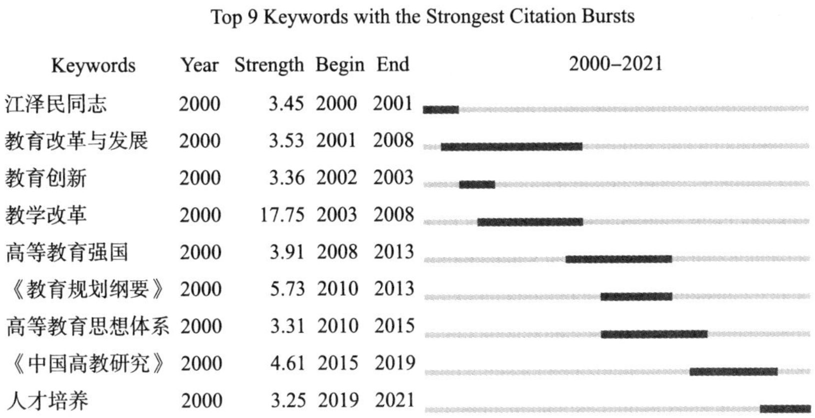

Top 9 Keywords with the Strongest Citation Bursts

Keywords	Year	Strength	Begin	End	2000–2021
江泽民同志	2000	3.45	2000	2001	
教育改革与发展	2000	3.53	2001	2008	
教育创新	2000	3.36	2002	2003	
教学改革	2000	17.75	2003	2008	
高等教育强国	2000	3.91	2008	2013	
《教育规划纲要》	2000	5.73	2010	2013	
高等教育思想体系	2000	3.31	2010	2015	
《中国高教研究》	2000	4.61	2015	2019	
人才培养	2000	3.25	2019	2021	

图 3 - 16　突发性探测结果

3.3.2　基于 HistCite 的文献可视化分析

3.3.2.1　HistCite 指标与安装

HistCite 软件提供了若干指标（见图 3 - 17）来分析数据，对常见的一些指标介绍如下。

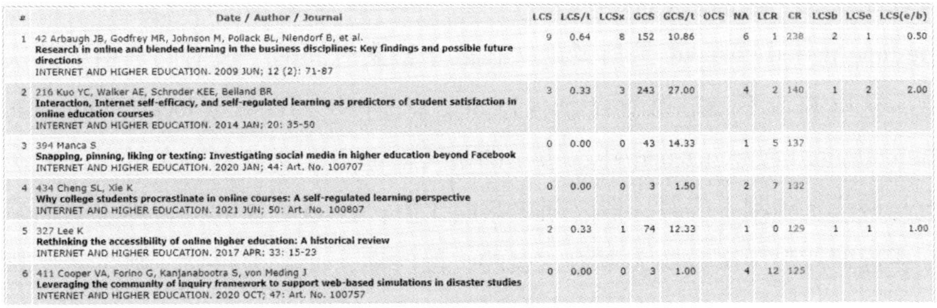

图 3 - 17　HistCite 中常见指标

LCS 是 Local Citation Score 的简写，即本地引用次数。LCS 是某篇文章在当前数据库中被引用的次数（即被所下载数中其他论文引用的次数）。所以 LCS 一定是小于或等于 GCS 的；LCS/t = Local Citation score per year，表示从该论文发表年份到数据获取年份 LCS 的平均被引；LCSx = Local Cla-tion Score excluding self-citations，表示排除自引的次数。

GCS 是 Global Citation Score 的简写，即全局引用次数或总被引次数，也就是我们所考察的文献在 Web of Science 中被其他文献引用的总频次。若在结果页面上点击 GCS，则所分析的对象会按照在 Web of Science 中的总频次进行排序。GCS/t = Global Citation Score per year，从某论文发表的年份到当前年份平均每年被引用次数；OCS 全称为 other citation score，表示其他引证次数。

CR 是 Cited References 的简写，即文章引用的参考文献数量。如果某篇文献引用了 100 篇参考文献，则 CR 为 100，这个数据通常能帮我们识别某篇文献是一般论文还是综述性论文。

LCR 是 Local Cited References 的简写，即文献引用本地论文的数量。如果某篇论文引用了 30 篇本地数据库中的论文，那么 LCR 为 30。通常引用本地论文数量越大，则表明该论文与所下载的主题论文相关性越强。

NA 是 Number of Author 的简写，即文献的作者数量。

LCSb 为 Local citations at beginning of the time period 的简写，是指某论文在刚发表一段时间内被引证的次数，LCSe = Local citations at the end of the time period covered 是指某论文在截止检索时间的一段时间内引证的次数，这里 LCS 不一定等于 LCSb + LCSe。LCS e/b = Ratio of local citations in the end and beginning periods，表示的是某篇论文近期被本地文献引证的次数与该论文刚刚发表时一段时间次数的比值；若 LCS e/b > 1，则说明该论文在近期被引用次数要大于刚发表的一段时期，此数值越大，则越能反映该论文在近期的关注度高；LCS e/b < 1，则说明该论文刚发表时被关注较多，但是后来就关注很少了。

可以登录 HistCite 下载主页，网页会提示直接下载，并得到一个 Hist-CiteInstaller. msi 的文件，双击 HistCiteInstaller. msi，并按照提示进行软件安装。

由于 HistCite 的更新速度没有与 Web of Science 的更新速度同步，因此，要将新下载的 Web of Science 数据处理后再导入 HistCite 中。具体的方法是使用 NotePad 等文本编辑工具打开数据，然后将数据首行的名称 FN Clarivate Analytics Web of Science 修改为 FN Thomson Reuters Web of Knowledge。当数据预处理结束后，可以在打开软件后，点击菜单栏的 Add File 来加载待分析的数据。还可以通过全部选中数据后，将数据拖拽到 HistCite 快捷图标上来加载数据。图 3 – 18 为 HistCite Pro 2.1 软件。

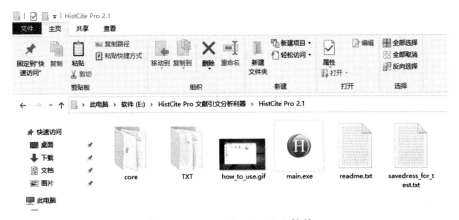

图 3 – 18　HistCite Pro 2.1 软件

3.3.2.2　HistCite 数据获取

以 1985 ~ 2022 年间发表在 Internet and Higher Education （《互联网与高等教育》）期刊上的 447 篇论文为例。

（1）登录 Web of Science，选择 Web of Science 核心合集，在基本检索界面按照"出版物标题"与"出版日期"检索方式分别输入"Internet and Higher Education"和"1958 – 2022"，如图 3 – 19 所示。

（2）设置好检索参数，点击"检索"获得结果，点击"导出"为纯文本文件，并在导出窗口"记录选项"中输入 1 ~ 500，点击"导出"，如图 3 – 20 所示，即可下载到本地设备。

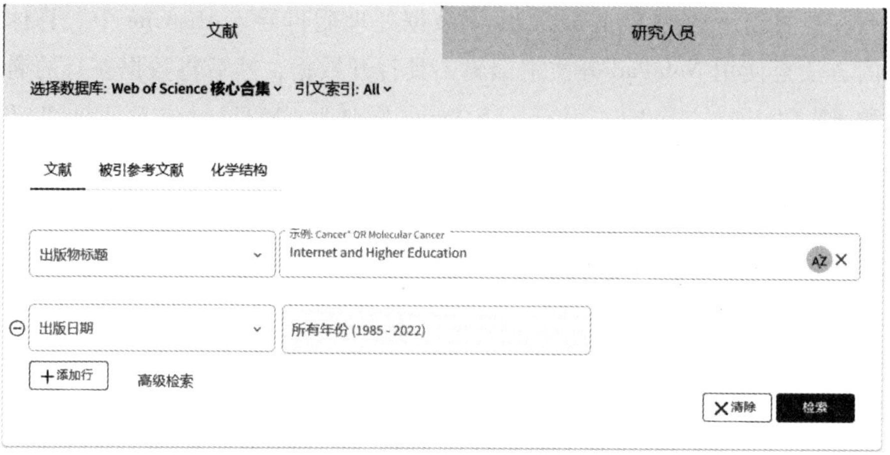

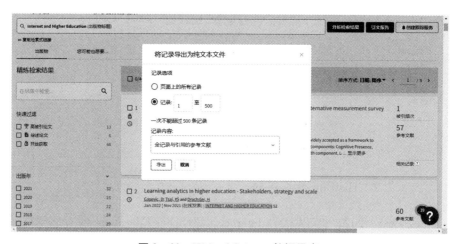

图 3 - 19　Web of Science 数据检索

图 3 - 20　Web of Science 数据导出

3.3.2.3　HistCite 数据分析

1. 数据导入和描述性统计

将下载的数据复制到 TXT 文件夹中，然后，双击 HistCite Pro 2.1 软件。软件打开后，会出现一个命令栏。提示用户 Inpua 1 or 2 or 3，输入 1，并点击回车，如图 3 - 21 所示。此时用户可以看到加载数据名称以及处理提示。加载结束后，结果会在浏览器中自动打开，如图 3 - 22 所示。

图 3 – 21　软件启动设置

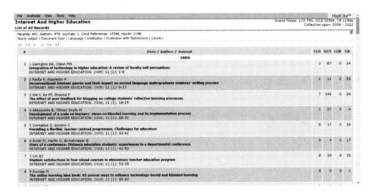

图 3 – 22　数据导入结果

在导入结果界面上显示了数据的整体分布情况，点击这些整体数据的链接可以查看更为详细的结果（见图 3 – 23）。例如，在结果界面上直击 Yearly output 的链接，可以得到论文年度产出的分布，如图 3 – 24 所示。

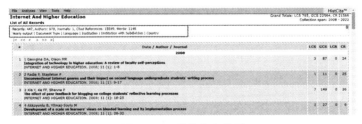

图 3 – 23　整体分布结果

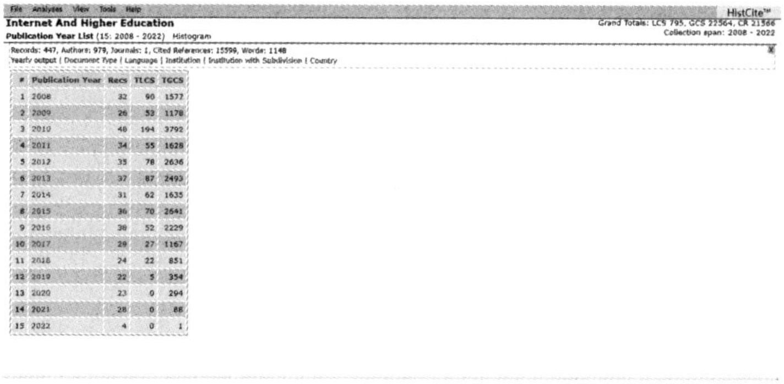

图3-24　论文年度产出结果

2. 引证网络的构建

在数据导入结果的界面中，点击菜单栏"Tools"，选择"Graph Maker"（见图3-25）。进入 Graph Maker 界面后，点击"Make Graph"即可得到引文网络，如图3-26所示。

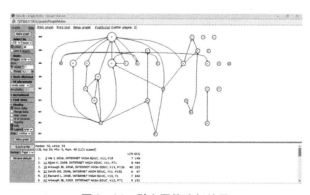

图3-25　引文网络绘制功能菜单

图3-26　引文网络分析结果

在得到引文网络后，默认的节点提取方式为 LCS 的值，也可以设置为 LCS 排名。在分析参数设置后，还可以进一步在界面上对字体、节点大小样式等信息进行调整。引证网络图中（见图 3 – 27），每个节点代表一篇论文。节点的大小表示对应序号论文的被引次数。最后，可以在界面上点击鼠标将结果保存为图片形式或者点击界面左上角的 "Print graph" "Print text" "Keep graph" 或 "PostScript" 来保存结果。

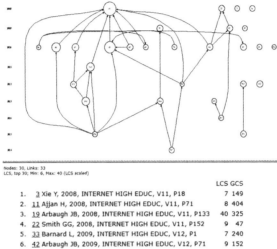

Nodes: 30, Links: 33
LCS, top 30; Min: 6, Max: 40 (LCS scaled)

		LCS	GCS
1.	3 Xie Y, 2008, INTERNET HIGH EDUC, V11, P18	7	149
2.	11 Ajjan H, 2008, INTERNET HIGH EDUC, V11, P71	8	404
3.	19 Arbaugh JB, 2008, INTERNET HIGH EDUC, V11, P133	40	325
4.	22 Smith GG, 2008, INTERNET HIGH EDUC, V11, P152	9	47
5.	33 Barnard L, 2009, INTERNET HIGH EDUC, V12, P1	7	240
6.	42 Arbaugh JB, 2009, INTERNET HIGH EDUC, V12, P71	9	152
7.	51 Artino AR, 2009, INTERNET HIGH EDUC, V12, P146	11	127
8.	59 Swan K, 2010, INTERNET HIGH EDUC, V13, P1	7	72
9.	60 Garrison DR, 2010, INTERNET HIGH EDUC, V13, P5	20	351
10.	61 Shea P, 2010, INTERNET HIGH EDUC, V13, P10	12	116
11.	62 Diaz SR, 2010, INTERNET HIGH EDUC, V13, P22	10	60
12.	63 Garrison DR, 2010, INTERNET HIGH EDUC, V13, P31	29	320
13.	64 Arbaugh JB, 2010, INTERNET HIGH EDUC, V13, P37	11	91
14.	65 Nagel L, 2010, INTERNET HIGH EDUC, V13, P45	7	62
15.	66 Richardson JC, 2010, INTERNET HIGH EDUC, V13, P52	7	85
16.	82 Roblyer MD, 2010, INTERNET HIGH EDUC, V13, P134	11	585
17.	90 Kabilan MK, 2010, INTERNET HIGH EDUC, V13, P179	6	293
18.	104 Koh JHL, 2010, INTERNET HIGH EDUC, V13, P284	6	67
19.	130 Akyol Z, 2011, INTERNET HIGH EDUC, V14, P183	16	118
20.	142 Dabbagh N, 2012, INTERNET HIGH EDUC, V15, P3	11	686
21.	152 Swan K, 2012, INTERNET HIGH EDUC, V15, P81	6	41
22.	153 Shea P, 2012, INTERNET HIGH EDUC, V15, P89	10	87
23.	163 Artino AR, 2012, INTERNET HIGH EDUC, V15, P170	9	147
24.	194 Cho MH, 2013, INTERNET HIGH EDUC, V17, P69	9	83
25.	196 Garrison DR, 2013, INTERNET HIGH EDUC, V17, P84	16	74
26.	199 Graham CR, 2013, INTERNET HIGH EDUC, V18, P4	7	233
27.	215 Halverson LR, 2014, INTERNET HIGH EDUC, V20, P20	7	113
28.	271 Broadbent J, 2015, INTERNET HIGH EDUC, V27, P1	10	421
29.	278 Kovanovic V, 2015, INTERNET HIGH EDUC, V27, P74	7	83
30.	287 Gasevic D, 2016, INTERNET HIGH EDUC, V28, P68	8	252

图 3 – 27　引文网络绘制结果 – LCS≥30；Min：6；Max：40（LCS scaled）

可以进一步调整参数，在网络中引入更多的文献。图 3 – 28 为将参数使用 GCS 设置为 Value，并将 Limit 设置为 50 后得到的结果。

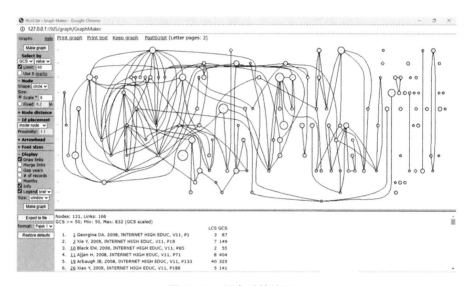

图 3 – 28　调参后的结果 –

Nodes：131，Links：166 GCS≥50；Min：50；Max：832（GCS scaled）.

通过分析可知，一些重要的文献没有被我们设置的关键词检索到，或者一些领域的核心文献并没有被 Web of Science 收录。我们可以在 HistCite 界面上点击 Cited References，然后得到这些施引文献的高被引文献。在一些高被引文献后面没有绿色加号，表示这些文献已经包含在了施引文献的列表中（如图 3 – 29 所示）。有加号表示没有包含在施引文献的列表中，因此，在分析引证网络时，这些有"加号"的文献并没有参与图形的绘制。我们可以点击"加号"，得到该文献的编辑窗口，设置结束后点击"Apply Changes"（如图 3 – 30 所示），这篇文献就被添加到施引文献的列表中。

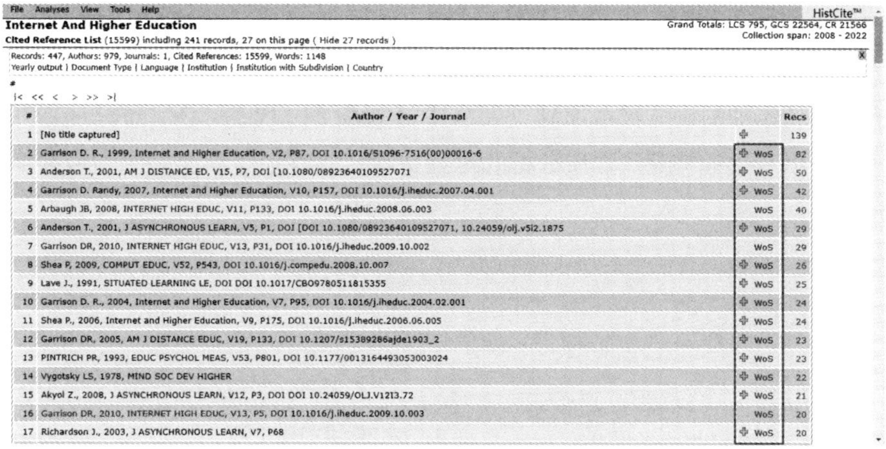

图 3 - 29　添加遗漏的核心文献

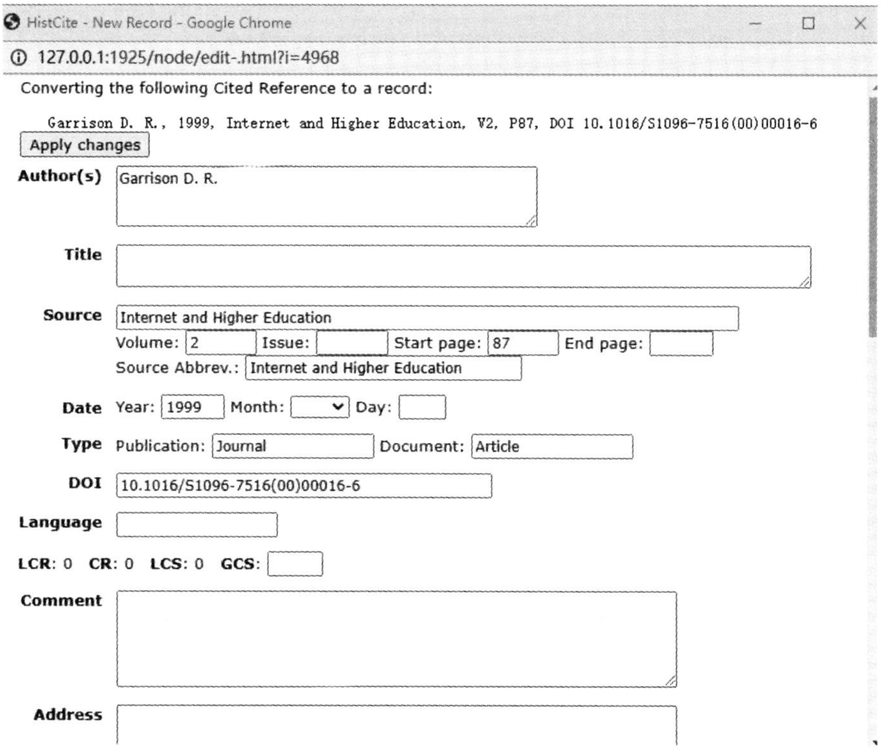

图 3 - 30　添加选择的文献

当添加完成后，我们点击菜单栏"Tools"，选择"Graph Maker"，进入"Graph Maker"界面后，点击"Make Graph"即可得到引文网络。可以看到，新添加的论文被增加到了网络中（如图 3 – 31 所示）。通过这种处理，可以有效地补充我们所分析的对象文献，完整地绘制出一个领域的演进路径。

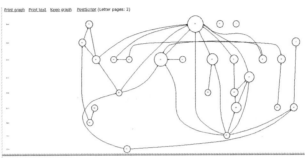

			LCS	GCS
1.	7 Xie Y, 2008, INTERNET HIGH EDUC, V11, P18		7	149
2.	15 Ajjan H, 2008, INTERNET HIGH EDUC, V11, P71		8	404
3.	23 Arbaugh JB, 2008, INTERNET HIGH EDUC, V11, P133		40	325
4.	26 Smith GG, 2008, INTERNET HIGH EDUC, V11, P152		9	47
5.	37 Barnard L, 2009, INTERNET HIGH EDUC, V12, P1		7	240
6.	46 Arbaugh JB, 2009, INTERNET HIGH EDUC, V12, P71		9	152
7.	55 Artino AR, 2009, INTERNET HIGH EDUC, V12, P146		11	127
8.	63 Swan K, 2010, INTERNET HIGH EDUC, V13, P1		7	72
9.	64 Garrison DR, 2010, INTERNET HIGH EDUC, V13, P5		20	351
10.	65 Shea P, 2010, INTERNET HIGH EDUC, V13, P10		12	116
11.	66 Diaz SR, 2010, INTERNET HIGH EDUC, V13, P22		10	60
12.	67 Garrison DR, 2010, INTERNET HIGH EDUC, V13, P31		29	320
13.	68 Arbaugh JB, 2010, INTERNET HIGH EDUC, V13, P37		11	91
14.	69 Nagel L, 2010, INTERNET HIGH EDUC, V13, P45		7	62
15.	70 Richardson JC, 2010, INTERNET HIGH EDUC, V13, P52		7	85
16.	86 Roblyer MD, 2010, INTERNET HIGH EDUC, V13, P134		11	585
17.	94 Kabilan MK, 2010, INTERNET HIGH EDUC, V13, P179		6	293
18.	108 Koh JHL, 2010, INTERNET HIGH EDUC, V13, P284		6	67
19.	134 Akyol Z, 2011, INTERNET HIGH EDUC, V14, P183		16	118
20.	146 Dabbagh N, 2012, INTERNET HIGH EDUC, V15, P3		11	686
21.	156 Swan K, 2012, INTERNET HIGH EDUC, V15, P81		6	41
22.	157 Shea P, 2012, INTERNET HIGH EDUC, V15, P89		10	87
23.	167 Artino AR, 2012, INTERNET HIGH EDUC, V15, P170		9	147
24.	170 Borup J, 2012, INTERNET HIGH EDUC, V15, P195		6	111
25.	198 Cho MH, 2013, INTERNET HIGH EDUC, V17, P69		9	83
26.	200 Garrison DR, 2013, INTERNET HIGH EDUC, V17, P84		16	74
27.	203 Graham CR, 2013, INTERNET HIGH EDUC, V18, P4		7	233
28.	213 Glkas J, 2013, INTERNET HIGH EDUC, V19, P18		6	535
29.	219 Halverson LR, 2014, INTERNET HIGH EDUC, V20, P20		7	113
30.	275 Broadbent J, 2015, INTERNET HIGH EDUC, V27, P1		10	421
31.	282 Kovanovic V, 2015, INTERNET HIGH EDUC, V27, P74		7	83
32.	291 Gasevic D, 2016, INTERNET HIGH EDUC, V28, P68		8	252

图 3 – 31 补充文献后的引证网络

3.3.3　基于 VOSviewer 的文献可视化分析

3.3.3.1　VOSviewer 安装与可视化

登录 VOSviewer 下载主页（如图 3 - 32 所示），根据自己电脑系统选择对应的 VOSviewer 版本下载，解压得到的压缩包，点击 VOSviewer. exe 即可打开软件的首页，如图 3 - 33 所示。

图 3 - 32　VOSviewer 下载页面

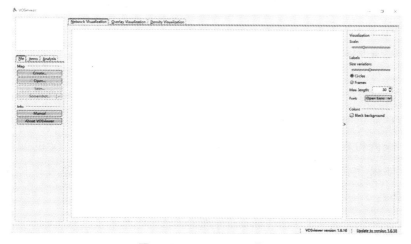

图 3 - 33　VOSviewer 首页

在 VOSviewer 中提供三种核心的可视化图形，分别为网络可视化、叠加可视化和密度可视化，用户在得到可视化结果后可以通过点击主页上方的"Network Visualization""Overlay Visualization""Density Visualization"来对可视化的展示方式进行切换。在 VOSviewer 生成的图中，节点之间的相似性大小用它们在二维空间的欧氏距离来进行表达，距离越近则节点越相似，并使用不同的节点颜色来标记节点所属的聚类。值得注意的是，VOSviewer 的节点分布算法（又称 Mapping 算法）仅仅计算并确定了节点在二维空间的位置，真正的聚类方法采用的是网络模块化的聚类（又称 Clustering 方法）方式，结果用不同的颜色进行标记。

在网络可视化中，节点由它们的标签表示，默认情况下也由一个圆圈表示。节点标签和圆圈的大小由节点的权重决定，节点的权重越高，标签和圆圈就越大，对于某些节点，标签可能不会显示。这样做是为了避免标签重叠。节点的颜色由该节点所属的聚类决定。节点之间的线表示关系，默认情况下，最多显示 1000 条连线，表示节点之间的 1000 个最强关系。

网络可视化的一个示例如图 3 – 34[①] 所示。可视化中两篇期刊之间的距离大致反映了期刊在共被引关系方面的相关性。一般来说，两份期刊的位置越近，它们之间的关联性就越强。期刊之间最强的共被引关系也用连线表示。

叠加可视化与网络可视化相同，只是节点的颜色不同。在叠加可视化中，有两种方式可以为节点着色。一种是如果节点有分数，则节点的颜色由节点的分数决定，在实际操作中能够反映出较好的区分度；另一种是如果节点有用户定义的颜色（在 VOSviewer 地图文件中使用红色、绿色和蓝色列指定），节点的颜色由节点的用户自定义的颜色决定。如果节点既没有分数也没有用户定义的颜色，则叠加可视化是不可用的。

---

① Van Eck N J, Waltman L. Manual for VOSviewer version 1. 6. 16. 2020.

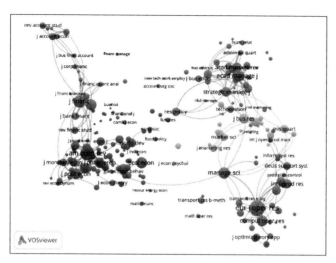

图 3 - 34　网络可视化

图 3 - 35 显示了一个叠加可视化的例子①。在实际操作中，会有一个渐变的颜色条显示在可视化的右下角。只有当颜色由节点的分数决定时，才会显示颜色条。颜色条表示如何将分数映射到颜色。在图 3 - 35 所示的

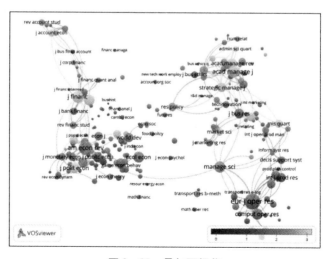

图 3 - 35　叠加可视化

---

① Van Eck N J, Waltman L. Manual for VOSviewer version 1. 6. 16. 2020.

叠加可视化中，颜色表示期刊的影响因子，各个期刊依照其影响因子大小被赋予颜色条对应的颜色。

密度可视化有两种变体。首先，我们讨论项目密度可视化，然后是聚类密度可视化。选项面板中的"项目密度"和"聚类密度"单选按钮可用于在密度可视化的两种变体之间切换。参考凡·艾克和瓦特曼对密度可视化技术实现的讨论①。在项目密度可视化中，项目通过它们的标签以类似于网络可视化和叠加可视化的方式表示。项目密度可视化中的每个点都有一种颜色，表示该点上的项目密度。项目密度可视化的一个例子如图3-36所示。

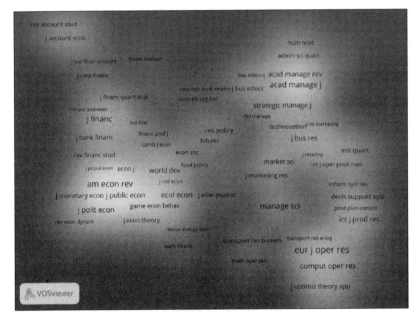

图3-36 项目密度可视化

资料来源：Van Eck N J, Waltman L. Manual for VOSviewer version 1. 6. 16. 2020.

只有当项目被分配给聚类时，聚类密度可视化才可用。聚类密度可视化类似于项目密度可视化，不同的是项目密度是为每个项目的聚类单独显

---

① Van Eck N J, Waltman L. Software survey：VOSviewer, a computer program for bibliometric mapping [J]. Scientometrics, 2010, 84：523-538.

示的。在聚类密度可视化中，图像中一个点的颜色是通过混合不同聚类的颜色来获得的。某一颜色的聚类被赋予的权重是由该点附近属于该聚类的项目数量决定的。与项目密度可视化一样，项目的权重也要考虑在内。聚类密度可视化的一个示例如图 3 - 37 所示①。

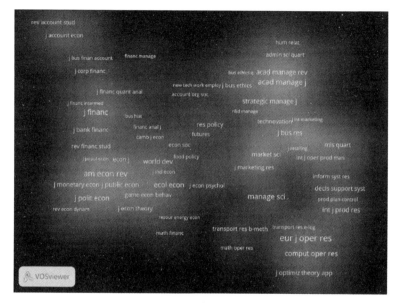

图 3 - 37　聚类密度可视化

资料来源：Van Eck N J，Waltman L. Manual for VOSviewer version 1. 6. 16. 2020.

3.3.3.2　VOSviewer 数据分析

1. 文献网络的可视化——以作者合作为例

此部分采用的数据获取方式与 3.3.1 节基于 CiteSpace 的文献可视化分析相同，但要注意，从 CNKI 导出时要选择 EndNote 格式。

打开 VOSviewer 软件后（见图 3 - 38），点击"Create"，进入 Create map 界面。在 Create map 界面中选择"Create a map based on bibliographic data"，然后点击"next"进入下一步。

———————————

① 　Van Eck N J，Waltman L. Manual for VOSviewer version 1. 6. 16. 2020.

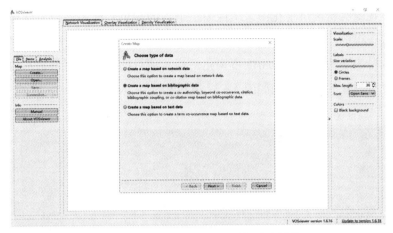

图 3 – 38　创建分析项目和选择功能模块

Create map 提供了 Select file 功能，用户目前可以分析的数据格式有 Web of Science、Scopus、PubMed、RIS、EndNote 格式等。本次分析的数据为 CNKI 的 EndNote 格式，因此，选择 Read data from reference manager files，点击"Next"进入下一步。选择 Endnote 格式，点击加载按钮加载数据，若为多个文档可以一次全部选中并加载。加载完成后，点击"Next"进入下一步，如图 3 – 39 所示。

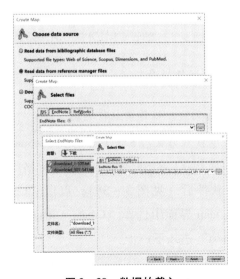

图 3 – 39　数据的载入

接下来，进入 Choose type of analysis and counting method 界面（见图 3 - 40）。在这里可以选择要分析的类型，这里提供了合作网络、共现网络的分析。以分析作者的合作网络为例，在 Type of analysis 中选择 Co-authorship，在 Unit of analysis 中选择 Authors，点击进入下一步。Choose threshold 提供了对数据阈值的设置，例如，这里设置 Minimum number of documents of an Author 为 3，表示网络中包含的作者的最少发文量为 3 篇。通过用户

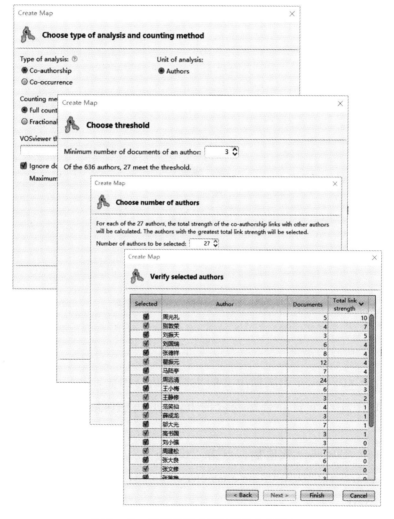

图 3 - 40　数据分析功能选择及分析流程

的设置，VOSviewer 会提示 of 636 Authors，27 meet the threshold，即在 636
个作者中，有 27 个作者满足设置的阈值，将会出现在网络中。在设置完阈
值并提取得到 27 个作者后，会进入 Choose number of authors 界面，进一步从
27 个作者里面来设置想要提取的作者数量。这里我们就选择满足阈值的 27
个作者，然后点击"Next"进入下一步（Verify Selected Authors），这里显示
了提取的基本作者结果，包括作者的发文量、引文量以及连接的总权重。
这里不做任何修改，点击"Finish"，得到可视化结果，如图 3-41 所示。

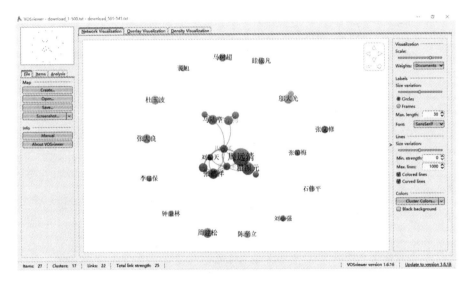

图 3-41　合作网络可视化结果

2. 主题的分析

由于 VOSviewer 无法做中文的主题分析，因此，我们采用 3.3.2 节
从 Web of Science 核心合集获取的 Internet and Higher Education 的论文
数据。

打开 VOSviewer 软件后，点击"Create"，进入 Create map 界面。在
Create map 界面中选择 Create a map based on text data（见图 3-42），然后
点击"Next"进入下一步。

图 3 - 42　主题分析功能模块的选择

在 Create map 中提供了 Select file 功能（如图 3 - 43 所示），用户目前

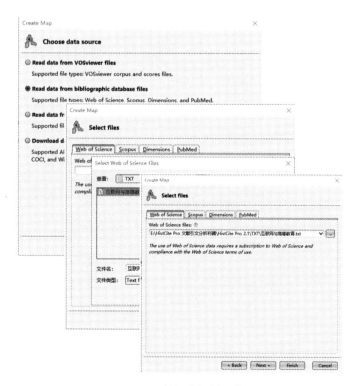

图 3 - 43　数据选择与加载

可以分析的数据格式有 Web of Science、Scopus、PubMed 以及 RIS 格式等。因为本次分析的数据为 Web of Science 数据格式，因此，要选择 Read data from bibliographic database files，点击"Next"进入下一步。选择 Web of Science 标签，点击加载按钮加载数据，若为多个文档可以全部选中并加载。加载完成后，点击"Next"进入下一步。

文件选择结束后，进入 Create map 界面（如图 3 - 44 所示）。在该界面的第一个功能区提示 Choose fields，含义是让用户来选择提取主题的位置，这里提供了从标题和摘要（Title and abstract fields）、标题（Title field）以及摘要（Abstract filed）中提取。选定 Title and abstract fields，表示同时选择摘要和标题为对象进行主题的提取。点击"Next"，当主题提取结束后会进入 Choose counting method 界面，该界面提供了两种算法来计算主题

图 3 - 44　数据的分析过程

频次。Binary counting 为二值计算，即统计得到的词频为论文量。Full counting 为整体计算，即统计的词频是词语在文本中实际出现的总频次。这里我们选择 Binary counting 进入下一步 Choose threshold 来对阈值进行设置，将 Minimum number of occurrences of a term 设置为 10，表示构建的主题网络中主题的词频不小于 10。Of the 7149 terms，212 meet the threshold 表示本次分析共得到了 7149 个主题，满足阈值的共有 212 个主题被提取出来。

在设置好阈值后，点击"Next"，进入 Choose number of terms 界面（如图 3 - 45 所示）。VOSviewer 会在提取主题的基础上进一步计算主题的关联性，并提取关联性最强的 60%。用户还可以在提取的 60% 的基础上进一步减少所提取的主题数量，按照默认提取的值为选择，然后点击"Next"进一步对数据进行计算。

图 3 - 45　数据的进一步分析

在计算结束后，进入 Verify selected terms 界面（如图 3 - 46 所示）。该界面提供了提取主题的列表、主题的出现频次以及相关性得分。然后，点击"Finish"来进行可视化分析，在分析中将分析两个信息框，分别是对主题的布局计算和聚类计算信息。分析结束，进入可视化界面得到结果，如图 3 -47 所示。

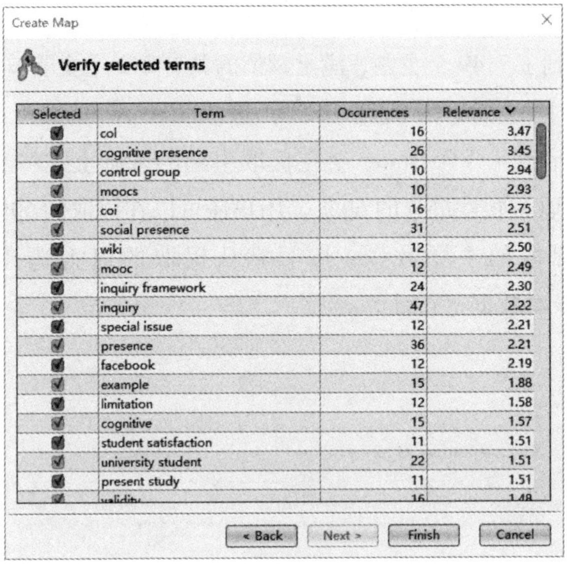

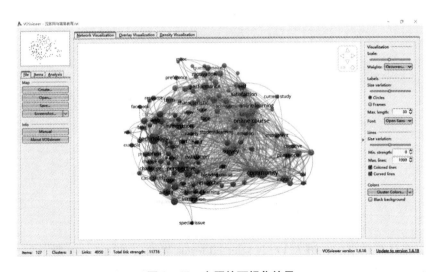

图 3 -46　分析的基础结果

图 3 -47　主题的可视化结果

3.4　本章小结

　　首先，本章介绍了知识图谱的概念、类型以及发展过程，并对绘制知识图谱的过程和方法进行了说明；其次，介绍了知识图谱分析的基本原理，主要涉及文献的引文分析、共被引与耦合分析、词频与共词分析、多元统计分析以及社会网络分析等；再次，介绍了知识图谱的分析工具，如 BibExcel、CiteSpace、Pajek、VOSviewer、HistCite 等软件的功能；最后，介绍了如何利用知识图谱工具实现文献可视化分析的实际操作过程。其中，利用 CiteSpace 对文献作者合作网络进行了分析，并对关键词共现网络进行了分析；利用 HistCite 对文献引证网络进行了分析；VOSviewer 则呈现了文献的作者合作网络与主题可视化过程的表达。总之，从知识图谱的视角出发，利用不同的知识图谱工具为文献的相关研究提供了量化分析的思路和方法。

第 4 章

调查问卷的设计与分析

【学习目标】

1. 理解调查问卷方法的概念、功能与特征。

2. 掌握调查问卷的设计与实施过程。

3. 掌握相关性分析、因子分析、回归分析以及结构方程模型的原理。

4. 掌握各个分析方法的操作与分析解读。

5. 了解调查问卷方法在教育研究中的使用情境，并能够进行相关的研究设计。

调查问卷方法是量化分析方法中最为重要的部分之一，在教育研究中，调查问卷法是获取研究数据、探索教育规律极为重要的方式。为了使读者对调查问卷的设计与分析有一个全面的认识和掌握，在本章中，首先，对调查问卷的概念和功能进行了介绍，并对调查问卷的特征和类型进行了介绍；其次，对调查问卷设计过程中问卷的结构、表述以及常见的问题等进行了阐述；最后，结合调查问卷现有的主要分析方法，借助 SPSS 和 AMOS 等统计工具对教育研究中的相关问题进行了实际操作与分析。

4.1 调查问卷方法概述

4.1.1 调查问卷的概念与功能

问卷调查法也称问卷法，它是调查者运用统一设计的问卷向被选取的调查对象了解情况或征询意见的调查方法。

第一，问卷调查是标准化调查，即按照统一设计的、有一定结构的问卷所进行的调查。问卷调查不同于日常生活中的随意、无目的的观察。问卷调查活动从选择调查题目开始，直到最终以调查报告的形式得出调查结果为止，整个过程有着很强的系统性，这种系统性不仅仅是表面形式，而是调查活动所具有的某种内在规律的体现。

第二，问卷调查一般是间接调查，即调查者不与被调查者直接见面，而由被调查者自己填答问卷。主要采用自填问卷与结构访问两种方法收集资料。或者说，它主要依靠对被调查者进行特定方式的询问来收集资料。以问卷作为主要工具，这是问卷调查在使用工具或手段方面区别于其他社会研究方法的重要特征。

第三，问卷调查一般是抽样调查，即从总体中按照一定的方式抽取一个样本进行调查，被调查者是通过抽样方法选取的，而且调查对象一般较多，其目的则是通过调查部分来了解总体。

第四，问卷调查要求直接从具体的调查对象那里获取一手信息。直接的特征又将它与某些间接的、利用第二手资料的社会研究方法区别开来。

第五，问卷调查一般是定量调查。问卷调查的资料分析依靠定量的统计方法。无论是抽样的使用，还是问卷的使用，在一定意义上都是在为最终的资料分析做准备。而以统计学原理为基础的统计分析，则是社会调查在分析资料这个环节上的主要特征，同时也是社会调查作为一种定量的社会研究方式的重要标志。在社会调查中，利用问卷所得到的大量原始资料，必须先转化成数字，并借助计算机和专门的统计分析软件才能进入分析过程，得出调查结果。而从样本调查的结果推论到总体，也必须经过严格的统计分析与统计检验。正是依靠统计分析的帮助，社会调查才能够被用来描述总体的各种特征和分布，才能够被用来分析不同变量之间的关系。

第六，问卷调查是一种既包括资料收集工作，又包括资料分析工作的完整的社会研究类型。正是这种从资料收集到资料分析的全过程，使社会调查不应被单纯看作一种资料收集方式。同时，这一特征也正是它作为一种独立的社会研究方式的基础。

4.1.2 调查问卷的类型

调查问卷按不同的分类标准，可以分为不同的类型。

按问卷的开放程度可分为结构式问卷和非结构式问卷。结构式问卷，也称封闭式问卷，即事先把问题的答案加以限制，只允许在问卷所限制的范围内进行挑选；非结构式问卷也称开放式问卷，问卷由被调查者自由作答的问题组成，没有固定的答案。

结构式问卷的优点在于有限定的答案，增强了调查对象回答的一致性。把数据列成表，通常比较简明、耗时少。非结构式问卷的优点在于被调查者可以自由地回答问题，答案多种多样，对于某些问题尚不清楚的探索性研究，能够及时发现一些新的问题。缺点是资料分散，难以统计，而且需要花费填答者较多的时间和精力。

按照问卷填答者的不同，可分为自填式问卷调查和代填式问卷调查（也称访问式问卷调查）。它们分别用于自填式问卷调查和结构式访问调查中。自填式问卷调查一般是指调查者将问卷通过邮寄或发送的方式交到被调查者手中，并由被调查者自行填写，然后通过邮寄回收或由调查员上门回收的方式。代填式问卷则不交给被调查者，而是由访问员携带到访问地点，访问员根据问卷的结构向被调查者逐一提出问题，并根据被调查者的回答来填写问卷。其中，自填式问卷调查按照问卷传递方式的不同，可分为个别发送、邮寄填答、集中填答和网络调查；代填式问卷调查按照与被调查者交谈方式的不同，可分为访问问卷调查和电话问卷调查。

在此，本书重点对自填式问卷和结构式访问调查分别进行介绍。

4.1.2.1 自填式问卷法

1. 自填式问卷调查法的主要优缺点

总的来说，自填式问卷调查法有其独特的优点和缺点。

自填式问卷调查法的主要优点有以下几个方面。

第一，节省时间、经费和人力。由于自填式问卷法可以在很短的时间内，同时调查很多人的情况，且不用逐一进行访问和交谈，十分省时省力。如果采用邮寄和网络调查的方式，还能突破时空限制，在广阔范围内，对众多调查对象同时进行调查。因此，采用这种方法收集资料具有较高的效率。

第二，具有很好的匿名性。在面对面的访问调查中，人们往往难以同陌生人谈论个人隐私、社会禁忌或其他敏感性问题。而在自填式问卷调查中，由于无其他人在场，问卷又不要求填写被调查者的姓名，所以可以减轻被调查者心理上的压力，便于他们回答这类问题。

第三，可避免人为因素的影响。由于自填式问卷法采用的是发放或邮寄的方式，调查员不用在调查现场，对调查的双方都比较方便。自填式问卷法在一定程度上还可以排除人际交往中可能产生的种种干扰，避免了某些人为原因所造成的偏误。

第四，可以避免主观偏见。每个被调查者对完全相同的问卷进行作答，所以，无论是问题的表述、问题的次序还是答案的类型、填答的指导等，都具有高度的统一性。这样有助于避免由于人为原因所造成的各种偏误，能更真实地反映出不同被调查者的不同情况。

第五，调查结果便于定量处理和分析。问卷调查中所使用的问卷常常主要由封闭式问题组成，这使得问卷这种高度结构化的资料收集工具所得到的也是一种高度结构化的数据资料。因此，问卷调查所得到的这种资料特别适于用计算机进行定量处理和作统计分析。

自填式问卷法的主要缺点有以下几个方面。

第一，难适应复杂多变的实际情况，最突出的一点就是它只能获得书面的社会信息，而不能了解到生动、具体的社会情况。

第二，问卷调查的回复率和有效率较低。问卷的回收率与被调查者对调查的话题的兴趣、态度、合作精神等影响，如果被调查者对问卷不够重视，或者因时间、精力与能力等方面受限制的话，就很难完成问卷。

第三，自填式问卷法对被调查者的文化水平有一定要求。因为被调查者起码要能看得懂问卷，能够理解问题及答案的含义，能够理解填答问卷的正确方式，才能按要求填答问卷。但实际生活中并不是所有的人都具有这种能力，都能达到这种程度，特别是对于一些文化程度较低的群体，就不宜使用自填问卷法。因此，自填问卷法的适用范围常常受到限制。

第四，缺乏弹性，很难作深入的定性调查。调查者难以了解被调查者是认真填写还是随便敷衍，是自己填答还是请别人代劳，调查资料的质量常常得不到保证。被调查者往往是在调查人员不在场的情况下进行问卷的填答工作，被调查者做答问卷的环境是调查人员无法控制的。对于理解不清楚的问题，他们无法及时向调查人员询问，各种错答、误答、缺答、乱答的情况时有发生。结果导致问卷调查资料的质量比较差，可信度不高。

第五，问卷比较容易填答，有的被调查者任意打勾、画圈，或者是在从众心理的驱使下按照社会主流意识填答，这会影响调查的真实性。

2. 自填式问卷法的种类

（1）个别发送法。个别发送是自填式问卷中最常用的一种。它的具体操作是，待研究者将问卷印制好以后，派调查员根据所抽取的样本，将问卷逐个发送到被调查者手中，同时讲明调查的意义和要求，请他们合作填答，并约定收取的时间、地点和方式。个别发送法是目前问卷调查中使用较多的方式。

个别发送的优势：比较节省时间和精力；被调查者有足够的时间进行作答，当然作答者回答的时间并非越长越好。个别发送的局限：调查范围会受到一定的限制；问卷的质量难以保证等。

（2）邮寄填答法。邮寄填答法是调查研究中一种比较特殊的资料收集方法。它的一般做法是，研究者把印制好的问卷装入信封，通过邮局寄给被调查者，待被调查者填答后再将问卷寄回调查机构或寄给调查者。在寄给被调查者问卷时，一般应该同时附上已写好回邮地址和收信人（或收信单位）且贴好足够邮资的信封，以便于被调查者将填答好的问卷顺利寄回。这种方法在西方一些国家中使用比较普遍，但在我国采用这种方法来收集调查资料的比较少。

与个别发送法相比，邮寄填答法的优势在于：不受空间距离和障碍的限制，范围更为广泛。更省时、省力、省钱。邮寄填答法除了有个别发送法的缺点以外，还有其自身的局限，如：不存在现成的、完整的样本成员名单、调查对象的电话、地址等信息；需要被调查者高度的配合，问卷的回收率难以保证。

（3）集中填答法。集中填答法主要是将被调查者集中起来，集中作答。主要过程是，先通过某种形式将被调查者集中起来，每人发一份问卷；接着，由研究者统一讲解调查的主要目的、要求问卷填答的主要方式及要求，然后请调查者当场填答问卷；填答完毕后再统一将问卷收回。收回问卷的方式可以采取统一放到信箱中的方式，以消除被调查者的疑虑。

例如，当研究者在某些企事业单位、学校等地方对企事业单位的职工或学校的学生进行问卷调查时，就可以采用这种方法。可以先同被调查单位的领导进行联系，以取得他们的支持和帮助，通过他们将所抽取的调查对象集中起来（或分批集中起来），最好集中在会议室、教室等既方便填答问卷又可不受外界干扰的地方。将调查问卷发给每一位被调查者，在研究者对调查的目的、意义、要求等进行简单说明的基础上，由被调查者当场填答问卷。研究者可解答被调查者在填答问卷过程中所遇到的疑问。被调查者填答完问卷后，自行将问卷投入放在会议室或教室门口的问卷回收箱中。

集中填答法的优势：比个别发送法更为节省调查时间、人力和费用；比邮寄填答法更能保证问卷填答的质量和回收率。集中填答法的局限：许多调查研究的样本根本难以集中；被调查者集中在一起，可能会形成"团体压力"或"相互作用"，不利于个人表达特定看法。

（4）网络调查法。电子或网络问卷调查是在计算机技术和互联网背景之下发展起来的，是目前较为常用的一种问卷调查方式。网络调查法也称作在线调查，它指的是研究者利用互联网向特定对象发送调查问卷，同时也通过互联网将被调查者填答好的问卷收回的调查方法。目前在国内已有可以提供网络问卷调查的专门平台，比如，答题吧、问卷星和答题派等。

常见的网络调查方式有以下三种。

第一种方式是将调查问卷直接链接在网站的网页上。任何一个上网者只要点击该网站的网页，调查问卷就会跳出来，供上网者进行自由填答。当上网者填答完毕后，这份问卷的数据就自动地存入网站事先设计好的数据文件中。当调查结束时，所有填答者的回答记录就形成了该调查的数据库。这种方式的网络调查虽然十分便利，但是由于它实际上是一种无特定调查样本和调查对象的调查方式，同时上网者是否填答问卷也完全处于一种放任的或完全自愿的状态，因而，调查的回收率、调查的质量等均得不到很好的保证，其结果则有较大的偏差。

第二种方式也是将问卷链接在特定的网页上，它是一种针对研究者所选定的特定对象和样本进行的调查。一般情况下，这种方式的做法是先确定调查总体（调查总体中的成员必须有电子邮箱），然后，抽取好调查对象的样本，并收集到他们的电子邮箱地址。分别给样本中的调查对象发送电子邮件，说明调查目的、调查要求，告知调查方法，并附上调查问卷的链接地址。被调查者点击链接后就会进入调查问卷页面，并直接在网上填答。填答结束后，问卷的数据也会自动存入事先设计好的数据库文件中。全部调查结束后，所有填答好的问卷资料就自动生成了调查的数据库。

第三种方式是研究者在确定好调查总体（也是有电子邮箱的对象）、抽取完调查样本、收集好被调查者的电子邮箱地址后，直接将调查问卷用电子邮件发送给被调查者。被调查者打开问卷的电子版在计算机上进行填答，填答完毕后又通过电子邮件将问卷发回给调查者。调查者将所有填答好的问卷下载后进行录入，形成数据库文件。

后两种方式主要被运用在学术研究中。由于这两种方式都是面对建立在严格的随机抽样基础上的样本和调查对象，因此，在问卷回收率得到保证的前提下，其调查效果也与其他的资料收集方法完全一样。由于事先通过电子邮件（也可以通过电话）与被调查者取得了联系，并征得了被调查者的同意，因而调查问卷的回收率有一定的保证。

网络调查法的最大优点是突破了地域的限制，可以实现跨地区，甚至跨国家的数据收集；另外，网络问卷调查相比纸质问卷调查成本大大降低，既节省了纸张和印刷等实体资源，更节省了人力成本，在后期数据的整理和分析时，也大幅提高了处理效率。但是，网络调查法在调查对象上有一定的局限性，对于很少接触网络的人很难利用该方法进行调查。

4.1.2.2　结构式访问调查

1. 当面访问法

当面访问法的基本做法如下：研究者先选择和培训一组调查员，由这组调查员携带调查问卷分赴各个调查地点，按照调查方案和调查计划的要求，对所需的被调查者进行访谈，并按照问卷的格式和要求来记录被调查者的回答。在访问中，调查员严格依据调查问卷的要求提出问题，并严格按照问卷中问题的顺序来提问，调查员不能随意改变问题的顺序和提法，也不能随意对问题作出解释。答案的记录也要完全按问卷的要求和规定进行。

当面访问法与自填式问卷法中的个别发送法最为接近，它们都要求调查员逐个找到被调查者。所不同的是，在个别发送法中，调查员只需向被调查者稍作解释，并将问卷送交给被调查者即可，至于问卷的填答工作，则完全是被调查者的事。而在当面访问法中，调查员则要亲自依据问卷对被调查者进行提问，并记录被调查者的回答。

当面访问法是一种以口头语言为中介、调查者与被调查者进行面对面互动的方法。调查者与被调查者之间直接的相互作用和相互影响贯穿于收集过程的始终，相对于自填问卷法主要依靠问卷的特征，当面访问法则主要依靠调查员。正是这种差别，使得这种方法具有许多不同于自填问卷的特点。

当面访问法的主要优点有以下几个方面。

第一，调查资料的质量较好。在访问过程中，由于调查员在场，因而既可对访问的环境和被调查者的表情、态度进行观察，又可以对被调查者回答问题的量加以控制，使得调查资料的真实性和准确性大大提高，这是因为，一方面，由于调查员当面提出问题且当面听取回答，因此，可以减少被调查者由于对问题不清或误解所造成的误答；另一方面，由于调查员当面提问，被调查者当场避免了自填式问卷调查中常常出现的由他人代填或由几个人共同商量着填答的情况。同时，这种当面提问、当面回答的方式也在一定程度上减少了被调查者欺骗性回答的机会，提高了调查结果的真实性，也便于对调查资料的效度、信度进行评估。

第二，评价调查对象的适用范围广。由于当面访问法依赖于口头语言，对阅读理解和表达能力上要求较低。因此，它的适用范围较广，既可用于文化水平较高的、也可用于文化水平较低的对象。

正是由于访问式调查的这些特点，我国社会科学中比较有名的、由北京大学中国社会科学调查中心实施的中国家庭追踪调查项目，主要采用的也是这种方式来回收资料。

当面访问法的主要局限有以下几个方面。

第一，调查员与被调查者之间的互动有时会影响到调查的结果。由于访问过程的双方都是有知觉、有感情、有思想、有反应的人，因此，双方在访问过程中往往难以做到完全客观，这样就会导致访问偏差，影响访问资料的质量和访问的效果。

第二，当面访问导致匿名性较差。因而，对于一些涉及人们的隐私（如个人婚姻、私生活）、社会禁忌、人与人之间的利害关系等敏感性内容的调查研究来说，往往难以采用当面访问法来收集资料。因为有调查员在场，并且是当面提问、当面回答，很多被调查者的思想压力可能很大，顾虑可能比较多，所有这些显然会直接影响到他们回答问题的态度和所提供的答案的真实性及可靠性，甚至造成拒访。

第三，当面访问调查的费用较高、时间较长、代价较大。当面访问法必须派出一批调查员，而调查员必须事先进行培训。调查员的培训费用、工作报酬以及差旅费等，远比个别发送法、集中填答法、邮寄填答法所花的费用大，这样在客观上就限制了调查样本的规模和调查的空间范围，在它的具体运用上就造成了一定的局限性。同时，当面访问法所花费的时间也长于自填问卷调查。由于自填问卷法可以在较短的时间内让多个被调查者同时进行，而当面访问法则必须一个个地对被调查者进行访问，因此，它所需要的时间显然要多得多。

第四，当面访问法对调查员的要求更高。尽管自填问卷法也会用到调查员，但其作用相对较小。当面访问法完全离不开调查员，或者说完全依赖于调查员。调查员对调查资料的质量、对调查结果的质量影响更大。因此，调查员具有较高的访问技巧和较强的应变能力，是成功完成访问调查的必不可少的条件。

2. 电话访问法

电话访问法是指调查员通过打电话的方式与被调查者联系，并在电话中对被调查者进行调查访问的方法。这种访问方式是随着社会现代化的发展，特别是随着普通居民中的电话普及率越来越高而逐步发展起来的。

电话访问与当面访问有所区别和联系。在当面访问中，调查员不仅可以听取被调查者的回答，还可以观察到被调查者的表情、动作，以判断被调查者所提供的资料的正确性和真实性。而在电话调查中，调查员则必须完全依靠自己的听力和交谈来判断。

电话访问不存在当面访问中所存在的那种由于调查员的表情、手势、动作，甚至衣着打扮对被调查者造成的暗示和影响，这是其好的一面，但同时，调查员的语调、语气对被调查者的影响作用则大大加强（调查员的声音、语调、语气等成为访问偏差的主要来源）。因此，在对电话访问调查员进行培训时，更要强调口齿清楚、语气亲切、语调平和。

电话访问的主要优点：（1）十分迅速。一项样本为几百人的调查，采用电话访问的方式进行，顺利的话，几天时间访问就可以完成，而且所得资料也已经被输入计算机中，成为特定格式的数据，可以马上动手进行统计分析。（2）简便易行，也可以节省成本，特别是对于内容比较简单的调查，电话访问的效果更好。便于对调查员进行监督和控制，它使得电话访问的质量比当面访问更容易得到保证。

电话访问的主要局限：被调查者的选取及代表性难以保证。从理论上说，电话访问的结果只能推论到有电话的对象这一总体。而在实践中，电话访问必然会遇到如何抽样的问题。如果说，总体中每一个成员都有一部电话，而且每部电话的号码都集中在电话号码簿上，那么抽样将是十分简单的。但现实情况是，一方面，电话号码簿上的号码并非正好构成研究者所希望调查的总体；另一方面，有许多属于我们调查总体的号码又没有出现在号码簿上，这样就无法抽到他们。因此，在运用电话访问的方法时，研究者一定要对总体及样本的情况有清楚的认识，尽可能做到使抽样具有科学性与代表性。

电话调查的时间不能太长。通常情况下，控制在 5 分钟以内比较合适，最好不超过 10 分钟。因此，访问时间的不充分性客观上制约了电话访问这种方式所收集的资料的广度和深度。当调查的内容较多、问题比较复杂、问卷较长时，采用电话访问方式就不太合适。在实际社会调查中，电话访问通常比较多地运用在市场调查和舆论调查方面中。

4.1.3 调查问卷特征

问卷调查的特征大致包含以下几个方面。

第一，问卷研究受科研的逻辑程序指引，也即是问卷调查强调科学研究的逻辑性。主要体现在主题的确定、假设的形成、理论框架的提出、题项的选定、资料的取舍、统计方法的运用、结论的得出等步骤中。问卷编制过程也是一个科学研究过程。

第二，问卷研究含有决定论的意义。科学研究的目的是探讨因果关系，问卷调查属于相关研究，其设计思想是想控制变量以寻找因果关系。问卷所涉及的各变量均是可测量的，这为最终探讨因果关系奠定了基础。

第三，问卷研究追求的是普遍性的事实。即透过样本了解总体的特征，发展出有关人类心理和行为的概括化命题。

第四，问卷研究在于化繁为简。将搜集到的繁多的资料加以量化处理，得出具有信度、效度的结论。

第五，问卷研究的结论是可以重复验证的。问卷编制是一个科学研究的构成，那么编制的问卷以及问卷调查的结果要求别人通过同样的操作后，也能够得到重复验证的结果。

4.2 调查问卷的设计

4.2.1 问卷设计的基本原则

4.2.1.1 目的明确性原则

通常而言，任何问卷调查都是有目的的，即为了证实或证伪某个结论。目的明确是问卷设计的基础，只有目的明确、具体，才能提出明确的假设，才能围绕假设来设计题项。（1）保证问卷中的所有问题都应和研究的目的相符合，即题目应是研究问题和假设所要测量的变量。（2）一项研究课题，有一个总的研究目的，问卷的设计过程就是将研究的总目的逐步具体化的过程。（3）研究者在设计问卷时，脑子里必须建立一个"目标体系"，使问卷中的所有大小问题都纳入"目标体系"结构中，要能够保证研究课题所需要探讨的每一具体问题，在问卷中都有所反映，但不要贪多而乱出题目。（4）整份问卷能显示一个重要的主题，使填答者认为重要而愿意合作。因此，在问卷中要清楚地说明问卷的重要性。

4.2.1.2　题项的适当性原则

选择题项要与研究假设相符，即所选择的问题是针对研究假设的，是研究假设合理的内涵和外延；另外，所选题项在数量上要适当。确定适当数量的题项可根据两点来确定：（1）根据一般经验；（2）根据预试的结果。整份答卷要尽可能简短，其长度只要足以获得重要的资料即可。如果问卷太长，花时间太多，回答者有可能不愿意或不认真回答。建议团体 30分钟左右，个人在 15 分钟。

4.2.1.3　语句理解的一致性原则

语句理解一致性，是指研究者与被调查者，以及被调查者之间对问卷题项语句的理解都要一致；如果不一致，就达不到研究者所要测量的目的。（1）问卷中的问题表述要清楚，简明扼要，易于回答；要客观，没有引导所期望反应的暗示。（2）问卷中的问题所收集的资料要易于列表说明和解释。（3）问卷中的问题不要涉及社会禁忌和个人隐私或恩怨，一般情况下不要提问敏感性问题。

4.2.1.4　调查对象的合适性原则

即选择的对象要符合对研究假设的推论；问卷的结构（开放式或封闭式）、题项的形式及用语都要考虑调查对象的合适性。问卷中的问题不要超出被调查者的知识和能力范围。根据调查对象的特点，在语言的表述上应使用他们所熟悉的表述。

4.2.1.5　问卷中的问题排列恰当原则

问题排列的顺序可以采取以下技巧：（1）被调查者将熟悉、简单易懂的问题放在前面，比较生疏、较难回答的问题放在后面，遵循从一般到具体、从简单到复杂的原则。（2）把能引起被调查者兴趣的问题放在前面。（3）把开放式问卷放在问卷的结尾部分。（4）先问行为方面的问题，再问态度方面的问题，最后问有关个人的背景材料。（5）按一定的逻辑顺序排列问题，减少被调查者的认知负担。

4.2.2　问卷的结构

一份问卷从结构上来看，通常包括封面信、指导语、问题及答案、编码等部分。

4.2.2.1　封面信

问卷的封面信（cover letter），也称为封面或卷首语，即一封致被调查者的短信，最主要的是说明调查的目的和内容，通过自我介绍和说明，可使对方形成一定的心理准备，以便于进入作答过程，消除被调查者的疑虑，引起被调查者参与的兴趣。卷首语中通常包括以下几个部分：第一，介绍自己/研究单位。第二，调查的内容。主要简要概括问卷主要调查的内容，注意概括的内容要与问卷的主题相符合，避免因内容不符合，引起被调查者的质疑。第三，说明调查的内容及目的，恳请接受调查。这是封面信中最重要的内容，需要对调查目的作出明确的说明。通过简要介绍问卷的目的调动起受访者的责任心。第四，作出保密承诺。强调填答资料会受到保密，消除被调查者的压力。针对文中涉及被调查者隐私性的问题，如性别、职业、家庭收入等问题要给予保密承诺。第五，说明如何回答题项，对作答方式进行简单指导。第六，说明提交方式。如果请寄回，要解释寄回方式、日期等信息。第七，感谢语。对被调查者表达出真挚的感谢，另外，如果有赠品要说明内容等。

例如：我国某高校组织学生参与中国大学生学习与发展追踪研究调查时的封面信如下。

亲爱的同学：

您好！我校于 2019 年开始参与由清华大学发起的一项大型全国性大学生跟踪研究项目——"中国大学生学习与发展追踪研究调查（China College Student Survey，CCSS）"，该调查旨在通过关注学生学习过程、全面考察学生的学习和未来发展，来全面准确地反映院校本科教育质量和动态，进而为院校进一步深化本科教育教学改革提供依据。它将有效地促进我国本科教学质量的提升，有效地服务于我校人才培养状况的自我监控、诊断及改进。为切实做好该项工作，现诚挚地邀请您参与项目调查，希望您能够给予支持并积极配合！

您的每一份回答都有助于我们进一步了解学生的切实需求，对学校教育教学的发展意义重大，请您认真、如实作答。同时，您所填写的任何信息都将按《国家保密法》得到严格保密。

填答方式：本调查采取网络问卷的方式，通过访问网址：https：//ccss.applysquare.com/user/login 或手机扫描二维码进入平台登录作答。问卷分为两个部分：A 部分是有关学生目前的在学经验；B 部分是背景信息等信息。

登录用户：您的平台登录用户名为"638 + 学号"（如"6382018010111"），密码为 10 位学号。为了保证问卷的准确性和代表性，请切记不要将您的用户名和密码交由他人代为填答。

时间要求：本次调查首批网络问卷填答的截止时间为×××年××月××日。请您尽早完成问卷填答。

注意事项：1. 所有问题填答之后务必点击"提交"问卷；2. 填答系统有自动保存功能，不会因网络等问题造成数据丢失；3. 填答页面不可回翻，即数据不可修改，请一次填对；4. 填答完毕回到问卷中心，您可以看到个人学习诊断报告，了解自己在高阶学习和学习策略方面在全国大学生中的位置。

咨询方式：如您对该项调查有任何疑问或建议，请及时与我校项目组联系。联系电话：××××××（王某某），电子邮箱：×××××，办公地址：×××××。

非常感谢您积极参与此次问卷调查！祝学习进步，事业有成！

发展规划处　高教研究所　学生工作部（处）　　教务处

×××年××月××日

4.2.2.2　指导语

指导语是用来指导或提示被调查者如何正确地填写问卷的语句。指导语的目的主要有：（1）限定回答的范围，如"单选""多选"等；（2）指导回答方法，如"请按重要程度排序"等；（3）指导回答过程，如"若回答'无'，则请从第9题开始作答"；（4）规定或解释概念和问题的含义，如"数字化硬件教育资源是指教育教学中所使用的计算机、投影仪、白板、iPad、数码照相机等数字化设备"。

4.2.2.3　问题及答案

问题及答案是问卷的核心组成部分，问卷中的其他部分均如封面信、指导语等均是为问卷的问题和答案服务的。尽管每项调查所使用的问卷其问题和答案有所不同，但问卷的形式和内容却大致相似。在形式上，问卷中的问题主要可分为开放式问题和封闭式问题两大类。

1. 开放式问题

开放式问题是指不为被调查者提供具体答案，而由被调查者自由填答的问题。

例如，Q：你认为"三好学生标兵"应具备哪些品质？

答：开放式问题的主要优点有：第一，允许被调查者按自己的方式，充分自由地对问题作出回答，不受任何限制。第二，能够最自然地反映出被调查者各不相同的观点、态度、特征、和行为等。第三，开放式问题能够收集到比封闭式问题的资料更多、更生动。特别是它常常可以得到一些调查者事先未曾料想到、未曾估计到的资料。

开放式问题的缺点：第一，要求被调查者具有较高的知识水平和语言表达能力，很大程度上限制了调查的范围和对象。要求被调查者不仅能看懂问题，还能把自己的情况、特征、看法、态度等用书面语言写出来，而这一点并不是一般的被调查者能做到的，对被调查者的要求极高。如果一份自填式问卷中都是开放式问题，会导致问卷的回收率极低。第二，回答开放式问题需要花费较多的时间和精力。开放式问题实际上仅仅是向被调查者提出问题，而回答这个问题的一切工作都得由被调查者来完成，被调查者既要思考自己的答案，又要考虑表达的形式及语言，还要把这一切写在问卷上。这不仅增加了被调查者回答问题的难度，而且浪费被调查者较多的时间和精力。第三，对调查者来说，增加了统计和处理开放式问题答案的难度。受被调查者回答角度多样性的影响，很难找到合适的分类标准，也难以从调查资料中得出有关总体情况的描述和推断。第四，开放式问题往往产生许多与研究无关的资料。由于人们回答问题时很少注意所使用的语言的准确性和对问题的针对性，所以常常写下许多对研究并无作用的，或不大相关的话。被调查者容易出现将题意理解错了，出现答非所问的情况。

2. 封闭式问题

封闭式问题是指在提出问题的同时，还提供一系列答案供受访者选择，包括选择式、排序式、等级式、条件式，让被调查者根据自己的实际情况选择回答的问题。

例如，Q：你每天上学（单程）在路上所花的时间？

1. 半小时以内　　2. 半小时至一小时　　3. 一小时以上

封闭式问题的优缺点正好与开放式问题的优缺点相反。

封闭式问题的优点：第一，封闭式问题为被调查者提供了可以选择的答案，限制了被调查者的回答范围和回答方式。第二，资料集中。由于事先给出了有限的答案，因此，被调查者的回答基本上都集中在这几项答案范围内。避免出现开放式问题中那些不相关的回答的情形。第三，封闭式问题主要是在现有的各种答案中进行选择，与开放式问题相比而言，相对快捷、简单，不会耗费被调查者大部分的时间和精力。

封闭式问题的缺点：第一，回答中的各种偏误难以被发现。在封闭式问题中，被调查者往往只需在某些答案上作出选择和标记。被调查者做出的选择可能是实际情况，有可能完全是乱打的，也有可能被调查者为了隐瞒自己的实际情况而故意打错的，还有可能是被调查者不小心造成的，等等。在这些偏误中，除少部分答案可通过前后比较发现其不真实或不正确外，大部分问题的回答很难进行真假性判断。也正是由于这一点，问卷调查也会受到人们的质疑。第二，封闭式问题由于实现给定了可供选择的答案，则存在着诱导影响的危险。特别是在民意测验、舆论调查，以及涉及被调查者意见、看法的调查中，被调查者对各种问题事先从未想过、从未思考过、还没有形成自己的意见和看法的情况是经常发生的。

表 4-1 为开放式与封闭式问卷的优缺点。

表 4-1　　　　　　　　　　　**开放式与封闭式问卷的优缺点**

问卷类型	优点	缺点
开放式问卷	灵活性大，适应性强；有助于问卷的简化	标准化低，不易作统计分析；回答难度大
封闭式问卷	答案固定，容易进行统计分析；容易回答	调查的深度和广度受到限制；选择的答案不一定是答题者的真实想法

由于开放式问题与封闭式问题具有各不相同的优缺点，所以人们在问卷调查中往往结合二者的优点，形成混合式的问卷，把它们用于不同目的、不同形式、不同规模、不同对象的调查中。通常情况下，开放式问题比较适合于用来探索问题的范围，以及掌握某些重要的回答类型；封闭式问题则主要用于检验假设。当研究者对某个问题了解不多或对某方面较为陌生时，则可用开放式问题来搜集大量的、尽可能详细的感性材料，主要目的是对问题有初步的了解。这时候的调查规模一般来说比较小，而且通常采取访问的方式，由问卷设计者亲自进行。当调查者对问题已经有较为深入的了解时，且需要收集大量的定量材料来证明研究的假设时，则用封闭式问题构成自填式问卷。一般情况下，在常见的以封闭式问题为主的问

卷中末尾，往往会包含一两个开放式问题，用来收集那些相对开放，但未能列入问卷的某些方面的情况，比如："您对教师信息化教学能力培训有哪些建议？请在此填写"。

3. 编码

所谓编码，就是对每一份问卷和问卷中的每一个问题、每一个答案编定一个唯一的代码，并以此为依据对问卷进行数据处理。编码工作既可以在设计问卷时进行（这种方式称为预编码），也可以在问卷收回后进行（这种方式称为后编码）。通常，在以封闭式为主的问卷中，人们往往采取预编码的方式；而在以开放式问题为主的问卷中，由于研究者不能准确地预测会有什么样的回答和会有多少种不同的回答，所以不可能在问卷收回之前建立编码，故一般采取后编码。

编码的步骤如下。

（1）给每一份问卷、每一个问题、每一个答案确定一个唯一的代码。

（2）根据被调查者、问题、答案的数量编定每一个代码的位数。

（3）设计每一个代码的填写方式。

4.2.3　问卷设计的步骤

问卷设计通常包括初步研究、初稿、试用、修改定稿并印刷等步骤。

4.2.3.1　初步研究

当研究者根据研究的目的确定选择用问卷调查时，一般需要进行初步的探索，以便对研究对象和研究问题有一个初步的认识。通常情况下，研究者要围绕想要研究的问题自然地、随便地与各类调查对象交谈，并通过观察被调查者的行为、反应和态度。通过与被调查者的交流中可以使得问卷中比较含糊的问题能够得到进一步的解释，有时被调查者还能为调查者提供意想不到的答案。初步研究能为研究者设计问卷中的问题和答案提供一定的实践基础。

4.2.3.2　初稿

完成初步研究的探索性工作后，研究者就可以动手设计问卷初稿了。在设计过程中，可以采取以下的做法[①]。

首先，根据研究假设和所需资料的内容，在纸上画出整个问卷的各个部分及前后顺序的框图。

其次，具体地设计出每一个部分中的问题及答案，并安排好这些问题相互间的顺序。

再次，根据回答者阅读和填写问卷是否方便等方面，对所有问题进行检查、调整和补充。

最后，将调整后的结果打印成问卷初稿。

4.2.3.3　试用

当问卷初稿设计完成后，切记不能直接将它用于正式调查，必须对问卷初稿进行试用和修改。试用这一步在问卷设计的过程中至关重要，特别是在大型调查中非常关键。试用问卷初稿时可以采取主观评价法和客观检验法。

主观评价法则是研究者将设计好的问卷初稿打印若干份，分别送给该研究领域的专家、研究人员以及典型的被调查者，请他们直接阅读和分析初稿。并根据他们的经验和认识对问卷进行评论，指出不合理的地方。

客观检验法的操作步骤为：首先，将问卷初稿打印若干份；其次，采取非随机抽样方法选取一个小样本，用这些问卷初稿对他们进行调查；最后，认真检查和分析调查的结果，从中发现问题和缺陷，并进行修改。检查和分析的方面有以下四个[②]。

第一，回收率。如果回收率较低，比如在60%以下，那么说明问卷初稿设计上有问题。

第二，有效回收率，即扣除各种废卷后的回收率。它比回收率更能反映问卷初稿的质量。因为收回的废卷越多，说明问卷初稿中的问题可能也

---

①②　风笑天. 社会研究方法：第4版［M］. 北京：中国人民大学出版社，2013：186.

较多，尤其是当被调查者填答完成很少时需要额外注意。

第三，填写错误。填写错误大概可包括两类：一种是填答内容错误，即答非所问，造成该问题的主要原因可能是被调查者对问题含义不理解或理解错误造成的，针对这种情况，研究者一定要仔细检查问题的用语是否准确、清晰，含义是否明确具体；另一种是填答方式的错误，可能形式过于复杂，指导语不明确等导致的，这时候需要检查是否存在指导语是否不明确的情况。

第四，填答不完全。填答不完全的情形主要有两种：第一种是从某个问题开始，后面部分的问题都没有作答，这是针对前一种情况，要求仔细检查这几个问题，分析出部分被调查者未作回答的原因，然后改进；对于后一种情况，则要仔细检查中断部分的问题，分析出回答者"卡壳"的原因。

4.2.3.4　修改定稿并印刷

根据上述方法找出问卷初稿中所存在的问题，逐一对问卷初稿中的问题进行认真分析和修改后，最后才能定稿。在对修改后的问卷进行印制的过程中，同样要十分小心和仔细。无论是版面安排，还是文字、符号上的印刷错误，都将直接影响最终的调查结果。只有经过试用和修改，并对校样反复检查后，才能把问卷送去印刷，并用于正式调查。

4.2.4　问题表述的方式

在问题设置过程中，问题的表述方式很重要，是决定问卷成败的关键。在此介绍在问题设置过程中常用的一些表达方式，主要有直接表述法和间接表述法。直接表述法包括简单询问、简单陈述、释疑法、假定法和转移法。间接表述法包括情景法、投射法和画图法等。

4.2.4.1　直接表述法

1. 简单询问

简单询问法是最为常见的一种表述方式，是将调查内容用一句简短的疑问句直接表述出来。

简单询问法举例：

Q：你认为影响学习成绩的最重要的因素是什么？

A. 个人智力　　　　　B. 教师水平

C. 家庭环境　　　　　D. 个人学习习惯和努力程度

2. 简单陈述

简单陈述法也是一种常见的表述方式，是将调查内容用一句简短的陈述句表述出来。

简单陈述法举例：

Q：请你阅读下列陈述句，依你的真实感受作出判断（划"√"）。

A. 非常同意　B. 同意　C. 无所谓　D. 不同意　E. 很不同意

（1）信息化手段对提高学生学习兴趣有很大的帮助　A B C D E

（2）教科书循环使用应该在全国普及　A B C D E

（3）素质教育势在必行　A B C D E

3. 释疑法

释疑法，即在问题的主题之前加上一段解释性的文字，以便对问题中的某些词句（如专业术语）进行解释，或为了消除应答者的顾虑。

释疑法举例：

Q：宪法规定："中华人民共和国公民对于任何国家机关和国家工作人员，有提出批评和建议的权利。"您对您所在地方的政府机关主要负责人有何评价和看法？

4. 假定法

假定法，即用一个假设判断作为问题的前提，然后再询问被调查者的看法。

假定法举例：

Q：如果有以下几项工作，您将会选择哪一种？

A. 月薪4000元，每天工作12小时

B. 月薪2500元，每天工作8小时

C. 月薪 800 元，每天工作 5 小时

5. 转移法

转移法，即由他人直接回答问题，然后再请被调查者对他人的回答作出评价，这样可以降低问题的敏感性和威胁性。

转移法举例：

Q：对于中学生谈恋爱，有些同学认为不应该，有些同学认为无所谓，你同意哪种看法？

A. 同意前一种看法　　　B. 同意后一种看法

4.2.4.2　间接表述法

1. 情景法

情景法即设计一个情景，让应答者设身处地地表露自己的看法或意向。

情景法举例：

例如，我们想了解社会上是否存在性别歧视，在多大程度上歧视？可以采取情景法：

Q：某女工在单位实行的优化组合中失去了工作。您能否猜测是什么原因使她失去了工作？

A. 人际关系不好　　　B. 工作不努力

C. 技术水平不高　　　D. 身体不好，常请病假

E. 没有什么特殊原因，只是因为她是女性

2. 投射法

投射法，用一些刺激情境展示给受试者，根据受试者的反应判断其人格类型和心理特征。在问卷调查中采用的投射法主要有图片理解测验和句子完成测验。

投射法举例：

Q：我觉得我的老师很少＿＿＿＿＿＿＿＿＿＿＿；

我认为素质教育＿＿＿＿＿＿＿＿＿＿＿。

3. 画图法

图画式问卷的题目是以生动形象的图画形式向回答者提出问题，回答者选择其中适合自己状态的图画。

图画式问卷容易引起回答者的兴趣，便于回答，适用于幼儿和文化程度较低的受试者，回答者只要依照图画的示意就可以回答，有时不识字也能作正确的选择。但是这种方法的主要缺点是问卷制作比较困难。

4.2.5　问卷设计中常见的问题

4.2.5.1　概念抽象

概念抽象是指调查者在设计问卷时使用的术语过于抽象，或者使用专业性较强的词汇和术语，导致受访者不能理解，或者出现理解偏差的情况。

例如：一个民族的传统道德总是会改变的，您认为这些年在中国的这种情况是?

什么是一个民族的传统道德? 什么是中国的传统道德? 概念过于抽象。

4.2.5.2　问题含糊

问题含糊，表示问题的含义不清楚、不明确，容易引起歧义。类似的问题通常是由于问卷设计者对提出问题的目的和用意不明确造成的，但有的则是由于表达不当，对问题的用语没有认真斟酌造成的。

例如："你喜欢你所做的事情吗?"

A. 喜欢　　　B. 不喜欢

这个问题模棱两可，被调查者不能判断"所做的事情"是什么意思。要注意文字力求清楚明白，不能含糊，避免使用含糊的形容词、副词，特别是在描述时间、数量、频率、价格等情况的时候，"有时""经常""偶尔""很少""很多""相当多"等词要避免使用。

4.2.5.3　问题带倾向性

问卷最重要的特征之一就是保持客观，这要求问卷中的每个问题都是中立的，不能带有任何的倾向性。但如果不注意的话，会导致问卷不能客观地获取到被调查者的观点、行为或态度，从而使整份问卷的信度和效度都会受到影响。

例如：教育公平很重要，你认为促进教育公平有必要吗？

A. 有　　　B. 没有　　　C. 说不清

这样的问题提问方式有一定的诱导性，不应该这样表述。

4.2.5.4　问题引起回答者的焦虑

例如："你在考试时有过作弊经历吗？"

考试作弊本身是一个不好的事，如果被调查者刚好有类似的经历，会不自觉地引起被调查者的焦虑。

4.2.5.5　问题提法不妥

在封闭式问卷中，问题与答案通常是密不可分的，二者是一个整体，需要高度协调。当提出相应的问题时，则需要考虑对应的有哪些答案，既不能出现答非所问的现象，也不能出现答案不全或者相互包含的现象。

例如：您同意下面的话吗？请选一句

－读书读到初中就行了，读多了没用，花钱太多。

－能考上大学就让孩子读书，考不上大学还不如早点停学进厂，多挣些钱。

－我没有什么文化，现在也挣很多钱，所以读书不读书无所谓。

－只要孩子能升学，花多少钱我都愿意。

但是如果出现被调查者均不同意的情况，该问题则无法作答。

4.2.5.6　问题有双重含义

问题的含义是双重的，也就是在同一个题目中嵌套了多个问题。

例如：你和你的配偶的文化程度是？

A. 小学及以下　　B. 初中　　C. 高中　　D. 大专及以上

这个问题出现一题多义的情况，题目同时问两个人的情况，让被调查者不知道该如何回答。

4.2.5.7　答案设计不合理

问题的答案出现不穷尽、不互斥，或者出现层次关系交叉的情况。

例如：您家庭收入的主要来源是？

A. 土地收入　　B. 打工收入

这个问题的答案就是答案没有穷尽，因为还有如工作收入、生意收入等。

4.2.5.8　语言表述不规范

语言正确通顺、简明易懂是问卷设计的基本要求，但还是容易出现多种错误，如语言表达过于学术化，不符合口头语言表达习惯；语句本身不通顺或不正确的现象。

例如：您家属于以下哪种类型？

A. 核心家庭　B. 单亲家庭　C. 联合家庭　D. 主干家庭　E. 其他

该问题就是出现明显的专业词汇的不合适运用情况。

4.2.6　问卷的信度、效度分析

4.2.6.1　相关概念

1. 信度

信度，即可靠性，是指在相同条件下，采用相同方法所得结果的稳定性和一致性。信度可以通过重测信度（test-retest reliability）和复本信度（equivalent-forms reliability）两种方式来评估。重测信度是指研究者在同一问卷中对同一调查对象在尽可能相同的情况下重复进行测量。通过两次测量的结果得到结果的稳定性和一致性，一般两次间隔在 2～4 周为宜，通常要求相关性在 0.7 以上。然而，在现实调查过程中，重复测量两次相同的样本是非常困难的，因此，重测效度很少被研究者所采纳。复本信度是指同一调查者在最短时间内填两份复本，两个副本除表达方式不同，在内容、格式、难度、提问方向等方面完全一致。设计复本较困难。

内部一致性信度（internal consistency reliability）主张某个构念所涉及的所有题项应当作为一个整体聚集到一起，也即是测量某个构念涉及的所有题项之间的要求具有相关性。量表的内部一致性检验可以通过折半信度（split-half reliability）和内部信度（inter-term consistency）来评估检验①。折半信度通常是将调查项目分为两半，计算两半得分的相关系数，属于内部一致性。克隆巴赫 α 信度系数（Cronbach's α coeffient）是主要用于检测内部一致性的重要指标，克隆巴赫 α 系数的取值为 0 - 1，越接近 1 信度越高，通常量表的系数要大于 0.7 以上才认为是可以接受的。适用于检测态度、意见类量表。

2. 效度

效度（validity），即有效性，指测量工具能够准确测出所需测量的事物的程度。所测量到的结果与要考察的内容越吻合，则效度越高。

通常情况下，效度具有以下的性质②③：（1）效度是指测验结果的正确性或可靠性，而并非指测验工具本身。（2）效度并不是全有或全无，只是程度上有高低不同的差别。（3）效度有其自身的目标功能性，是针对某一特殊功能或某种特殊用途而言，不具有普遍性，一份具有高效度的测验工具施测于不同的受试者，可能会导致测验结果的不正确。（4）效度无法实际测量，只能从现有信息作逻辑推论或从实证资料作统计检验分析。

① Churchill G A, Jr. A Paradigm for Developing Better Measures of Marketing Constructs [J]. Journal of Marketing Research, 1979, 16 (1)：64 - 73.
② 王保进. 多变量分析统计软件与数据分析 [M]. 北京：北京大学出版社, 2007.
③ 吴明隆. 问卷统计分析实务 [M]. 重庆：重庆大学出版社, 2010：194.

效度具有多种形式，如内部效度、外部效度、统计效度等，本书在此重点介绍人们经常在测量中使用的几种形式，即内容效度、准则效度和结构效度。

内容效度（content-related validity），也称表面效度或逻辑效度。它是指量表的各条目是否测定了希望测量的内容，即测定对象对问题的理解和回答是否与条目设计者希望询问的问题一致。如果测定对象的关键问题省略或缺失的话，则会造成量表的内容效度较低。内容效度主要通过题目分布的合理性来判断，属于一种命题逻辑，有时也被称为逻辑效度。调查者在调查过程中可以询问专家的意见，或者采取专家打分法，根据专家的反馈修改或删除量表中不合理的题项，也可以添加新的题项。

准则效度（criterion-related validity），也称校标关联效度、实用效度或经验效度，指用一个预检验的量表和一个公认的效度高的量表（标准量表）同时测量同一对象，检验新量表与标准量表测量结果的相关性。但是公认的问卷一般比较难选择。

结构效度（construct validity），也称构造效度或建构效度。它是指测量值与理论上的某种结构之间的对应程度；即测验的结果是否能证实或解释某一理论的假设或构想，解释的程度如何。结构效度检验步骤通常包括[1]：（1）根据文献探讨、前人研究结果、实际经验等建立假设性理论建构；（2）根据建构的假设性理论编制适切的测验工具；（3）选取适当的受试者进行施测；（4）以统计检验的实证方法去检验此份测验工具是否能有效解释所欲建构的心理特质。结构效度分析没有统一标准，需要用调查数据来进行探索性和验证性因子分析。

4.2.6.2 实践操作

问卷信度、效度检验是保证后续分析有效性的必要保障，从前面的介绍可知，问卷的信度和效度检验都是针对量表进行的。本节主要结合 SPSS

---

① 吴明隆. 问卷统计分析实务［M］. 重庆：重庆大学出版社，2010：195.

软件的相关功能进行介绍如何分析问卷的信度和效度。在 SPSS 中，信度检验通常采用“可靠性检验”，效度分析采用探索性因子分析或者验证性因子分析。

1. 信度检验

在 SPSS 中，信度检验通常采用“可靠性检验”，即 Cronbach's α 系数检验。

操作步骤如下。

第一步：数据录入，结果如图 4－1 所示。

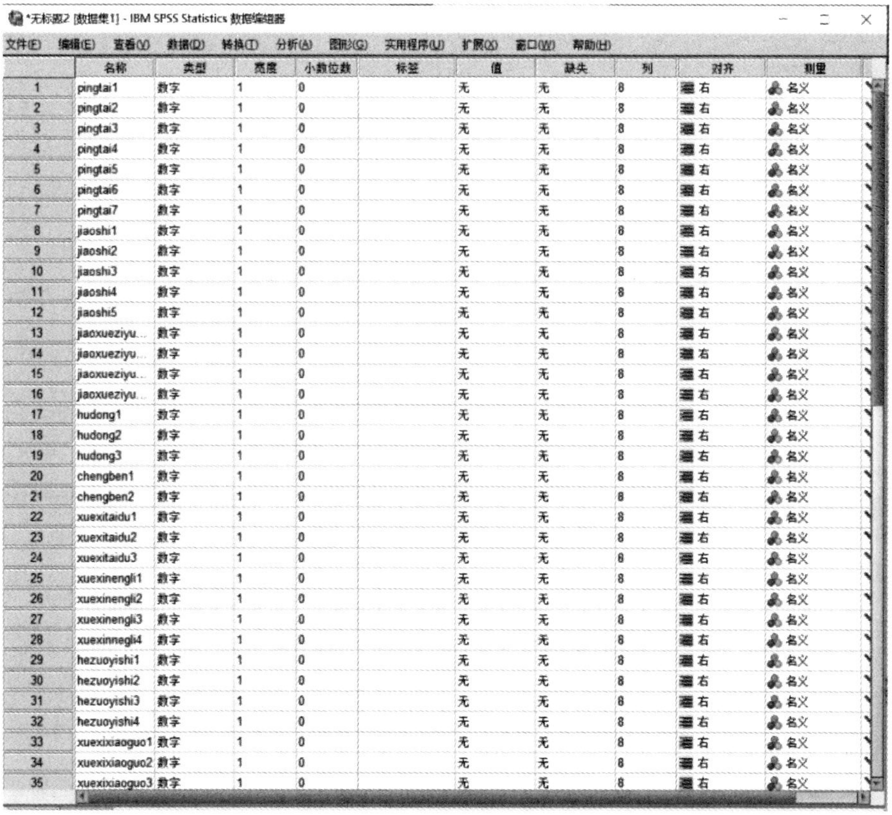
*无标题2 [数据集1] - IBM SPSS Statistics 数据编辑器

文件(F) 编辑(E) 查看(V) 数据(D) 转换(T) 分析(A) 图形(G) 实用程序(U) 扩展(X) 窗口(W) 帮助(H)

	名称	类型	宽度	小数位数	标签	值	缺失	列	对齐	测量
1	pingtai1	数字	1	0		无	无	8	右	名义
2	pingtai2	数字	1	0		无	无	8	右	名义
3	pingtai3	数字	1	0		无	无	8	右	名义
4	pingtai4	数字	1	0		无	无	8	右	名义
5	pingtai5	数字	1	0		无	无	8	右	名义
6	pingtai6	数字	1	0		无	无	8	右	名义
7	pingtai7	数字	1	0		无	无	8	右	名义
8	jiaoshi1	数字	1	0		无	无	8	右	名义
9	jiaoshi2	数字	1	0		无	无	8	右	名义
10	jiaoshi3	数字	1	0		无	无	8	右	名义
11	jiaoshi4	数字	1	0		无	无	8	右	名义
12	jiaoshi5	数字	1	0		无	无	8	右	名义
13	jiaoxueziyu...	数字	1	0		无	无	8	右	名义
14	jiaoxueziyu...	数字	1	0		无	无	8	右	名义
15	jiaoxueziyu...	数字	1	0		无	无	8	右	名义
16	jiaoxueziyu...	数字	1	0		无	无	8	右	名义
17	hudong1	数字	1	0		无	无	8	右	名义
18	hudong2	数字	1	0		无	无	8	右	名义
19	hudong3	数字	1	0		无	无	8	右	名义
20	chengben1	数字	1	0		无	无	8	右	名义
21	chengben2	数字	1	0		无	无	8	右	名义
22	xuexitaidu1	数字	1	0		无	无	8	右	名义
23	xuexitaidu2	数字	1	0		无	无	8	右	名义
24	xuexitaidu3	数字	1	0		无	无	8	右	名义
25	xuexinengli1	数字	1	0		无	无	8	右	名义
26	xuexinengli2	数字	1	0		无	无	8	右	名义
27	xuexinengli3	数字	1	0		无	无	8	右	名义
28	xuexinnegli4	数字	1	0		无	无	8	右	名义
29	hezuoyishi1	数字	1	0		无	无	8	右	名义
30	hezuoyishi2	数字	1	0		无	无	8	右	名义
31	hezuoyishi3	数字	1	0		无	无	8	右	名义
32	hezuoyishi4	数字	1	0		无	无	8	右	名义
33	xuexixiaoguo1	数字	1	0		无	无	8	右	名义
34	xuexixiaoguo2	数字	1	0		无	无	8	右	名义
35	xuexixiaoguo3	数字	1	0		无	无	8	右	名义

图 4－1　导入数据变量视图

第二步：在 SPSS 主页面依次点击"分析 – 刻度 – 可靠性分析"，如图 4 – 2 所示。

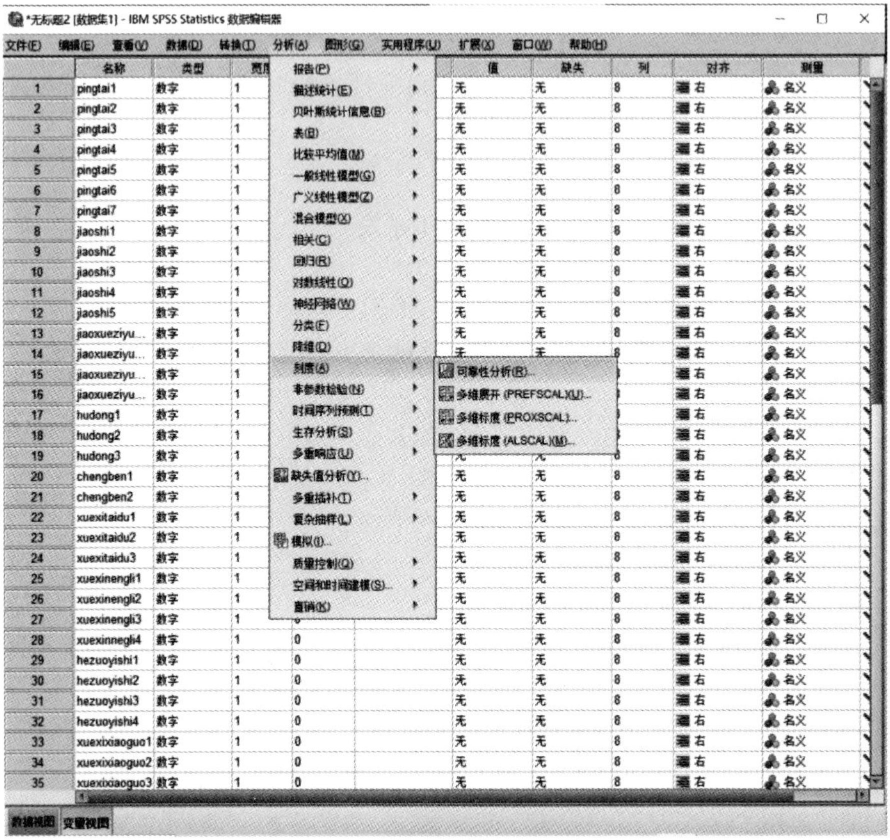

图 4 – 2　可靠性分析界面

第三步：对每个量表维度分别进行信度分析，本案例中选择变量"平台"维度包含的 7 个题目，并且点击中间箭头，选择变量，如图 4 – 3 所示。

第四步：点击"模型 – 选择项 – Alpha – 确认"，一般默认，这就是克隆巴赫系数，如图 4 – 4 所示。

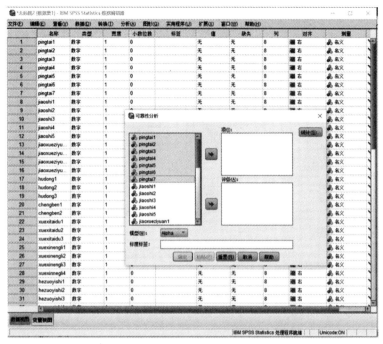

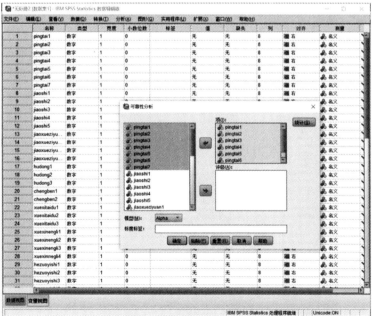

图 4 - 3　勾选变量选项界面

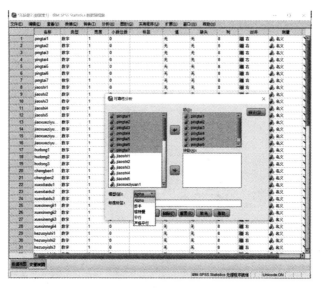

图 4-4　克隆巴赫系数

第五步：依次点击"统计 - 项目 - 删除项目后的标度 - 霍特林 T 平方 - 继续 - 确定"，如图 4-5 所示。

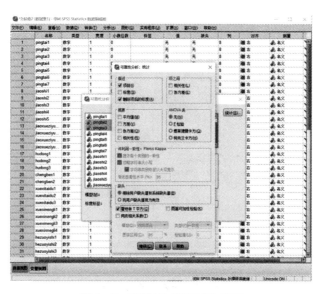

图 4-5　"统计"选项操作界面

得到的结果如表 4 - 2、表 4 - 3 所示。

在结果中需要重点关注的是，可靠性统计的克隆巴赫系数，如表 4 - 2 所示，该系数的取值范围在 0 ~ 1 之间，越接近 1 说明可靠性越高，如果低于 0.5 则需要对问卷进行调整。另外，还需要关注项总计统计分析结果中的最后一列，即删除项后的克隆巴赫 α 系数，如表 4 - 3 所示。1 ~ 7 行分别对应 1 ~ 7 题，每一行说明删除对应的题目后克隆巴赫系数的情况。目的在于判断该维度或问卷中是否存在不合理的题目。只要删除后的系数小于标准化的系数就不需要对题目进行调整。从本案例中的操作结果来看，"平台"维度每一个题项的 Cronbach's α = 0.894，说明信度较好，且在项目总统计表中如果删除某个题项后的克隆巴赫系数均小于标准化系数，说明不需要删除。

表 4 - 2 可靠性统计分析结果

克隆巴赫	基于标准化项的克隆巴赫	
Alpha	Alpha	项数
0.894	0.898	7

表 4 - 3 项目总计统计分析结果

项目	删除项后的标度平均值	删除项后的标度方差	修正后的项与总计相关性	平方多重相关性	删除项后的克隆巴赫 Alpha
pingtai1	12.77	21.752	0.755	0.657	0.873
pingtai2	12.82	21.640	0.720	0.604	0.876
pingtai3	12.90	21.316	0.780	0.681	0.869
pingtai4	12.77	20.894	0.746	0.602	0.872
pingtai5	13.09	21.104	0.671	0.568	0.881
pingtai6	12.80	20.979	0.716	0.611	0.876
pingtai7	12.49	22.150	0.516	0.284	0.902

同理，其他维度的信度检验重复上述操作步骤即可。

2. 问卷的结构效度

问卷的结构效度可以通过 SPSS 的探索性因子分析（exploratory factor analysis，EFA）和 Amos 软件的验证性因子分析（confirmatory factor analysis，CFA）来实现。

在借助软件操作之前，需要将数据分为均等的两份或者一份数据，用两次或者两次来收集数据。注意，如果将数据分为两半的话，需要将数据按得分高低排序均衡地分为两半或者利用 SPSS 随机分为两半。

在本书的图文教程中，主要介绍的是利用 SPSS 软件进行实践操作，所采用的是探索性因子分析。

探索性因子分析实操步骤如下。

第一步：导入数据后，在主页面点击"分析—降维—因子分析"，如图 4 - 6 所示。

图 4 - 6　因子分析界面

第二步：对每个量表维度分别进行信度分析，本案例中选择变量"平台"维度包含的 7 个题目，并且点击中间箭头，将左边的变量选择到右边，如图 4 - 7 所示。

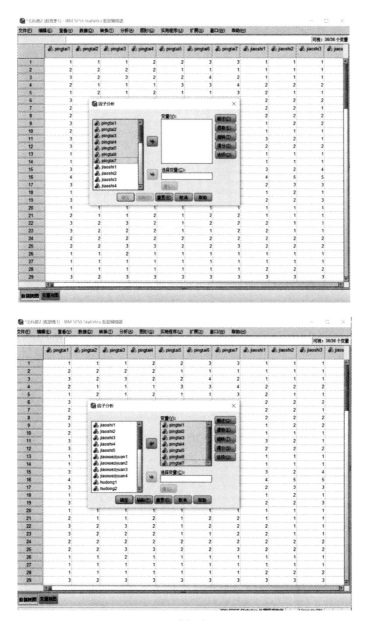

图 4-7　选择变量界面

第三步：点击"描述：勾选 KMO 和 Bartlett 球形检验—继续"，如图 4-8 所示。

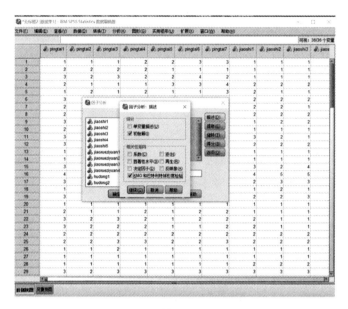

图4-8 "描述"分析界面

第四步：点击"提取—特征根>1—继续"，如图4-9所示。

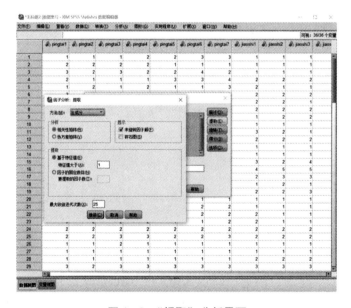

图4-9 "提取"分析界面

第五步：点击"旋转：最大方差法，最大收敛迭代次数，系统默认25—继续"，如图 4 - 10 所示。

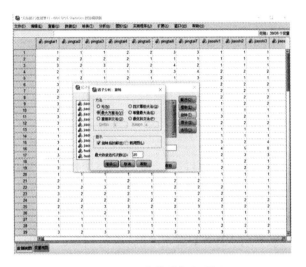

图 4 - 10 "旋转分析"界面

第六步：点击"选项：按大小排序—继续—确定"，如图 4 - 11 所示。

图 4 - 11 "选项"分析界面

最后结果如表 4 - 4 所示。

表 4 - 4　　　　　　　　　　　效度分析结果

KMO 和巴特利特检验		
KMO 取样适切性量数		0.861
巴特利特球形度检验	近似卡方	393.060
	自由度	21
	显著性	0.000

效度分析，在所有因子分析结果中，表 4 - 4 里面的 KMO 系数和巴特利特球形度检验的显著性两个指标是用来评价效度的。

第一个：KMO 系数的取值范围为 0 ~ 1 之间，越接近 1，说明问卷的结构效度越好。一般要求 KMO 系数 > 0.8。本案例中的 KMO 系数为 0.861，说明"平台"维度的各个题项效度较好。

第二个：巴特利特球形度检验（Bartlett 的球形度检验）的显著性，如果显著性小于 0.05，也可认为问卷具有良好的结构效度。在本案例中，$P = 0.000$，也说明"平台"维度的各个题项效度较好。

同理，其他维度的检验重复上述操作即可得到结果。

需要提醒的是，做信度、效度检验的必须是量表，且每个维度的题目数量不能少于 2 个。

4.2.7　问卷分析常用的方法

在对数据的信度、效度进行分析完成以后，研究者需要对数据进行进一步的处理分析，常见的数据分析方法有相关分析、因子分析、回归分析、聚类分析、方差分析、结构方程模型等。其中根据分析目的的不同，需要对应选择不同的数据分析方法。

4.2.7.1　相关分析

相关分析是研究事物之间是否具有相关性以及相关性强弱的一种统计方

法，包括两变量相关分析、偏相关分析，等等。两变量相关分析可以根据数据特点选择不同的相关系数，对于正态分布的数据通常使用 Pearson 相关系数来进行分析，对于其他类型的数据，如有序的或非正态分布的数据，可以选择 Spearman 等级相关系数和 Kendall 等级相关系数。在多个变量存在时，偏相关分析能够在研究其中两个变量的线性关系时，计算偏相关系数，在控制一个或者多个附加变量的效应的同时，描述两个变量之间的线性关系。

4.2.7.2　因子分析

因子分析是通过寻找众多变量的公共因素来简化变量中存在复杂关系的一种统计方法，它将多个变量综合为少数几个"因子"，以再现原始变量与"因子"之间的相关关系。在实际问题中，往往会涉及多个变量，而且各个变量之间可能存在一定的相关性，因此，需要尽可能从众多变量中提取出少量的综合变量，既能够使其包含原变量提供的大部分信息，也要尽量使所提取的综合变量尽可能地彼此不相关。而针对这种情况，就可以使用因子分析方法通过数据降维来实现。

4.2.7.3　回归分析

回归分析指的是通过建立回归模型，来确定两种或两种以上变量间相互依赖的定量关系的一种统计分析方法。回归分析按照涉及的变量的多少，可分为一元回归和多元回归分析；按照自变量和因变量之间的关系类型，可分为线性回归分析和非线性回归分析。与相关分析一样，回归分析也是研究变量之间存在的相互关联关系的方法，但不同的是，回归分析可以通过建立具体的回归模型来表现变量之间相关的具体形式。作为一种重要的方法，回归分析在数据分析中的应用也是十分广泛。

4.2.7.4　聚类分析

聚类分析是根据"物以类聚"的道理，对样本或指标进行分类的一种多元统计分析方法，它们讨论的对象是大量的样本，要求能合理地按各自的特性进行合理的分类，没有任何模式可供参考或依循，即在没有先验知识的情况下进行的。被归为一类的事物具有较高的相似性，而不同类间的事物有着很大的差异。根据分类过程的不同，又可以分为快速聚类、系统聚类和两步聚类三种方法。

4.2.7.5 方差分析

方差分析是用于研究自变量和因变量是否有关系以及关系强度的，其目的是通过数据分析找出对该事物有显著影响的因素，各因素之间的交互作用，以及显著影响因素的最佳水平等。在实际问题中，常常需要对多个总体的均值进行比较，并分析它们之间的差异，这就需要利用方差分析来实现。常用的方差分析方法包括：单因素方差分析、多因素方差分析、协方差分析、多元方差分析、重复测量方差分析、方差成分分析等。基于方差分析的独特优势，因此，也被广泛运用到教育学、农学、医学等领域中。

4.2.7.6 结构方程模型

结构方程模型是基于变量的协方差矩阵来分析变量之间关系的一种统计方法，是进行多元数据分析的重要工具，常应用于社会学、教育学、心理学等。很多心理学、教育学、社会学中的一些概念，很难直接去准确测量，如智力、学习动机等。因此，只能用一些外显指标去间接测量。传统的统计方法有一定的局限性，不能有效地处理，而结构方程模型则能很好地进行处理和测量。结构方程模型常用于验证性因子分析、高阶因子分析、路径及因果分析、多时段设计、单形模型及多组比较等。

在处理数据时，研究者可以根据自己的目的选择不同的方法进行数据分析，多种多样的方法也使得由数据得出的结论更加精准可靠，后面也将选择几种常见的数据分析方法进行详细的介绍，并辅以具体实例操作，以便读者能够更好地理解和掌握相关内容。

4.3 教育研究中调查问卷分析方法的应用与实操

在前面几节，我们对问卷的基本概念、如何编制问卷以及问卷的信度、效度分析等做了详细的介绍和说明，接下来，本节将介绍如何处理收集上来的调查问卷的数据，共分为四个小节，每个小节会具体介绍各种分析的概念和原理，并对 SPSS 中关于各种分析的操作模块进行相应的介绍以及实例分析。

4.3.1　相关分析

本小节介绍相关分析（SPSS 过程命令 CORRELATIONS）的基本知识和操作。在统计分析中，相关分析主要是研究变量之间关系的密切程度。

4.3.1.1　相关分析与相关系数

相关关系是指两个变量之间是否以及在多大程度上存在关联，但无法说明其关联的类型。也就是说，相关无法证实因果关系①。因此，在进行相关分析时，要格外关注：相关不等于因果关系。

相关分为正相关和负相关，正相关是指一个变量的增加一般会引起另一个变量的相应增加。负相关是指一个变量的增加一般会引起另一个变量的相应减小。图 4 - 12 是相关关系的图示，通过图示，我们能更加直观地看到两个变量之间的关系。

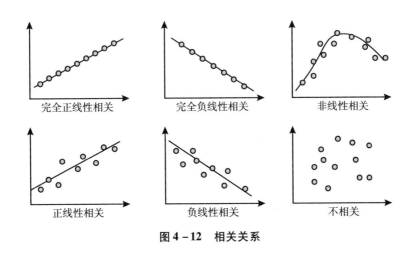

图 4 - 12　相关关系

---

①　Pedhazur E J. Multiple regression in behavioral research：Prediction and explanation ［M］. New York：Holt，Rinehart and Winson，1982.

为了测定两个变量之间关联的程度，统计学发展出了许多不同的测量方法。其中，相关系数是用以反映变量之间相关关系密切程度的统计指标。根据数据的特点不同，通常采用不一样的相关系数。下面我们介绍几种常用的相关系数。

1. 皮尔逊相关系数（Pearson 相关）

主要用于定距变量，是衡量两个连续变量之间线性关联的量度，适用于满足正态分布的数据。

相关公式为：

$$r = \frac{\sum (x - \bar{x})(y - \bar{y})}{\sqrt{\sum (x - \bar{x})^2 \cdot \sum (y - \bar{y})^2}} \tag{4-1}$$

其中，$\sum (x-\bar{x})^2$ 和 $\sum (y-\bar{y})^2$ 是变量 x 和 y 的方差，$\sum (x-\bar{x})(y-\bar{y})$ 是变量 x 和 y 的协方差，即皮尔逊相关系数 r 定义为 x 和 y 的协方差除以 x 和 y 的方差乘积的平方根。皮尔逊相关系数适用于场景是呈正态分布的连续变量，按照中心极限定理，当数据量足够大时，可以认为数据是近似正态分布的。而根据协方差的定义，我们可以得知，协方差可以为正、为负、为零。因此，当 $\sum (x-\bar{x})(y-\bar{y}) > 0$ 时，r>0，变量 x 和 y 正相关，即 x 与 y 同时增加或同时减少；当 $\sum (x-\bar{x})(y-\bar{y}) < 0$ 时，变量 x 和 y 负相关，即 x 增加而 y 减少，或 y 增加而 x 减少；当 $\sum (x-\bar{x})(y-\bar{y}) = 0$ 时，则 x 和 y 不相关。

2. 斯皮尔曼相关系数（Spearman 相关系数）

该相关系数是秩相关系数的一种，适用于有序数据和不满足正态分布假设的等间隔数据。

斯皮尔曼系数的计算公式为：

$$r = 1 - \frac{6 \sum d_i^2}{n^3 - n} \tag{4-2}$$

其中，d_i 表示每对观察值（x, y）的秩的差值，n 表示观察对的个数。

3. 肯德尔相关系数（Kendall 相关系数）

该相关系数也是秩相关系数的一种，是对两个有序变量或两个秩变量之间相关程度的测度，属于非参数统计，通过计算一致对（U）和分歧对（V）来构造统计量。肯德尔等级相关系数计算公式为 $r = \dfrac{2(U - V)}{n(n-1)}$。其中，一致对是指两个变量取值的相对关系一致，可以理解为 $x_2 - x_1$ 与 $y_2 - y_1$ 有相同的符号；分歧对则是指它们的相对关系不一致，$x_2 - x_1$ 与 $y_2 - y_1$ 有着相反的符号。

上述三个相关系数反映的都是两个变量之间变化趋势的方向以及程度，其值范围为 $[-1, 1]$，0 表示两个变量不相关，正值表示正相关，负值表示负相关，值越大表示相关性越强。我们以皮尔逊相关系数为例，r 的取值范围是 $[-1, 1]$。当 $|r| = 1$ 时，称为完全相关，$r = 1$ 为完全正相关，$r = -1$ 为完全负相关，$r = 0$ 则说明不存在线性相关关系。不论正相关还是负相关，$|r|$ 越趋于 1，表示关系越密切；$|r|$ 越趋于 0，表示关系越不密切。

在说明变量之间的相关程度时，一般将相关程度分为以下几种。

（1）若 $|r| \geqslant 0.8$，视为高度相关。

（2）若 $0.5 \leqslant |r| < 0.8$，视为中度相关。

（3）若 $0.3 \leqslant |r| < 0.5$，视为低度相关。

（4）若 $|r| < 0.3$，说明变量之间的相关程度极弱，可视为不相关。

4.3.1.2　两变量相关分析

在一般情况下，总体相关系数是未知的，因此，我们通常用样本相关系数 r 作为总体相关系数的估计值。但由于样本抽样的随机性，从而样本相关系数并不能直接反映总体的相关程度，这也就要求我们需要判断样本相关系数 r 对于总体相关系数的代表程度，即需要对相关系数进行假设检验。

首先，假设总体相关性为零，即 H_0 为两总体无显著的线性相关关系。

其次，计算相应的统计量，并得到对应的相伴概率值。如果相伴概率值小于或等于指定的显著性水平，则拒绝 H_0，认为两总体存在显著的线性相关关系；如果相伴概率值大于指定的显著性水平，则不能拒绝 H_0，认为两总体不存在显著的线性相关关系。

那么，如何进行显著性检验呢？下面我们通过一个例子说明如何通过 SPSS 统计软件进行皮尔逊相关系数显著性检验。

分析"投资规模"与"教育程度"之间的关系。

将相关数据导入 SPSS 之后，选择"分析—相关—双变量"，将有关变量从左移到右，点击"确定"即可，弹出如图 4-13 所示的对话框。

图 4-13 "双变量线性相关"对话框

在显著性检验中，分为双尾和单尾两个选项。其中，当事先不知道是正相关还是负相关时，勾选"双尾"选项；当事先知道相关的方向时，勾选"单尾"选项。

接下来对输出结果进行解释分析，输出结果如表 4-5 所示。

表 4 – 5   相关性

		投资规模	教育程度
投资规模	皮尔逊相关性	1	0.660*
	Sig.（双尾）		0.038
	个案数	10	10
教育程度	皮尔逊相关性	0.660*	1
	Sig.（双尾）	0.038	
	个案数	10	10

注：* 在 0.05 级别（双尾），相关性显著。

由表 4 – 5 可以看出，皮尔逊相关系数为 0.660，而且由于双尾检验的值低于 5%，因此，检验是显著的，即相关系数显著不为零，表明两者显著相关。

同样，SPSS 也提供了另外两种相关系数的计算，同上述皮尔逊相关系数的操作方法一致，只是在双变量相关性对话框中选择相应的选项即可，具体位置已在图 4 – 14 中标注出来。

图 4 – 14 "双变量相关性"：相关系数

4.3.1.3　偏相关分析

线性相关分析计算的是两个变量之间的相关系数，但在实际应用上，由于第三个变量的影响，线性相关带有一定的局限性，不能真正反映所指定的两个变量的相关程度。因此，我们可以利用偏相关的方法，计算偏相关系数，偏相关系数能够在控制一个或者多个附加变量的效应的同时描述两个变量之间的线性关系。

偏相关分析是指当两个变量同时与第三个变量相关时，将第三个变量的影响剔除，只分析另外两个变量之间相关程度的过程。

下面，我们利用偏相关分析对在控制变量年龄的情况下，学历和职称之间是否存在相关性进行分析。

将数据导入 SPSS 之后，选择"分析—相关—偏相关"，在左侧变量列表中选择"学历"和"职称"，移入变量列表，将"年龄"移入控制列表，单机"选项"，在弹出的对话框中选择"平均值和标准差"和"零阶相关性"，缺失值中选择"成列排除个案"，如图 4 - 15 所示的对话框。

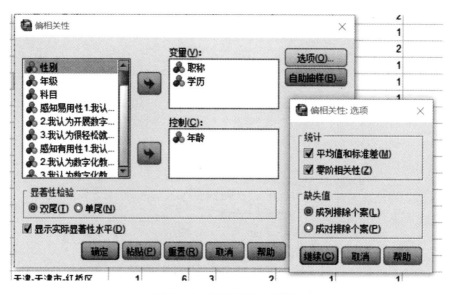

图 4 - 15　"偏相关"对话框

点击"确定",数据分析结果如表 4 - 6 所示。

表 4 - 6　　　　　　　　　　　相关性

控制变量			学历	职称	年龄
- 无 -[a]	学历	相关性	1.000	- 0.159	- 0.310
		显著性（双尾）	a.	0.015	0.000
		自由度	0	232	232
	职称	相关性	- 0.159	1.000	0.617
		显著性（双尾）	0.015	a.	0.000
		自由度	232	0	232
	年龄	相关性	- 0.310	0.617	1.000
		显著性（双尾）	0.000	0.000	a.
		自由度	232	232	0
年龄	学历	相关性	1.000	0.043	
		显著性（双尾）	a.	0.513	
		自由度	0	231	
	职称	相关性	0.043	1.000	
		显著性（双尾）	0.513	a.	
		自由度	231	0	

注：a. 单元格包含零阶（皮尔逊）相关性。

从表 4 - 6 中可以看出,在不控制年龄变量时,学历和职称之间是负相关的,但是控制年龄变量后,学历和职称之间的相关性变得不显著（p = 0.043 < 0.05）,所以不能简单判断学历和职称之间是否存在着相关关系,因此,结论应为在年龄不变的前提下,学历和职称之间不存在显著的相关关系。

综上所述,本小节主要介绍了相关系数、两个变量之间的相关关系以及偏相关关系。在数据分析的实际应用中,我们要根据数据的具体类型来选择不同的分析方法,判断变量之间的紧密程度。例如,正态分布的数据可以选择皮尔逊相关系数来进行分析,多个变量存在时,可以选择偏相关分析方法来控制其余变量影响等。

4.3.2 因子分析

在进行统计分析时，往往会涉及多个变量，而且各个变量之间可能会存在一定的相关性，这意味着表面上看来彼此不同的变量并不能从各个侧面反映事物的不同属性，而恰恰是事物同一种属性的不同表现。因此，需要从众多的变量中提取少数的综合变量来反映原来变量所包含的主要信息，这就需要通过因子分析来实现。本小节主要介绍因子分析的基本概念、步骤以及实例操作。

4.3.2.1 因子分析的基本概念

因子分析（factor analysis），又称因素分析，就是通过寻找众多变量的公共因素来简化变量中存在复杂关系的一种统计方法，它将多个变量综合为少数几个"因子"，以再现原始变量与"因子"之间的相关关系。一方面，通过因子分析，可以找出几个较少的、有实际意义的因子，反映出原来数据的基本结构；另一方面，通过因子分析，可以找出少数的几个因子来代替原来的变量做回归分析、聚类分析、判别分析等。

因子分析把每个原始变量分解成两部分：一部分是由所有变量共同具有的少数几个因子所构成的，即所谓公共因子部分，这几个公共因子能够反映原始变量的主要信息；另一部分是每个变量独自具有的因素，即所谓独特因子部分。因子模型如下：

$$\begin{cases} x_1 = a_{11}F_1 + a_{12}F_2 + \cdots + a_{1m}F_m + a_1\varepsilon_1 \\ x_2 = a_{21}F_1 + a_{22}F_2 + \cdots + a_{2m}F_m + a_2\varepsilon_2 \\ \vdots \\ x_p = a_{p1}F_1 + a_{p2}F_2 + \cdots + a_{pm}F_m + a_p\varepsilon_p \end{cases} \quad (4-3)$$

其中，F_1，F_2，$\cdots$，F_m 叫作公共因子，它们是在各个变量中共同出现的因子。我们可以把它们看作多维空间分布中互相垂直的 m 个坐标轴。$\varepsilon_i(i = 1, 2, \cdots, p)$ 表示影响 x_i 的独特因子，指原有变量不能被因子变量所解释的部分，相当于回归分析中的残差部分。a_{ij} 叫作因子负荷（载荷），它是第 i 个变量在第 j 个主因子上的负荷或叫作第 i 个变量在第 j 个主因子上的权值，它反映了第 i 个变量在第 j 个主因子上的相对重要性。

因子载荷矩阵为：

$$\begin{bmatrix} a_{11} & a_{12} & \cdots & a_{1m} \\ a_{21} & a_{22} & \cdots & a_{2m} \\ \vdots & \vdots & \vdots & \vdots \\ a_{p1} & a_{p2} & \cdots & a_{pm} \end{bmatrix} \qquad (4-4)$$

在得到因子模型之后，为了更好地解释因子的实际意义，减少解释的主观性，须对因子载荷矩阵进行旋转，旋转的目的在于改变每个变量在各因子的载荷量的大小。旋转方法有两种：一种为正交旋转，这种旋转方式能够使坐标轴在旋转过程中始终保持垂直，新生成的因子保持不相关性。常见的正交旋转如"方差极大正交旋转法""四次方极大正交旋转法""等量方差极大正交旋转法"。另一种为斜交旋转，斜交旋转中的坐标轴中的夹角可以是任意度数，新生成的因子之间不能保持不相关性。常见的斜交旋转如"斜交旋转法""迫近最大方差斜交旋转法"等。在使用过程中，一般选用正交旋转法（正交旋转可以最大限度地保证新生成的因子之间保持不相关性）。

因子变量确定后，便可计算各因子在每个样本上的具体数值，这些数值就是因子的得分，形成的新变量称为因子变量，它和原变量的得分相对应。有了因子得分，在以后的分析中就可以用因子变量代替原有变量进行数据建模，或利用因子变量对样本进行分类或评价等研究，进而实现降维和简化的目标。因子得分函数如下：

$$F_j = \beta_{j1} X_1 + \beta_{j2} X_2 + \cdots + \beta_{jp} X_p (j = 1, 2, \cdots, m) \qquad (4-5)$$

其中，β_{jp} 为第 j 个公因子在第 p 个原始变量上的得分。估计因子得分的方法主要有回归估计法、Bartlett 估计法和 Thomson 估计法。

主成分分析和因子分析都是在多元统计分析中采用降维思维，但因子分析和主成分分析两者既有联系又有区别。主成分分析是指通过对一组变量的几个线性组合来解释这组变量的方差和协方差结构，以达到数据的压缩和数据的解释的目的。主成分分析的数学模型为：

$$\begin{cases} F_1 = a_{11}x_1 + a_{21}x_2 + \cdots + a_{p1}x_p \\ F_2 = a_{12}x_1 + a_{22}x_2 + \cdots + a_{p2}x_p \\ \vdots \\ F_m = a_{1m}x_1 + a_{2m}x_2 + \cdots + a_{pm}x_p \end{cases} \quad (4-6)$$

此外，在因子分析中，因子不是固定的，可以旋转得到不同的因子；而在主成分分析中，当给定的协方差矩阵或者相关矩阵的特征值是唯一时，主成分一般是固定的。

4.3.2.2　因子分析的基本步骤

因子分析需要解决两个问题：一是如何构造因子变量；二是如何解释因子变量。基于此，因子分析的基本步骤如下。

1. 确定因子分析的前提条件

因子分析是从众多的原始变量中综合出少数几个具有代表性的因子，这必定有一个前提条件，即原有变量之间具有较强的相关性。如果原有变量之间不存在较强的相关关系，则无法找出其中的公共因子。因此，在因子分析时需要对原有变量做相关分析。通常可采用如下两种方法：一是计算相关系数矩阵；二是进行统计检验。

2. 提取因子

决定因子提取的方法（即求初始因子）的方法很多，有"主成分分析法""主轴因子法""极大似然法""最小二乘法""Alpha 因子提取法""映象因子提取法"等。最常用的是"主成分分析法"和"主轴因子法"，其中又以"主成分分析法"的使用最为普遍。

3. 决定旋转方法

前文已经介绍过两种因子旋转方法，这里不过多赘述。因子旋转一个重要的目的就是使公因子的含义更具有可解释性。而对于公共因子的解释，也取决于数据本身、研究者对专业知识的掌握以及对 SPSS 的操作掌握程度等因素。

4. 因子的命名

因子的命名是因子分析的一个核心问题。旋转后可决定因子个数，并对其进行命名。对于新因子变量的命名要根据新因子变量与原变量的关系，即观察旋转后的因子负荷矩阵中的某个新因子变量能够同时解释多少原变量的信息。

5. 计算因子得分

因子得分就是利用原始变量的线性组合得到的。

4.3.2.3 因子分析的实例分析

本小节基于 SPSS 软件操作，通过具体实例对因子分析的参数设置和操作步骤进行详细介绍。

（1）打开相关数据文件，选择"分析—降维—因子分析"，弹出如图 4 - 16 所示的对话框。

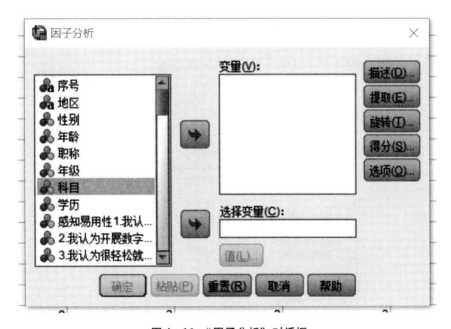

图 4 - 16 "因子分析"对话框

（2）选择相关变量，移入变量列表框中。

（3）单击"描述"，弹出如图4-17所示的对话框，在默认设置的基础上，选择"单变量描述、系数、显著性水平和KMO和巴特利特球形度检验"。单击"继续"返回主对话框。

图4-17 "描述统计"对话框

（4）单击"提取"，在默认设置的基础上，选择碎石图，之后点击"继续"返回主对话框。具体设置如图4-18所示。

图4-18 "因子分析：提取"对话框

（5）单击"旋转"，选择"最大方差法、旋转后的解以及载荷图"，如图 4 – 19 所示。单击"继续"返回主对话框。

图 4 – 19　"因子分析：旋转"对话框

（6）单击"因子得分"，选择"保存为变量、显示因子得分系数矩阵"，具体设置如图 4 – 20 所示，单击"继续"返回主对话框。

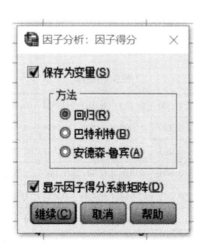

图 4 – 20　"因子分析：因子得分"对话框

（7）单击"选项"，选择"按大小排序"，如图 4 – 21 所示，之后点击"继续"返回主对话框。

图 4 – 21 "因子分析：选项"对话框

（8）在完成所有设置之后，单击"确定"执行命令。

表 4 – 7 为初始变量的相关系数矩阵表。从该矩阵表中可以看到，大部分的相关系数都较高（大于 0.3，单边检验值小于 0.05），各变量呈较高的线性关系，能够从中提取公共因子，适合进行因子分析。

表 4 – 7   相关性矩阵

相关性	感知易用性	1.000	0.340	0.263	0.301	0.281	0.430	0.518	0.412
	感知有用性	0.340	1.000	0.503	0.456	0.564	0.565	0.304	0.311
	相容性	0.263	0.503	1.000	0.541	0.480	0.516	0.289	0.392
	行为态度	0.301	0.456	0.541	1.000	0.512	0.524	0.341	0.366
	主观规范	0.281	0.564	0.480	0.512	1.000	0.559	0.380	0.466
	自我效能	0.430	0.565	0.516	0.524	0.559	1.000	0.399	0.423
	资源促进条件	0.518	0.304	0.289	0.341	0.380	0.399	1.000	0.508
	组织支持	0.412	0.311	0.392	0.366	0.466	0.423	0.508	1.000

续表

显著性（单尾）	感知易用性		0.000	0.000	0.000	0.000	0.000	0.000	0.000
	感知有用性	0.000		0.000	0.000	0.000	0.000	0.000	0.000
	相容性	0.000	0.000		0.000	0.000	0.000	0.000	0.000
	行为态度	0.000	0.000	0.000		0.000	0.000	0.000	0.000
	主观规范	0.000	0.000	0.000	0.000		0.000	0.000	0.000
	自我效能	0.000	0.000	0.000	0.000	0.000		0.000	0.000
	资源促进条件	0.000	0.000	0.000	0.000	0.000	0.000		0.000
	组织支持	0.000	0.000	0.000	0.000	0.000	0.000	0.000	

表 4 - 8 是 KMO 检验和巴特利特球形度检验表。KMO 统计量用于检验变量间的偏相关性是否足够小，是简单相关量和偏相关量的一个相对指数。一般认为，KMO 统计量大于 0.9 是非常适合进行因子分析的；当 $0.8 <$ KMO <0.9 时，适合进行因子分析；当 $0.7 <$ KMO <0.8 时，可以接受进行因子分析；当 $0.6 <$ KMO <0.7 时，则不太适合进行因子分析；0.5 以下则不宜进行因子分析。本例中的 KMO 统计量为 0.871，适合进行因子分析。此外，巴特利特球形度是以变量的相关系数矩阵为出发点，并且零假设为相关系数矩阵的一个单位阵。如果巴特利特球形度检验的统计计量数值较大，且对应的相伴概率值小于用户给定的显著性水平，则应该拒绝零假设；反之，则不能拒绝零假设，认为相关系数矩阵可能是一个单位阵，不适合做因子分析。本例中和巴特利特球形度检验的显著性为 0.000，小于 0.01，由此可知，各变量之间显著相关，即否定相关系数矩阵为单位阵的假设。

表 4 - 8　　　　　　　　KMO 和巴特利特检验

KMO 取样适切性量数		0.871
巴特利特球形度检验	近似卡方	688.988
	自由度	28
	显著性	0.000

表 4-9 为公因子方差表，给出的是因子分析的初始解，显示了所有变量的共同方差数据。"初始"列是因子分析初始解下的变量共同方差。它表示，对原有 8 个变量如果采用主成分分析方法提取所有特征值（8 个），那么原有变量的所有方差都可被解释，变量的共同方差均为 1（原有变量标准化后的方差为 1）。"提取"列是按指定提取条件提取特征值时的共同方差。

表 4-9   公因子方差

变量	初始	提取
感知易用性	1.000	0.665
感知有用性	1.000	0.620
相容性	1.000	0.626
行为态度	1.000	0.593
主观规范	1.000	0.630
自我效能	1.000	0.644
资源促进条件	1.000	0.726
组织支持	1.000	0.579

注：提取方法：主成分分析法。

表 4-10 为总方差解释表，第一列是因子编号，以后三列组成一组，每组中的数据项的含义依次是特征根值，方差贡献率和累计方差贡献率。第一组数据项描述了因子初始解的情况。可看到，第 1 个因子的特征值是 4.006，解释原有 8 个变量总方差的 50.080%，累计方差贡献率为 50.080%；其余数据含义类似。第二组数据项描述了因子解的情况。可看到，提取 2 个因子，这 2 个因子共解释了原有变量总方差的 63.547%。第三组数据描述了经过旋转后最终因子解的情况。可见，因子旋转后累计方差比没有改变，但重新分配了各个因子解释原有变量的方差，改变了各个因子的方差贡献率，使得因子更易于解释。

表4-10 总方差解释

成分	初始特征值			提取载荷平方和			旋转载荷平方和		
	总计	方差百分比（%）	累积（%）	总计	方差百分比（%）	累积（%）	总计	方差百分比（%）	累积（%）
1	4.006	50.080	50.080	4.006	50.080	50.080	2.990	37.379	37.379
2	1.077	13.467	63.547	1.077	13.467	63.547	2.093	26.169	63.547
3	0.658	8.220	71.767						
4	0.573	7.159	78.926						
5	0.493	6.165	85.091						
6	0.443	5.539	90.630						
7	0.400	5.000	95.630						
8	0.350	4.370	100.000						

注：提取方法：主成分分析法。

图4-22是关于初始特征值的碎石图，是根据表4-10中的"初始特征值"栏中的"总计"列的数据所作的图形。可见，第1个因子的特征值很高，对解释原有变量的贡献最大；第3个以后的因子特征值都较小，对解释原有变量的贡献很小，已经成为可被忽略的"高山脚下的碎石"，因此，提取2个因子是适合的。

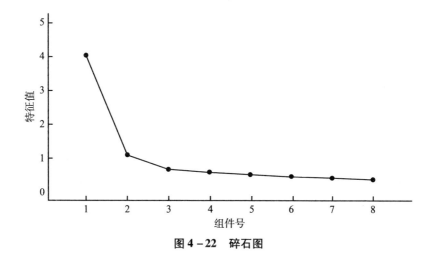

图4-22　碎石图

　　表 4 - 11 和表 4 - 12 分别是未经旋转的成分矩阵和旋转后的成分矩阵。从表 4 - 11 中可以看到，8 个变量在第 1 个因子上的负荷都很高，意味着它们与第 1 个因子的相关程度高。从表 4 - 12 可知，用主成分分析法进行方差极大法旋转后，相容性、感知有用性、主观规范、行为态度和自我效能 5 个变量在第 1 个因子上有较高的负荷，第 1 个因子主要解释这 5 个变量。资源促进条件、感知易用性和组织支持 3 个变量在第 2 个因子上有较高的负荷。

表 4 - 11　　　　　　　　　　　　**未经旋转的成分矩阵**[a]

变量	成分	
	1	2
自我效能	0.793	− 0.122
主观规范	0.763	− 0.218
感知有用性	0.725	− 0.308
行为态度	0.722	− 0.268
相容性	0.712	− 0.345
组织支持	0.678	0.346
资源促进条件	0.644	0.558
感知易用性	0.605	0.546

注：（1）提取方法：主成分分析法。
a. 提取了 2 个成分。

表 4 - 12　　　　　　　　　　　　**旋转后的成分矩阵**[a]

变量	成分	
	1	2
相容性	0.779	0.141
感知有用性	0.767	0.178
主观规范	0.745	0.274
行为态度	0.741	0.209
自我效能	0.713	0.369

续表

变量	成分	
	1	2
资源促进条件	0.191	0.830
感知易用性	0.167	0.798
组织支持	0.344	0.679

注：（1）提取方法：主成分分析法。
（2）旋转方法：凯撒正态化最大方差法。
a. 旋转在 3 次迭代后已收敛。

图 4 - 23 是旋转后的因子载荷散点图，是根据表 4 - 12 中"旋转后的成分矩阵"的数据所得出的各原始变量在坐标中的负荷散点分布。

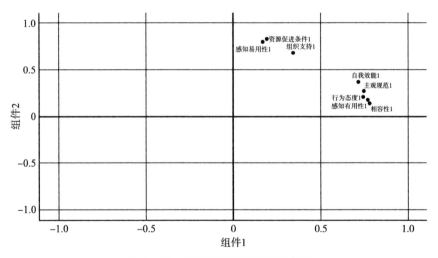

图 4 - 23　旋转后的因子载荷散点图

表 4 - 13 为因子得分系数矩阵，由此可得到下面的因子得分函数。

$$F_1 = -0.177 \times 感知易用性 + 0.314 \times 感知有用性$$
$$+ 0.332 \times 相容性 + \cdots - 0.053 \times 组织支持$$
$$F_2 = 0.499 \times 感知易用性 - 0.124 \times 感知有用性$$
$$- 0.154 \times 相容性 + \cdots + 0.359 \times 组织支持$$

表 4 – 13   因子得分系数矩阵

变量	成分	
	1	2
感知易用性	– 0.177	0.499
感知有用性	0.314	– 0.124
相容性	0.332	– 0.154
行为态度	0.292	– 0.095
主观规范	0.273	– 0.051
自我效能	0.227	0.025
资源促进条件	– 0.175	0.513
组织支持	– 0.053	0.359

注：（1）提取方法：主成分分析法。

（2）旋转方法：凯撒正态化最大方法。

4.3.3 线性回归分析

4.3.3.1 线性回归分析的概述

回归分析是确定两种或两种以上变量间的因果关系，并建立回归模型。与相关分析不同的是，回归分析可以通过一个数学模型来表现现象之间相关的具体形式。

线性回归是回归分析中最基本、最简单的一种分析。当自变量和因变量呈线性关系时，就需要采用线性回归分析方法。根据自变量个数，通常可以将线性回归分为一元线性回归和多元线性回归。

一元线性回归是指只包含一个自变量和一个因变量，并且两者之间的关系可用一条直线近似表示。对于样本中的若干个观测值（x_1，y_1），（x_2，y_2），…，（x_n，y_n），其数学模型表示为 $y_i = \beta_0 + \beta_1 x_i + \varepsilon_i$，$i = 1$，$2$，…，$n$。

多元线性回归包含两个或者两个以上的自变量，并且自变量和因变量之间也是线性关系。多元线性回归的数学模型为 $y = \beta_0 + \beta_1 x_{i1} + \beta_2 x_{i2} + \cdots +$

$\beta_p x_{ip} + \varepsilon_i$，$i = 1$，$2$，$\cdots$，$n$。

其中，ε_i 是由于随机误差或其他因素的变化而引起的 y 的线性变化的部分，需要满足正态性假设、独立性假设、无偏性假设、同共方差性假设四个假设条件。

4.3.3.2　线性回归分析的实例分析

下面通过具体的实例来进行线性回归的 SPSS 的操作。

（1）打开 SPSS 后，导入数据文件，选择"分析 – 回归 – 线性回归"，弹出如图 4 – 24 所示的对话框。

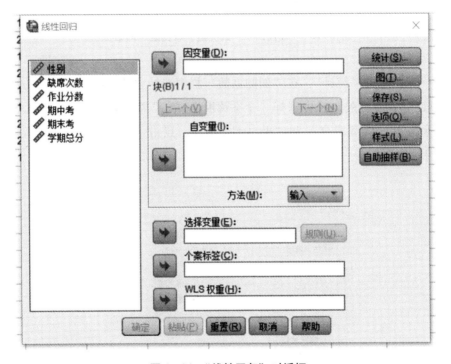

图 4 – 24　"线性回归"对话框

（2）在左侧的变量列表中选中"性别""缺席次数""作业分数""期中考""期末考"变量，移入自变量列表，将"学期总分"移入因变量列表。在方法栏中选择"步进"。具体设置如图 4 – 25 所示。

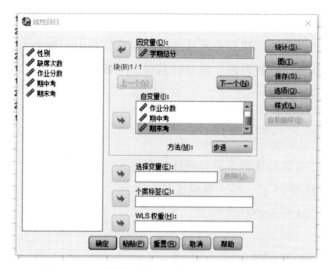

图 4 - 25 "线性回归：因变量、自变量"对话框

（3）单击"统计"，在"回归系数"栏中选择"估算值"和"协方差矩阵"，在"残差"栏中选择"个案诊断"，在"离群值"参数框输入 3，其余勾选"模型拟合"和"共线性诊断"，点击"继续"。具体设置如图 4 - 26 所示。

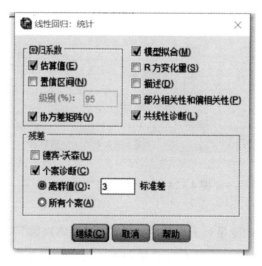

图 4 - 26 "线性回归：统计"对话框

（4）单击"图"，将"SDRESID"和"ZPRED"分别选入 Y 轴和 X 轴，单击"下一个"，然后将"ZRESID"和"ZPRED"分别选入 Y 轴和 X 轴，点击"继续"。

（5）单击"保存"，在"距离"栏中选择"马氏距离""库克距离"和"杠杆值"，在"预测区间"栏中选择"平均值"和"单值"，默认"置信区间"为95%，在"影响统计"栏中选择"标准化 DfBeta""标准化 DfFit"和"协方差比率"，默认"包括协方差矩阵"，点击"继续"。具体设置如图4-27 所示。

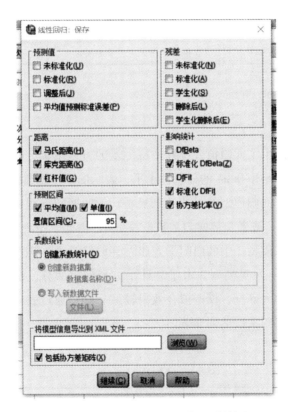

图 4-27　"线性回归：保存"对话框

（6）其余为默认选项，完成所有设置后，点击确定以执行命令。

下面对分析结果进行简要分析。

  表 4 - 14 为回归模型的模型摘要表，给出了模型拟合的情况，每个模型包括相关系数（R），相关系数的平方（R 方），调整后的 R 方以及标准估算的错误。由表 4 - 14 中可知，模型 1 到模型 2，R 方是增长的，说明模型可解释的变异占总变异的比例越来越大，引入回归方程的变量是显著的。从 R 方、调整后的 R 方可以看出，模型 2 建立的回归方程较好。

表 4 - 14　　　　　　　　　　**回归模型的模型摘要[c]**

模型	R	R 方	调整后的 R 方	标准估算的错误
1	0.825[a]	0.680	0.640	3.942
2	0.947[b]	0.898	0.868	2.383

注：a. 预测变量：常量，期末考。
b. 预测变量：常量，期末考，缺席次数。
c. 因变量：学期总分。

  表 4 - 15 给出了回归拟合过程中每一步的方差结果分析。模型 1 和模型 2 的显著性均小于 0.05 的显著性水平，表示回归模型整体解释变异量达到显著性水平，回归模型的 F 值达到显著，说明回归方程中至少有一个回归系数不等于 0，或者全部回归系数不等于 0，因此，拒绝回归系数都为 0 的假设。其中，模型 2 中的回归平方和为 348.659，残差平方和为 39.741，总计为 388.400，可见模型 2 占了总计平方和的大部分，说明线性模型解释了总平方和的大部分，模型拟合效果较好。其中通过表 4 - 16 的系数表可以判别哪些回归系数达到显著。

表 4 - 15　　　　　　　　　　　　　　**ANOVA[a]**

模型		平方和	自由度	均方	F	显著性
	回归	264.096	1	264.096	16.997	0.003[b]
1	残差	124.304	8	15.538		
	总计	388.400	9			

模型		平方和	自由度	均方	F	显著性
2	回归	348.659	2	174.330	30.707	0.000^c
	残差	39.741	7	5.677		
	总计	388.400	9			

注：a. 因变量：学期总分。

b. 预测变量：常量，期末考。

c. 预测变量：常量，期末考，缺席次数。

表4-16包含了模型的未标准化系数、标准化系数Bata、t值、显著性和共线性统计——容差、方差膨胀系数（VIF）。标准化回归系数（β）是所有的变量按统一方法标准化后拟合的回归方程中各标准化变量的系数，标准化回归系数（β）的绝对值越大，表示该预测变量对组织效能效标变量的影响越大，其解释因变量的变异量也越大。按照所给出的系数，我们可以得到模型2的未标准化系数回归方程式如下所示：

$$学期总分 = 10.639 + 0.899 \times 期末考 - 2.243 \times 缺席次数 \quad (4-7)$$

由于未标准化的回归系数包含常量，无法很好地比较预测变量的相对重要性，因此，通常会将未标准化系数回归方程式转化为标准化回归方程式，模型2的标准化回归方程式为：

$$学期总分 = 0.618 \times 期末考 - 0.510 \times 缺席次数 \quad (4-8)$$

其中，自变量标准化回归系数为正，则表示其对因变量的影响为正向；自变量标准化回归系数为负，表示其对因变量的影响为负向。两个自变量回归系数显著性检验的t值为4.673（$p = 0.02 < 0.05$）、-3.859（$p = 0.06 > 0.05$），回归系数为达到显著的自变量为缺席次数。

容差和方差膨胀系数（VIF）用于检验多元回归分析是否有多元共线性问题，在回归分析中，如果容差值小于0.10，方差膨胀系数值大于10，表明变量间有多元共线性重合问题。表4-16中模型2的两个变量的VIF值未大于评鉴指标值10，但容差值大于0.10，说明自变量间存在一定的共线性问题。

表 4 – 16 系数^a

模型		未标准化系数		标准化系数 Beta	共线性统计			
		（标准化回归系数）β	标准错误		t	显著性	容差	（方差膨胀系数）VIF
1	（常量）	– 17.585	24.526		– 0.717	0.494		
	期末考	1.199	0.291	0.825	4.123	0.003	1.000	1.000
2	（常量）	10.639	16.531		0.644	0.540		
	期末考	0.899	0.192	0.618	4.673	0.002	0.836	1.196
	缺席次数	– 2.243	0.581	– 0.510	– 3.859	0.006	0.836	1.196

注：a. 因变量：学期总分。

表 4 – 17 是各变量之间的系数相关矩阵。表中期末考与缺席次数的相关性小于 0.5，说明两个变量之间的相关性较小。但如果两个变量之间存在相关性，则可以考虑从模型中删除相关变量。

表 4 – 17 各变量之间的系数相关矩阵^a

模型			期末考	缺席次数
1	相关性	期末考	1.000	
	协方差	期末考	0.085	
2	相关性	期末考	1.000	0.405
		缺席次数	0.405	1.000
	协方差	期末考	0.037	0.045
		缺席次数	0.045	0.338

注：a. 因变量：学期总分。

表 4 – 18 给出了残差统计数据，主要用于查找影响点，例如，马氏距离越大，越可能含有影响点。

表 4 - 18   残差统计ᵃ

指标	最小值	最大值	平均值	标准偏差	个案数
预测值	69. 53	91. 53	83. 40	6. 224	10
标准预测值	- 2. 229	1. 306	0. 000	1. 000	10
预测值的标准误差	0. 778	2. 130	1. 234	0. 447	10
调整后预测值	67. 65	91. 18	83. 15	6. 611	10
残差	- 1. 893	3. 702	0. 000	2. 101	10
标准残差	- 0. 795	1. 554	0. 000	0. 882	10
学生化残差	- 0. 841	1. 783	0. 039	1. 023	10
剔除残差	- 2. 177	4. 955	0. 252	2. 896	10
学生化剔除残差	- 0. 821	2. 233	0. 133	1. 172	10
马氏距离	0. 059	6. 294	1. 800	2. 032	10
库克距离	0. 009	0. 432	0. 133	0. 153	10
居中杠杆值	0. 007	0. 699	0. 200	0. 226	10

注: a. 因变量: 学期总分。

    图 4 - 28 和图 4 - 29 是学期总分与其回归学生化的已删除残差散点图、
学期总分与其回归标准化残差散点图, 可以检验样本观察值是否符合正态性
的假定及检验残差值是否符合方差齐一性的规定。若散点图的点在 0 值上下
呈水平随机分布时, 表示样本观察值符合正态性和方差齐一性的假定。

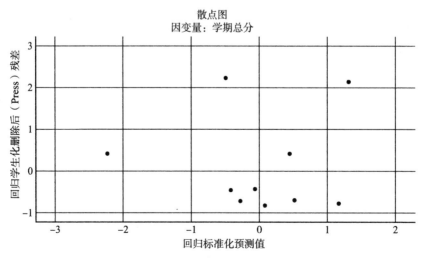

图 4 - 28   学期总分与其回归学生化的已删除残差散点图

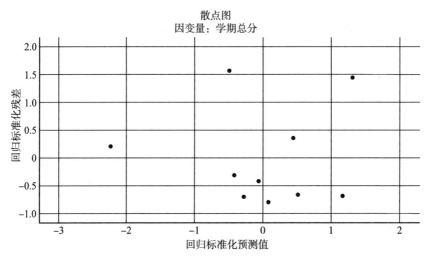

图 4 – 29　学期总分与其回归标准化残差散点图

4.3.4　结构方程模型

4.3.4.1　结构方程模型的概述

结构方程模型（structural equation modeling，SEM）是基于变量的协方差矩阵来分析变量之间关系的一种统计方法，是进行多元数据分析的重要工具，常应用于社会学、教育学、心理学等。SEM 包含测量模型和结构模型两个基本模型，整合了因素分析和路径分析两种统计分析方法，其数据必须符合正态分布，测量指标变量呈线性关系。

在结构方程模型中，通常有以下三种类型的变量。

（1）潜在变量（latent variable）：这是一个无法测量的变量，在 AMOS 中以椭圆形表示。

（2）观测变量（observed variable）：也称测量变量，显性变量，是可以直接测量的变量，在 AMOS 中以长方形表示。

（3）误差变量（unique variable）：与潜在变量一样，是不能直接测量的变量。每个观察变量都有误差变量，在 AMOS 中以圆形表示。

使用结构方程模型进行分析，一般分为以下四个步骤。

（1）模型建构：进行模型估计之前，先要根据理论分析或以往研究成果来设定初始理论模型，也就是初步拟定测量模型和结构模型。在模型建构过程中，要考虑观测变量与潜在变量的关系、各潜在变量之间的相互关系等。

（2）模型拟合：建立模型，设法求出模型的解，主要的是模型参数的估计（模型拟合）。在结构方程模型分析中，其目标是求参数，使得模型隐含的协方差矩阵（即再生矩阵）与样本协方差矩阵的差距最小。模型参数可以采用几种不同的方法来估计，通常的方法有最大似然法、广义最小二乘法等。

（3）模型评价：模型估计之后，须对模型的整体拟合效果和单一参数的估计值进行评价。主要包括结构方程的解是否适当，即迭代估计是否收敛（iterated estimate converge），各参数估计值是否在合理范围内；参数与假设模型的关系是否合理，各参数不应出现互相矛盾，与先验假设有严重冲突的现象；检查多个不同类型的整体拟合指数，以衡量模型的拟合程度。

（4）模型修正：如果模型拟合效果不佳，可以对模型进行修正来提高模型拟合效果。在进行模型修正时，要检查标准误差、t 值、标准化残差、修正指数、参数期望改变值等各种拟合参数，最后的模型是依据某一个样本数据修改而成，最好用另一个独立样本作交叉验证。

在进行数据分析时，结构方程模型具有其他分析方法所不具备的优点。

（1）同时处理多个因变量。

（2）容许自变量和因变量含测量误差。

（3）同时估计因子结构和因子关系。常用的做法是对每个潜变量，先用因子分析计算潜变量与指标变量的关系，进而得到因子得分，作为潜变量的观测值；然后再计算因子得分的相关系数，作为潜变量之间的相关系数。

（4）容许更大弹性的测量模型。传统方法只容许一个指标从属于单一因子，结构方程分析容许更加复杂的模型。

（5）估计整个模型的拟合程度。在传统路径分析中，只估计每一路径（变量间关系）的强弱。在结构方程分析中，除了上述参数的估计外，还可以计算不同模型对同一个样本数据的整体拟合程度，从而判断哪一个模型更接近数据所呈现的关系。

4.3.4.2 结构方程模型的应用

AMOS 软件是专门用来进行结构方程模型分析的软件之一，是一个功能强大的统计分析软件。下面使用 AMOS 软件对上述四个建模步骤进行操作实现，图 4-30 是 AMOS 的初始界面。下面以验证性因子分析为例，介绍对 AMOS 的具体操作与应用。验证性因子分析属于结构方程模型的一种次模型，是结构方程模型分析的一种特殊应用。

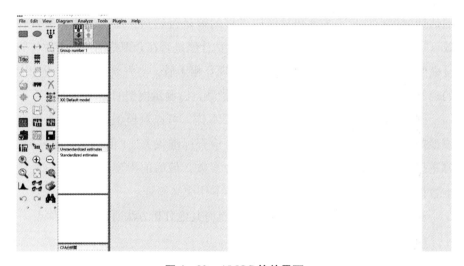

图 4-30 AMOS 软件界面

（1）根据相关的理论知识，在 AMOS 中画出模型的理论结构图，AMOS 中的方框表示观测变量，椭圆表示潜在变量，单箭头表示因果关系，双箭头表示相关关系，绘出模型的理论结构。图 4-30 为 AMOS 软件界面。

（2）导入数据，点击"File-Data Files"，将数据文件导入即可。点击图 4-31 中重点框选的按钮，即"List variables in data set"按钮，可出现所导入数据的具体信息，如科目、学历等。点击"Plugins-Name Unobserved Variable"即可进行自动命名，也可点击所建立的模型结构进行手动命名，如图 4-32 所示。

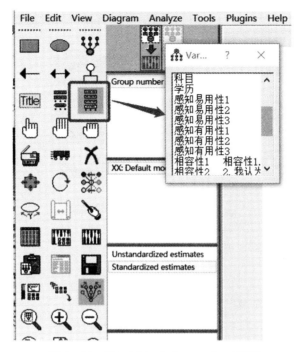

图 4 - 31　"Variables in Dataset" 对话框

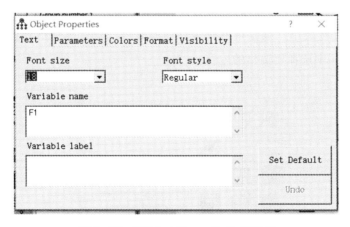

图 4 - 32　"Object Properties" 对话框

（3）点击图 4 - 33 所框选的 "Calculate estimates" 按钮，就可以进行数据的运算。

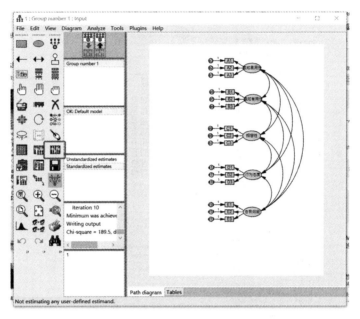

图 4 - 33 "Calculate estimates" 按钮

（4）点击图 4 - 34 框选的按钮，即 "Analysis properties" 按钮，可进行参数设置。AOMS 中默认的算法为最大似然法，在 Analysis properties 功能中提供多种最小二乘法或其他方法进行选择，如图 4 - 35 所示。同时，可在 Output 中选择要输出的内容。

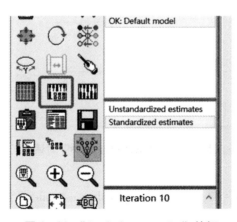

图 4 - 34 "Analysis properties" 按钮

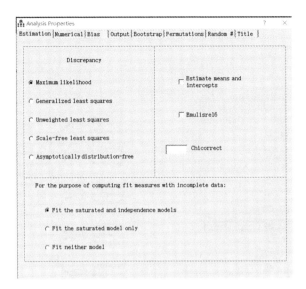

图 4-35　"Analysis Properties" 对话框

（5）在参数估计完成后，输出一个带有系数的结构流程图，点击框选的按钮，即 "View the output path diagram" 按钮，可以显示相关结果，如图 4-36 所示。

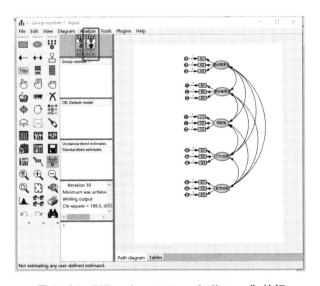

图 4-36　"View the output path diagram" 按钮

（6）点击"Standardized estimates"，即可在模型中得到标准化系数。如图 4 – 37 所示。

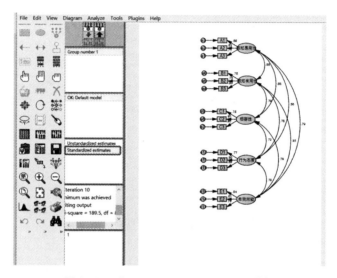

图 4 – 37　"Standardized estimates" 按钮

（7）如果要详细分析模型参数估计结果，评价模型的适应性以及进一步修正模型，需要对本次模型的输出文件进行详细分析，点击下图的框选按钮，即"View Text"按钮，可获得 AMOS 软件的模型输出结果，如图 4 – 38 所示。

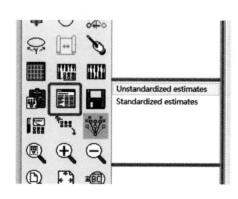

图 4 – 38　"View Text" 按钮

（8）界面弹出如图4－39所示。可根据 Model fit 中各拟合度指标来评估模型的适应性，符合要求后，根据 Estimates 来分析模型结果，结果提供了回归权重和标准化之后的回归权重两个模型参数结果。

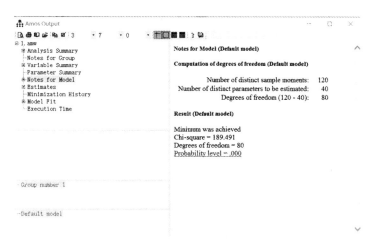

图4－39　"Amos Output"界面

下面对数据结果进行分析解释。

（1）选择"Model Fit"，右侧出现"GFI""NFI""IFI"等相关数据，如图4－40所示，对其进行整理汇总，得到整体拟合系数表，如表4－19所示。

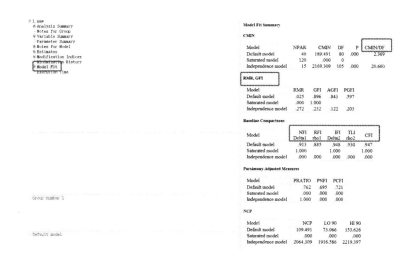

图4－40　"Model Fit"数据界面

由于卡方值易受到样本数大小的影响，当样本数变大的时候，卡方值也会相应地变大，显著性概率值 p 会变小，容易出现假设模型被拒绝的情况，必须进行模型修正才能有效适配样本数据。因而，如果在大样本的情况下，判断假设模型与样本数是否适配，也需要考虑其他适配度统计量，如 GFI、CFI 等。

表 4 - 19　　　　　　　　　　　　整体拟合系数表

X2/df	RMSEA	GFI	NFI	CFI	IFI	TLI
2. 369	0. 077	0. 896	0. 913	0. 947	0. 948	0. 930

由表 4 - 19 可知，X2/df 的值为 2. 369，小于 3，适配理想；RMSEA 的值为 0. 077，小于 0. 08，结果可接受；GFI 的值为 0. 896，接近 0. 09，结果可接受；NFI 的值为 0. 913，大于 0. 9，结果适配良好；CFI 的值为 0. 947，大于 0. 9，结果适配良好；IFI 的值为 0. 948，大于 0. 9，结果适配良好；TLI 的值为 0. 930，大于 0. 9，结果适配良好。

（2）选择 "Estimates"，右侧出现相关数据，如图 4 - 41 所示，并计算平均方差变异 AVE 和组合信度 CR，具体公式如下：

$$AVE = \frac{(\sum \lambda^2)}{n}, CR = \frac{(\sum \lambda)^2}{((\sum \lambda)^2 + \sum \delta)}, 其中 \lambda 为因子载荷，n 为$$

该因子测量指标个数，δ 为剩余方差，λ 与 δ 均是标准化之后的结果。对于社会科学领域的量表，当 AVE 的值大于 0. 50、CR 的值大于 0. 50 时，即表明潜在变量的聚敛能力十分理想。

整理汇总后如表 4 - 20 所示，判断其聚敛效度。

"Standardized Regression Weights" 为标准化回归系数，也叫作因子负荷量（factor loading），当因子负荷量介于 0. 5 ~ 0. 95 之间时，表示模型的基本适配度良好。

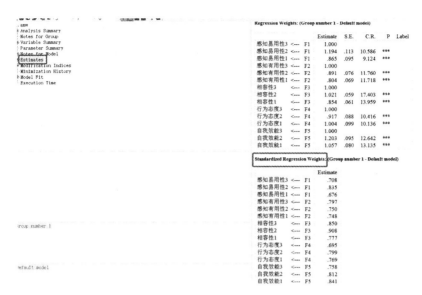

图 4 - 41　"Estimates" 数据界面

表 4 - 20　　　　　　　　　　路径系数表

路径			Estimate	AVE	CR
感知易用性 3	←	F1	0.708		
感知易用性 2	←	F1	0.835	0.5518	0.7855
感知易用性 1	←	F1	0.676		
感知有用性 3	←	F2	0.797		
感知有用性 2	←	F2	0.75	0.5857	0.8091
感知有用性 1	←	F2	0.748		
相容性 3	←	F3	0.85		
相容性 2	←	F3	0.908	0.7169	0.8833
相容性 1	←	F3	0.777		
行为态度 3	←	F4	0.695		
行为态度 2	←	F4	0.799	0.5709	0.7991
行为态度 1	←	F4	0.769		
自我效能 3	←	F5	0.758		
自我效能 2	←	F5	0.812	0.6471	0.8459
自我效能 1	←	F5	0.841		

由表 4 – 20 可知，五个潜变量对应各个题目的因子荷载均大于 0.6，说明各个潜变量对应所属题目具有较高的代表性。另外，各个潜变量的平均方差变异 AVE 均大于 0.5，且组合信度 CR 均大于 0.7，说明聚敛效度理想。

（3）同样再选择"Estimates"，得到潜变量的协方差系数和标准化相关系数（见图 4 – 42），计算 AVE 的平方根，整理得到如表 4 – 21 所示，判断其区分效度。

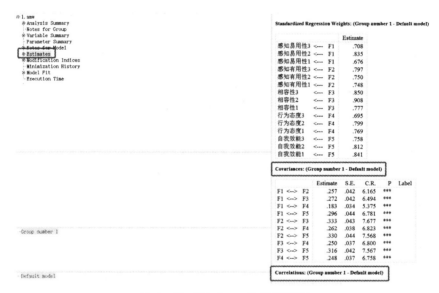

图 4 – 42　"Estimates" 数据界面

当协方差检验结果显著不为 0 时，表示潜在变量间有显著的共变关系，两个变量的协方差达到显著，表示两者的相关系数达到显著。

表 4 – 21　　　　　　　　　　　　　　相关系数表

变量	F1	F2	F3	F4	F5
F1	0.552				
F2	0.647 ***	0.586			

续表

变量	F1	F2	F3	F4	F5
F3	0.663 ***	0.692 ***	0.717		
F4	0.558 ***	0.68 ***	0.724 ***	0.571	
F5	0.735 ***	0.654 ***	0.794 ***	0.782 ***	0.647
AVE 平方根	0.743	0.765	0.847	0.756	0.804

注：*** 代表 p 小于 0.001，对角线为 AVE 平均方差变异抽取量。

由表 4 - 21 可知，感知有用性、感知易用性、相容性、行为态度和自我效能之间均具有显著相关性（p < 0.001），且绝大多数小于 AVE 的平方根，说明数据的区分效度理想。

以上是通过 AMOS 实现验证性因子分析的操作与结果的整理分析。

4.4　本章小结

在本章中，围绕调查问卷的设计分析，首先，对调查问卷方法进行总括，主要介绍了调查问卷的概念及功能、种类和特征。其次，分别从问卷设计的基本原则、问卷的结构、问卷设计的步骤、问题的表述方式等方面展开详细介绍，对问卷设计中常见的错误进行了分析，还对问卷的信度、效度以及列举了几种常用的问卷分析方法。最后，结合教育研究中的实际数据分别对问卷的信度、效度以及常见的分析方法，如相关分析、因子分析、结构方程模型等进行了实操分析。

第 5 章

社会网络分析

【学习目标】

1. 了解社会网络分析的产生和发展过程。

2. 掌握社会网络的概念、类型以及表示方法。

3. 掌握社会网络分析的过程和分析指标。

4. 了解社会网络分析的主要工具。

5. 了解社会网络分析在教育研究中的主要应用。

在社会发展过程中，每一个社会成员都不是孤立存在的，也不是完全以个体的形式存在，而是作为某一地位或群体成员处于一定的社会关系之中，人的本质不是单个人所固有的抽象物，而是一切社会关系的总和。社会网络是把个体结合在一起的社会关系纽带，人与人之间的联系随着互联网与信息技术的快速发展变得更加密切复杂。在教育领域中，这种复杂关系越来越重要，各类在线教育平台、网页端、手机端的虚拟学习社区日益成为师生交流互动的重要平台，对这些教育场景中教师与学生、学生与学生间的关系进行分析，有利于把握教育过程的规律特征，从而对教师教学与学生学习行为进行合理解释。本章将从社会网络的产生与发展、概念与特征、分析原理、分析指标及工具运用等维度进行介绍。

5.1　社会网络分析概述

5.1.1　社会网络的产生及发展

关于社会网络分析的起源，学界有几种常见的说法：一种认为，社会网络分析起源于 20 世纪 30 年代莫雷诺（Jacob Moreno）的社会计量学；另一种认为，社会网络分析始于 20 世纪 70 年代怀特（Harrison White）在哈佛大学招收研究生时才开始。但实际上，社会网络分析的思想早在 19 世纪末 20 世纪初古典社会学家——格奥尔格·齐美尔（Georg Simmel）就已开始出现。1922 年，格奥尔格·齐美尔在《群体联系的网络》中第一次使用"网络"这一概念，并将其视为是社会相互交织的社会关系网。甚至，社会网络分析的思想可以追溯到更早的孔德（Auguste Comte）。总之，社会网络分析的产生与发展离不开多个学科几代学者的辛勤耕耘与努力，其发展阶段大致可以分为以下五个阶段①。

5.1.1.1　初创阶段（20 世纪 30 年代）：社会关系计量学与人际关系学派（the relational school）

美国心理学家莫雷诺于 1934 年出版了《谁将生存》一书，标志着社会关系计量学的兴起，这也极大地促进了社会网络的研究。在该时期，莫雷诺和助理对研究对象期望和哪位组织成员共同生活和娱乐的信息进行收集与分析，据此整理出了一套关系型数据，并用以分析群体中的小集团和各成员在群体中的位置②。大约在相同时期，哈佛大学的梅奥（George Mayo）和沃纳（William Warner）在研究组织行为的过程中，提出了人际关系学派。他们收集了工人之间详细的社会网络数据，如谁和谁一起玩、谁和谁吵了架、谁帮助了谁、谁是谁的朋友、谁不喜欢谁等，并以图形的方式展示了工人之间的种种关系。在初创阶段，社会

---

① 安卫华. 社会网络分析与公共管理和政策研究 [J]. 中国行政管理，2015（3）：96 – 101.
② 朱江. 莫雷诺和社会关系计量学 [J]. 管理现代化，1992（2）：46 – 48.

网络分析思想已经初步建立，但主要以社会关系计量学和人际关系学派为代表。

5.1.1.2　平静阶段（20世纪40~60年代）：哥伦比亚学派与六度分离理论（six degrees of separation）

在该阶段，社会网络分析的方法没有大的更新与突破。其中，20世纪50年代的哥伦比亚学派，包括拉扎斯菲尔德（Paul Lazarsfeld）、科尔曼（James Coleman）、卡兹（Elihu Katz）和门泽尔（Herbert Menzel），以及受其影响的罗格斯（Everett Rogers），侧重于运用社会网络的方法来研究社会传播（social diffusion），给社会网络研究带来了新的生机。1955年，哥伦比亚学派的代表性作品之一——《人际影响》问世，研究者们从生命周期、社会经济地位和合群性三方面讨论了意见领袖的特征。另外，1967年，哈佛大学心理学教授斯坦利·米尔格拉姆（Stanley Milgram）通过连锁信件实验验证了六度分离理论，该理论又称为小世界理论。该实验的过程大概是，研究人员将一套连锁信件随机发送给居住在内布拉斯加州奥马哈的160个人，信中放了一个波士顿股票经纪人的名字，信中要求每个收信人将这套信寄给自己认为是比较接近那个股票经纪人的朋友，朋友收信后照此办理。结果，只要大约五个中介人，就可以把任何互不相识的两个美国人联系起来。遗憾的是，该理论并未对社会网络中的人际关系进行强弱的区分。

5.1.1.3　起飞阶段（20世纪70年代）：矩阵理论与弱连接理论

20世纪70年代，哈佛大学的怀特（Harrison White）在社会网络研究中引入了矩阵理论，并创作了一些关于网络分组和机会链的论文。与此同时，怀特还培养了一大批对当代社会网络分析作出卓越贡献的学生，如皮尔曼（Peter Bearman）、布莱格（Ronald Brieger）、波纳西（Peter Bonacich）等，怀特和他的学生在哈佛大学关于社会网络的研究奠定了现代社会网络分析的基础。此外，1974年，斯坦福大学社会系的马克·格拉诺维特（Mark Granovetter）提出了弱连接理论，对上述的六度分离理论进行了补充①。格拉诺维特认为，每个人与接触的最亲密、最频繁的亲人、朋友、同学、同事等之间的联系是一种"强连接"（strong ties），但这种稳定的连接在传播范围上十分有限。反而，与一个人的工作和事业最密切相关的社会关系并不是"强连接"，而往往是"弱连接"（weak ties），如一个无意间认识的人或者打开电视偶然看到的一个人等。"弱连接"虽然不如"强连接"稳定，但在传播效率方面却存在快速、高效、便利等特点。1970 年，在威尔曼（Wellman）等人的组织与倡导下，社会网络研究国际协会（international network for social network analysis）成立，加上《社会网络》杂志的创办，标志着社会网络研究开始了系统化和国际化的进程。

5.1.1.4　突破阶段（20 世纪 90 年代）：社会网络分析方法的突破与多学科深度参与

从 1990 年起到本世纪初，社会网络研究进入了突飞猛进的时期。一方面，是分析方法上的突破。1994 年，斯坦利·沃瑟曼（Stanley Wasserman）和凯瑟琳·福斯特（Katherine Faust）出版了《社会网络分析：方法与应用》，系统总结了社会网络分析的统计方法，主要是描述性的统计分析。指数随机网络模型（exponential random graph models，ERGM）的建立与发展极大地推动了对社会网络的统计建模②。斯尼德斯（Snijders）等创建的个体导向的随机模型（stochastic actor-oriented models）进一步把随机网络模型推广到分析动态社会网络中③。另一方面，在这一时期，网络研究越来越学科化，社会网络分析的应用也逐渐广泛起来。社会网络分析的研究主题从单纯地对社会网络的研究，扩展到对经济网络、政治网络、文学作品中的对话网、疾病传染网、蛋白质互动网、计算机网络等研究上，参与

---

① Granovetter M. The Strength of Weak Ties [J]. American Journal of Sociology，1973，81.

② Robins G，Pattison P. et al. An Introduction to Exponential Random Graph（p*）Models for Social Networks. Social Networks，2007a（29）.

③ Snijders T A B. The Statistical Evaluation of Social Network Dynamics [J]. Sociological Methodology，2001（31）.

的学科从社会学、人类学和统计学扩张到经济学、政治学、文学、传播学、生物学、医学、物理学等学科。

5.1.1.5 深入发展阶段（21世纪以来）：社会网络研究的规模和态势基本成型

经过80多年的发展，现今社会网络研究的规模与态势基本成型。未来的研究呈现如下趋势[①]：（1）多学科的交融与综合。现代新媒体和社会媒体的发展导致大量社会互动行为转移到互联网上来，迫切需要统计学、计算语言学和社会学等学科的交叉融合，适应未来社会网络分析的相关研究。（2）从描述性研究深入到因果推断性研究。过去的社会网络分析往往注重描述性分析，对研究对象间的因果关系不求甚解。但是，社会网络分析只有注重因果推断性研究，才能提供更坚实的政策建议，这样的研究才更有价值。（3）定量和定性研究方法的结合。传统的社会网络分析侧重于定量分析，但是，在研究类似公共管理和政策网络的时候，传统的抽样与大规模调查的方法显得不切实际，需要结合观察法、参与法及基于历史传记的总结法等定性研究方法开展研究，已达到研究目的。（4）发展新的统计方法分析特殊网络。如代表个体间密切程度关系（而不是简单的有无关系）的多值网（weighted networks），多重属性主体间的网络（multi-mode networks）以及个体和关系数量巨大的网络（big networks）等。

在国外，社会网络分析已经发展了较长的时间，而我国对社会网络的研究与应用时间较短，研究成果有待丰富。20世纪90年代末，国内学术界才初步重视对社会网络分析的介绍和应用。近年来，国内一批学者在翻译介绍西方社会网络分析相关成果的同时，也在该领域展开了一系列研究，如张文宏、阮丹青等人（1999）搜集了天津郊区的598个样本，从社会网的规模、关系构成、紧密程度、趋同性及异质性分析了天津农村居民人际交往网络的基本情况[②]。除此之外，国内也出版了社会网络分析相关

---

① 安卫华. 社会网络分析与公共管理和政策研究 [J]. 中国行政管理, 2015 (3): 96 – 101.

② 张文宏, 阮丹青, 潘允康. 天津农村居民的社会网 [J]. 社会学研究, 1999 (2): 110 – 120.

的基础读物和教材，如刘军的《社会网络分析导论》和罗家德的《社会网分析讲义》。

总的来说，虽然目前国内社会网络分析的研究取得了一些进步，但是，这些进步与国外的相关研究相比，在研究方法的规范性和理论的深度上还存在较大差距。今后国内的社会网络研究，应加强对研究方法的理论基础的研究，同时，也要扩展社会网络分析的应用领域，提高研究结果的应用性和解释力。

5.1.2　社会网络分析的概念与特征

5.1.2.1　社会网络分析的概念

在现代生活中，人们对"网络"这一概念并不陌生，如人际关系网、互联网、生态网、神经网络等。简单来说，网络就是事务与事务之间的某种关系。"社会网络"是指社会行动者（social actor）及其之间的关系的集合。也可以说，一个社会网络是由多个点（社会行动者）和各点之间的连线（行动者之间的关系）组成的集合。在社会网络的概念中，通常用"点"和"线"来表达网络，"点"和"线"是社会网络的形式化界定，也是社会网络中的两个基本概念。"点"代表着社会行动者，可以是任何一个社会单位或社会实体；"边"表示行动者之间的关系，这种关系一般代表具体联络的内容或者现实中发生的实质性联系。由此可知，以个体形态存在的社会行动者以及内部关系构成了社会网络的研究基础。将社会网络作为研究对象进行结构分析是社会网络研究的核心，这种特定的分析模式就是社会网络分析。

社会网络分析（social network analysis，SNA）是对社会网络的关系结构及其属性加以分析的一套规范和方法。它通过建立行动者之间关系的模型，来描述群体关系的结构，并分析其对群体整体功能或者内部个体的影响。它主要分析的是不同社会单位（个体、群体或社会）所构成的关系的结构或属性，如亲属关系、朋友关系、贸易关系等。

5.1.2.2 社会网络分析的特征

在社会网络分析学者看来，社会学研究的对象是社会结构，这种结构表现为行动者之间的关系模式，或者说是行动者社会关系相对稳定的模式。社会网络分析关注的是行动者之间的关系，而不是行动者的属性。社会网络分析学家巴里·韦尔曼（Barry Wellman）表示："网络分析探究的是深层结构——隐藏在复杂的社会系统表面下的网络模式"[①]。他在《结构分析：从方法和隐喻到理论和实质》一文中指出："一切社会现象都可以通过旨在揭示基本社会结构的方法得到最好的研究。"[②] 巴里·韦尔曼由此总结出了社会网络分析五个方面的特征[③]。

第一，结构制约。社会网络分析依据结构对行动的制约来对人们的行为进行解释，而不是通过其内在因素（如"对规范的社会化"）进行解释，后者把行为者看作是以自愿、有时是目的论的形式去追求所期望的目标。

第二，关系分析。社会网络分析研究者们关注对不同单位之间关系的分析，而不是依据这些单位的内在属性（或本质）对其进行归类，具体来说，结构性的社会关系比体系成员之间的属性更有社会学解释力。

第三，多维因素。社会网络的结构特征决定了二维关系（dyadic relationships）的作用，这不仅表现在社会网络结构决定了二维关系发挥作用的环境，也呈现为当一种关系建立以后，它就为网络成员提供了直接或间接接近他人和其他资源的机会[④]。社会网络分析集中考虑的问题是由多维因素构成的关系形式如何共同影响网络成员的行为，故它并不假设网络成员间只有二维关系。

---

① Barry Wellman, Network Analysis: Some Basic Principles, Sociological Theory, 1983, 1, P. 157.

② Barry Wellman, Stance, in Wellman and Berkowit, Social Srucure. A Nertuork Approach. Cambrdge. Cambridge University Press, 1988, P. 47.

③ Barry. Wellman and S D Berkowitz. Social Structures: A Netvork Approach Greenwich, Conneticut, JAI Press Inc, 1997, P. 20.

④ 张文宏. 社会网络分析的范式特征：兼论网络结构观与地位结构观的联系和区别 [J]. 江海学刊, 2007 (5): 100－106.

第四，无群体界限。世界是由网络而不是群体构成的，社会网络分析者把结构看作网络间的网络，它并不假定有严格界限的群体一定是形成结构的组块，也就是说，社会网络分析避免关于群体界限的假定，此结构可以划分为具体的群体，也可不划分为具体的群体。

第五，分析方法独特。社会网络的分析方法直接涉及的是一定的社会结构的关系性质，目的是补充（有时甚至是取代）主流的研究方法，这类方法要求孤立地分析单位，该研究方法既可以进行微观结构的个体行动者分析，又可以对中观结构的子结构网进行分析，还可以进行宏观结构的整体网分析，应用范围十分广阔。

5.1.3　社会网络的类型

社会网络有多种类型，根据不同的分类标准，可以划分为不同的类别。常见的分类方式如下。

5.1.3.1　依据关系的属性划分：1－模网络与2－模网络

社会网络依据关系的属性划分，可以分为1－模网络（one-mode net-work）与2－模网络（two-mode network）。模（mode）是社会行动者的集合，模数指社会行动者集合类型的数目。1－模网络是指由一个行动者集合内部各个行动者之间的关系构成的网络，例如，一个宿舍里的4名室友之间的朋友关系就是一个1－模网络。2－模网络是由一类行动者集合与另一类行动者集合之间的关系构成的网络，如一个班级中任课老师与同学们之间的关系。有一类特殊的2－模网络称为"隶属网络（affiliation net-work）"，具体来说，它是指行动者集合与行动者所隶属的事件或部门的集合，如恐怖分子与恐怖事件等。

5.1.3.2　根据网络结构划分：个体网、整体网与局域网

根据网络的结构划分，社会网络可以分为：个体网（也称自我中心网络）（ego-networks）、整体网（whole network）及局域网（partial network），三者之间的层次关系如图5－1所示。（1）个体网。个体网是指一个个体

和与之有关的多个个体构成的网络，如一个个体的血缘关系网络。（2）整体网。整体网指的是一个群体内部所有成员之间的关系构成的网络，如一个家族所有家庭成员的关系网。（3）局域网。局域网是指个体网再加上某些数量的与个体网络的成员有关联的其他点，如一个个体的血缘关系网加上其父母的血缘关系网。局域网没有固定的边界，需要根据研究目的来判断。因此，可以将局域网分为 2 - 步局域网、3 - 步局域网等。2 - 步局域网的含义指的是围绕着"核心点"，并且达到核心点的距离不超过 2 的点构成的网络，3 - 步局域网的概念以此类推。

另外，如果把这些网络结合到一起，根据不同的标准，那么关系网络可以分为不同的类型。在图 5 - 1 中，"二方组"指的是由两个行动者构成的"小群体"。"初级群体"指的是围绕着一个人的某些关系网络成员构成的。

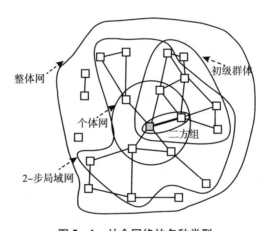

图 5 - 1　社会网络的多种类型

5.1.3.3　根据网络指向性划分：无向网络与有向网络

根据网络指向性划分，可以将社会网络分为无向网络与有向网络。其中，无向网络是指节点之间的连线没有方向，连线只表示关系存在与否的网络，如关键词共线网络，如图 5 - 2 所示。有向网络是指节点之间的关系是有方向的，如借贷关系、权力关系、引文关系等，在有向关系图中，节点之间的关系用有向线表示，箭头代表关系的方向，如图 5 - 3 所示。

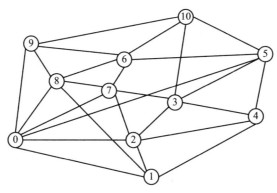

图 5 - 2　无向网络

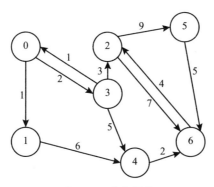

图 5 - 3　有向网络

5.1.3.4　根据网络连接强度划分：无权网络与有权网络

无权网络是指连接两个节点的强度都为 1 的网络，即每条边的权值都为 1。有权网络中连接两个节点的强度有强弱之分，每条边都赋予相应的权值，在图 5 - 3 中，不同的边赋予了相应的权值，这就是一个有权网络。

5.1.4　社会网络的表示

社会网络的分析方法众多，包括图论、矩阵论、代数学、概率统计等，其中，图论和矩阵是社会网络最基本的表示形式，本书主要对这两种方法展开介绍。图论展示的是社会网络的可视性，而矩阵则利用数学上的代数来描述网络关系。虽然社会网络研究人员可以自由地选择运用图表或矩阵模式来描述他们所获得的数据，但是两种方法各有优劣。一方面，图论可以为读者提供有关网络结构的更直观的表述，但缺乏数学上的可操作性；另一方面，尽管矩阵看上去不够亲近读者，但它们在进行复杂的数据和计算机分析方面具有绝对优势。在进行具体的社会网络分析时，需要依据我们的研究目的，合理地选择社会网络的表示方式。

5.1.4.1　图论法

瑞士著名数学家欧拉最早在科尼斯堡桥问题中使用图论，这是第一次将数学观念转变为由点和线构成的图形。图论是一种基本的标记行动者及其相互关系的方法，利用图论可以进行简单的关系分析，一个图相当于一个社会网络模型。图论中的"图"并不是通常意义下的几何图形或物体的形状图，而是以一种抽象的形式来表达一些确定的事物之间的联系（或结构）的数学表达。一个有序二元组（V，E）称为一个图，记为 $G = (V, E)$，其中，V 称为 G 的节点集，$V \neq \varnothing$，其元素称为顶点或结点，简称点（社会网络中的行动者）；E 称为 G 的边集，其元素称为边，它联结 V 中的两个点，如果这两个点是无序的，则称该边为无向边，否则，称为有向边（社会网络中的关系）。根据关系的方向，图可以分为有向图和无向图两种。

在图论中涉及一些基本概念如下。

（1）边：边可以表示为 $[v_i, v_j]$，其中，v_i，v_j 是边的端点，或者可以说，v_i，v_j 是相邻的（adjacent）。

（2）邻域（neighborhood）：与某个特定的点相邻的点的集合称为该点的邻域，用 $N(v)$ 表示图 G 中所有与顶点 v 相邻的节点的集合。

（3）度数：常用 $d(v)$ 表示图 G 中与节点 v 直接关联的边的数目，$d(v)$ 称为节点 v 的度数（邻域中结点的数目）。

（4）入度（in-degree）：指直接指向该节点的节点个数，如把以节点 v 为终点的边的条数称为节点 v 的入度。

（5）出度（out-degree）：指该节点所直接指向的其他节点的总数，如把以节点 v 为起点的边的条数称为顶点 v 的出度。

（6）可达性（reachability）：如果在一个图的两点之间存在一条途径（path），则称这两个点是可达的（reachable）。例如，在图 5 – 4 中，A 与 B 是可达的。

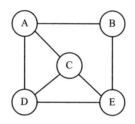

图 5 – 4　图论举例

（7）路径：在图 5 – 4 中，［A – B – E – C］就是顶点 A 到顶点 C 的一条路径。

（8）简单路径：路径中没有重复顶点的路径叫作简单路径，如 ［A – B – E – C］就是一条简单路径。

（9）最短路径：节点 A 到节点 C 的最短路径是 ［A – C］。

（10）距离（distance）：指两个节点之间的捷径长度，称为捷径距离，在图 5 – 4 中，如 D（A，E）＝2。

（11）图的直径：图中所有的任意两顶点间的最短路径中，最长的那个最短路径被定义为这个图的直径。

（12）连通图：图中任意两节点都可以由一条路径连接起来，这个图就是连通图。

5.1.4.2　矩阵法

从一般意义上讲，矩阵是一些元素的有规律的排列。矩阵常常用大写的英文字母（如 A）表示，矩阵中的元素用小写字母（如 a）表示。矩阵的规模由行和列的个数来表示，比如一个有 4 行 5 列的矩阵 A，记作 A4×5。如果矩阵的行数和列数不同，则称这样的矩阵为长方阵；如果矩阵的行数与列数相同，此矩阵称为正方阵，简称方阵。由 m 行和 n 列元素构成的矩阵可以表示为：

$$A = \begin{bmatrix} a_{11} & a_{12} & \cdots & a_{1n} \\ a_{21} & a_{22} & \cdots & a_{2n} \\ a_{31} & a_{32} & \cdots & a_{3n} \\ \cdots & \cdots & \cdots & \cdots \\ a_{m1} & a_{m2} & \cdots & a_{mn} \end{bmatrix} \qquad (5-1)$$

元素全为零的矩阵称为零矩阵，记作○。对于矩阵 $A = (a_{mn})$，把矩阵 $(-a_{mn})$ 称为 A 的负矩阵，记作 $-A$。

矩阵中的要素由其所在的位置来表示，矩阵中的每个格值都有自己的位置或"标签"，据此可以清楚地看到作为社会行动者的各个行和列之间的关系。如果行和列都代表来自一个行动者集合的"社会行动者"，那么矩阵中的要素代表各个行动者之间的"关系"，这种网络就是前面所介绍的 1-模网络；如果行和列代表着来自两个行动者集合的"社会行动者"，那么矩阵中的要素就代表两个行动者集合中的各个行动者之间的"关系"，这种网络就是 2-模网络；此外，如果"行"代表着来自一个行动者集合的"社会行动者"，"列"代表所属"事件"，矩阵中的元素就代表行动者隶属于"事件"的情况，这种网络就属于 2-模网络中的"隶属关系网络"[①]。

在社会网络分析中，因图论有不同的类型，与之对应，其矩阵的表达形式也有不同的类型，其中，邻接矩阵（adjacency matrix）是社会网络分析中最常使用的一类矩阵，它是指行和列代表完全相同的社会行动者且排列顺序相同的方阵，其中元素的取值为"1"或"0"，分别代表其关系存在与否，如图 5-5 所示。此外，根据关系是否有方向性，邻接矩阵又可以分为两类：若关系无方向，则成为对称矩阵（symmetric matrices），即以左

---

① 刘军. 整体网分析讲义：UCINET 软件实用指南 [M]. 上海：上海人民出版社，2009.

下角到右下角的对角线（也称主对角线）为对称轴，各元素对应相等的矩阵。

	v_1	v_2	v_3	v_4	v_5
v_1	0	1	1	0	0
v_2	1	0	1	1	0
v_3	1	1	0	1	0
v_4	0	1	1	0	1
v_5	0	0	0	1	0

图 5-5　邻接矩阵

由此矩阵可以看出，它表示的是行动者之间有无关系，但不能表示其关系的强弱。在此对称矩阵中，自左下角到右下角的对角线数值为"0"，指的是各行动者与自身的关系。其他数值有实际意义，即 1 表示有关系，0 表示无关系，且对角线上下两部分的数值分布是对称的。若关系有方向，矩阵中数值的分布就不对称了，此时"行"对应起点，"列"对应终点。

5.2　社会网络的分析原理

5.2.1　社会网络分析的方法论原理

研究方法论主要涉及研究方法的选择、资料取舍、研究规范和目的等问题，研究方法论规定了有关方法的理论基础和研究特点。在社会网络分析的研究中，也形成了特定的方法论。巴里·韦尔曼（Barry Wellman）指出，作为研究社会结构的基本方法，社会网络分析具有以下基本分析原理①。

5.2.1.1　关系的不对称性与互惠性

关系纽带经常是不对称地相互作用着，在内容和强度上都有差异。物

---

① Barry Wellman. Network Analysis：Some Basic Principles ［J］. Sociological Theory，1983（1）：172 - 178.

质资源、信息资源等通过这些纽带和网络而流动，但这种流动在资源数量和类型上通常是不对称的。虽然其关系是不对称的，但从形式上来说，他们之间的关系又具有互惠性。

5.2.1.2　联系的直接性与间接性

网络成员通过关系纽带间接或直接地联系在一起，所以必须在更大的网络背景中对其加以分析。社会网络联系并非完全是自愿的，但这些联系对社会网络成员的生活、工作、学习是必须的。正是通过这种直接或间接的联系，资源得以在更大范围内流动，并组成了较大的群体。

5.2.1.3　关系纽带的传递性与有限性

社会纽带结构化产生了非随机网络，因此，形成了网络群（network clusters）、网络界限和交叉关联。此时涉及两个弱假设：一是网络中的关系往往具有传递性；二是一个人可能保持的纽带数量和强度是有限度的。传递性说明有更多的人会形成网络，有限性表明这种联系纽带并非是无限扩展的，因此，存在一定的网络界限，当然网络之间也会相互交叉。

5.2.1.4　网络群关联

交叉关联联结的不仅是个体，也包括网络群。网络中的节点不一定都是个体，也可能是群体、国家或其他可以区分的单位。当社会网络研究者关注类群及其相互关系时，他们并不关心构成这些类群的内部关系。

5.2.1.5　资源流动的不均衡性

不对称的纽带关系和复杂的网络使稀缺资源的分配不均，因为纽带关系是不对称的，网络群也是限定的，所以结构中资源的流动是不均衡的、随意的。成员在社会网络中的结构位置不同，他们获取资源的方式也有差异，因此，社会网络分析者重视位置等级分析。

5.2.1.6　网络中的合作与竞争

网络结构产生了以获取稀缺资源为目的的合作和竞争活动，为获取稀缺资源而存在结构性竞争，这是社会系统的内在属性。在具有不对称关系的社会网络中，成员之间必须通过合作才能获取共同的资源，因此，在社会网络中形成了基于不同关系的或大或小的派别或团体。他们之间竞争资源，从而导致社会结构的变迁，社会网络分析可选择不同的模型和方法对其进行深入研究。

总的来说，社会网络分析的方法论意义是：社会科学研究的对象应是社会结构，而不是个体。通过研究网络关系，有助于把个体间关系、"微观"网络与大规模的社会系统的"宏观"结构结合起来，从而对社会结构提供新的、有效的解释[①]。英国学者约翰·斯科特也表示："社会网络分析作为一个方向性的概念和一种独特的方法体系，其应用能力变得越来越明显了。而把形式化的数学概念应用于社会网络研究，这激励了某些研究者得出这样的认识：社会网络分析为形成一种新的社会结构理论提供了基础。"[②] 社会网络分析试图整合个体主义和整体主义方法论，将关于个人的微观研究与关于整体的宏观研究结合起来，以一种更科学、更有效的方式来解释社会网络中的各种关系与现象。

在以往的社会学研究中，个体主义方法论与整体主义方法论是相互对立的。前者强调个体行动及其意义性，认为对社会的研究应建立在对个体行动研究的基础上，认定只有个体的行动才是真实的，个体主义方法论更多地从微观研究出发，明确肯定行动者主观活动的重要性，认为个体行动不完全受他们所处的环境的制约。这种观点关注具体的人类行为，而不是整体层次的抽象物。与之相反，整体主义方法论将整体性的社会现象作为社会学的研究对象，与个体主义方法论强调的对个体行动的研究不同，整体主义方法论重视对社会整体结构的研究，认为只有社会结构层次的事物才是最重要的，个体行动只是社会结构的产物，整体主义方法论强调关注宏观因素，主张任何行动都是社会环境的产物，从而不重视能动性问题。

---

① 林聚任. 社会网络分析：理论、方法与应用 [M]. 北京：北京师范大学出版社，2009.
② John Scott. Social Network Analysis：A Handbook [M]. London，Sage Publications，2000：36.

5.2.2　社会网络分析过程

社会网络分析作为一种社会科学研究方法，也与其他研究方法遵循类似的研究程序。具体来说，社会网络分析过程可以分为五个步骤：确定研究问题、研究设计、数据搜集与存储、数据分析和形成研究报告，如图 5-6 所示。

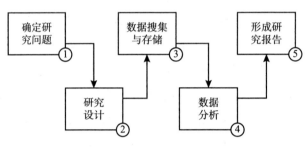

图 5-6　社会网络分析过程

5.2.2.1　确定研究问题

社会网络分析关注的是行动者及其关系联合在一起的集合，回答的主要是有关社会互动的问题。依据关系的性质，研究问题涉及：作为"系统"的关系，即行动者之间的关系模式或结构是如何影响个体行为或系统性质、行动者如何影响结构，如群体内部的关系（基于社会网络分析的团队建设）、社会或团体的凝聚力等；作为"社会情境"的关系，主要关注网络环境如何影响行动者行为，如朋辈情境对犯罪的影响、拥有弱关系的人是否更容易找到工作等；信息、资源的传播渠道，如什么网络模式会导致疾病的迅速传播，新浪微博中的"权威"与"人气"等。

5.2.2.2　研究设计

进行社会网络分析，就是运用一定的方法或技术对社会网络资料作出恰当的解释，说明行动者之间的关系属性与结构，而是否能作出恰当的分析，与研究设计密切相关。社会网络分析研究设计的基本要素包括界定边界和样本、确定网络类型和选取工具。

1. 界定边界和样本

在进行社会网络数据的收集之前，需要明确研究对象（行动者）的界限范围，应界定分析的总体和网络界限。假如分析的是相对小、封闭的个体行动者网络时，其总体往往容易确定。但在大多数情况下，很难对一组行动者或整体网络的界限范围进行界定。因为在社会网络中，成员的构成是动态的，成员之间的关系往往也是复杂松散的，尤其是对于大型的社区等分析群体来说，确定其边界更加困难。因此，社会网络研究者们往往依据人们之间的互动频率和他们的纽带强度来划分行动者与非成员。总的来说，小群体的边界较为清晰，大群体的边界较为模糊。与之相关，进行社会网络分析时还需要明确分析的层次，一般是从整体结构层面和个体行动层面进行分析，前者涉及整体网络数据，后者涉及个体网络数据。当然也存在处于这两者之间的分析，即中观层次的分析。

在明确研究对象的界限范围之后，需要确定样本。对于相对封闭的小群体，社会网络分析的对象是网络中的全体行动者。当研究的群体规模较大或界限不明确时，通常需要根据研究目的选用合适的抽样方法抽取样本。与其他研究类似，网络分析中常用的抽样形式也可分为随机抽样与非随机抽样两种，其中，随机抽样包括简单随机抽样、等距随机抽样、分层随机抽样、整群随机抽样等；非随机抽样包括偶遇抽样、立意抽样、配额抽样、滚雪球抽样等。研究人员可以根据研究对象的特点及研究目的确定相应的抽样方法。

2. 确定网络类型

依前文所介绍，社会网络根据不同的标准，可以划分为不同的类别。在界定边界和样本之后，需要根据研究问题的属性明确网络类型是属于 1 - 模网络、2 - 模网络，还是隶属网络，根据网络结构判断是需要研究个体网还是整体网；根据网络是否有指向性判断，是有向网络还是无向网络。合理确定网络类型，将有助于后续研究的展开。

3. 确定研究工具

在明确了样本之后，需要通过选择合适的分析工具来对数据进行处理和分析，社会网络分析的工具较为多样，其功能在一定程度上也存在着差异性，在后文会详细介绍社会网络分析可能会用到的各个工具及其应用条件和场景，故在此不展开过多介绍。

5.2.2.3 数据搜集与存储

社会网络分析的数据类型主要分为属性数据和关系数据两类。社会网络分析的过程就是基于关系数据进行定量统计计量和测度的过程。数据收集方法与途径包括调查问卷、访谈、观察、文本、档案资料、实验等。进行社会网络分析的数据是多元的，既有政治的，也有经济和社会的。数据存储方式有图论法和矩阵法，上文已经对其进行了相关的介绍。在关系数据的存储方面，一方面，可以选择通过 Excel 表格构造关系矩阵，对相关数据进行存储；另一方面，还可以利用社会网络分析软件（如 UCINET 和 structure 等）对简单的矩阵形式数据进行存储。以 UCINET 为例，可以通过工作表（spreadsheet）进行直接的矩阵输入，关于怎样在 UCINET 中输入与储存数据等操作说明，后文将结合实际案例展开详细的介绍。

5.2.2.4 数据分析

由于社会网络分析往往涉及庞大的关系数据，数据的计算和分析过程主要结合社会网络分析的相关指标，如网络密度、距离、点度中心性、中介中心性、派系等相关指标，这些指标为社会网络关系数据的分析提供了依据和框架，常见的指标有：网络结构、网络影响力以及网络小团体三个维度，本书后续将对相关指标的定义和操作做进一步的说明和探讨。

5.2.2.5 形成研究报告

研究报告是对研究过程与结果的报告。形成研究报告之前，要求研究者在研究过程中积累、保存好相关资料，对研究过程进行真实、客观的描述。在报告研究结果部分，应当依据数据分析结果来回答研究问题，社会网络分析的结果往往以数字的形式呈现分析结果，这就要求研究者能正确解释数字的含义，并对产生该结果的原因进行深入分析，以期深刻把握所分析社会网络的特征，为对社会网络中的相关成员行为进行有利干预作指导，以体现研究的价值。

5.2.3　社会网络分析的指标

如前文介绍，社会网络根据网络结构的不同，可以划分为个体网、整体网及局域网。个体网以特定的行动者为研究中心，关注的是与该行动者相关的关系，以此来研究个体行为如何受到其人际网络关系的影响。整体网关注的是一个群体内部所有成员之间的关系。由于这两种类型的分析侧重点不同，其主要使用的测量指标也不尽相同。本书在此将选取一些常用的具有代表性的社会网络分析指标进行介绍。

5.2.3.1　网络密度分析

网络密度是指社会网络中各个行动者之间联系的密切程度，网络密度越大，表明行动者之间的联系越多，行动者之间的交互程度也越强。网络密度用网络中实际连接数与可能连接数的比率来表示。在整体网的网络密度的计算中，有向网与无向网存在差异。假如一个无向网中有 n 个行动者，那么其中包含的关系总数在理论上的最大可能值是 n（n − 1）/2，假如该网络中包含的实际关系数为 m，那么该网络的密度就是"实际关系数"除以"理论上的最大关系数"，即等于 m／（n（n − 1）/2）= 2m／（n（n − 1））。假如该整体网是有向关系网，其中有 n 个行动者，那其中包含的关系总数在理论上的最大可能值是 n（n − 1），当该网络中包含的实际关系数为 m 时，其网络密度等于 m／（n（n − 1））。

5.2.3.2　网络影响力分析

"中心性"代表个人或组织在其社会网络中的权力大小，或者说居于怎样的中心地位，是社会网络分析中研究的重点之一。社会网络研究者们在中心性分析中提出了两个分析指标：个体中心度（centrality）和网络中心势（centralization）。个体中心度测量的是个体处于网络中心的程度，反映了该节点在网络中的重要程度。具体地说，节点在网络中的中心性越大，说明该节点代表的个体在网络中越处于中心地位。网络中心势表示整个网络中各个节点的差异性程度，根据计算方法的不同，中心度和中心势各可以分为3种：点度中心性/点度中心势；中间中心性/中间中心势；接近中心性/接近中心势。

1. 点度中心性与点度中心势

点度中心性指的是网络中某节点与其他节点相连的个数，即在一个社会网络中，与该行动者有联系的其他行动者的个数。点度中心性越大，则表示该行动者越居于中心地位。点度中心势指网络中点的集中趋势，点度中心势计算方式如下：先找到图中的最大中心性的值；然后计算该值与图中其他点的中心性的差，得到多个"差值"；再对"差值"求和；最后用这个总和除以理论上各个差值总和的最大可能值。其公式表达为：

$$C = \frac{\sum\limits_{i=1}^{n}(C_{max} - C_1)}{\max\left[\sum\limits_{i=1}^{n}(C_{max} - C_1)\right]} \tag{5-2}$$

2. 中间中心性与中间中心势

中间中心性主要是由美国社会学家弗里曼提出的，它用来描述在网络中一个行动者起到中介的作用，该行动者具有控制其他行动者交往的能力。假如该行动者作为中介的次数越多，表明它的中介性越高，有理由认为该行动者越居于重要地位。中间中心势是指网络中中间中心性最高的节点的中间中心性与其他节点的中间中心性的差距，该节点与其他节点的差距越大，则网络的中间中心势越高，表明该网络中的节点可能以小团体的形式存在，且过于依赖某一个节点传递关系，同时该节点在网络中居于重要地位。

3. 接近中心性与接近中心势

接近中心性反映的是网络中某一节点与其他节点的接近程度，它表示为：其他所有节点的最短距离累加起来的倒数。行动者越靠近中间，就越少依靠其他行动者，接近中心性衡量的是社会网络中行动者不受他人控制的能力。对于一个节点而言，它离其他节点越近，则它接近中心性越大。接近中心势表示的是社会网络的接近集中趋势，对一个社会网络来说，接近中心势越高，表明网络中节点的差异性越大，其计算公式为：

$$C_C = \frac{\sum_{i=1}^{n}(C'_{RC_{max}} - C'_{RC_i})}{[(n-2)(n-1)]}(2n-3) \qquad (5-3)$$

5.2.3.3　网络小团体分析

在整体网中，将全部行动者的数目称作整体网的规模，整体网的规模越大，其结构就越复杂。复杂的网络使研究结构变得复杂，这时通常将复杂的网络分为更小的网络进行研究。当网络中的某些行动者之间的关系特别紧密以至于形成一个次级团体时，通常将这样的团体称作凝聚子群。对网络中凝聚子群的个数、内部成员特点、子群之间的关系、一个子群成员与另一个子群成员之间的关系等指标进行分析就成为凝聚子群分析。由于凝聚子群成员之间的关系十分密切，有研究者也将凝聚子群分析形象地称作"小团体分析"。凝聚子群反映的是一个相对集中的行动者的集合，在此集合中，行动者之间具有直接紧密的联系，可以用来揭示群体内部的结构状态。下面将介绍常用的凝聚子群分析方法，包括派系、k - 丛与 k - 核、块模型。

1. 派系（cliques）

在一个网络图中，派系是指至少包含三个点的最大完备子图（maximal complete sub-graph）。这里包含三层含义：一是派系的成员至少包含三个点；二是派系是"完备"的，即其中任何两个点都是直接相关，且不存在与派系中所有点都有关联的其他点；三是派系是"最大"的，在总图中，不能加入新的点，否则将改变"完备"的性质。在一个派系中，任何两个行动者之间都存在关系，此时派系的网络密度为 1。在一个总图中，如果一个子图的任何两点在总图中距离（捷径的长度）最大不超过 n，就称该子图为 n - 派系。

2. k - 丛与 k - 核

k - 丛的概念最初是由赛德曼（Seidman）和弗斯特（Foster）提出来的，它是指每个点至少与除了 k 个点之外的其他点直接连接的一个凝聚子群。当一个凝聚子群的规模为 n 时，其中每个点至少都与该凝聚子群中 n − k 个点有直接联系，此时，每个点的度数至少为 n − k。与 k − 丛相对的另一个概念是 k − 核，如果一个子图中的全部点至少与该子图中的 k 个其他点邻接，则称这样的子图为 k − 核。k − 核与 k − 丛不同，前者要求任何点至少与 k 个点相连，而后者要求各个点至少与除了 k 个点之外的其他点相连。通常来讲，作为一类凝聚子群，k − 核有自己的优势所在，k 值不同，得到的 k − 核显然也会不同。研究人员可以依据自己的数据自行决定 k 值大小，可以发现符合研究目的的子群。

3. 块模型

块模型最初由怀特（White）、布尔曼（Boorman）和布雷格（Breiger）提出来，它是一种研究社会网络位置模型的方法，用于对社会角色进行描述性代数分析。块模型的定义可以从三个层面上给出，第一个层面：将一个网络中的各个行动者按照一定的标准分成几个离散的子集，称这些子集为"聚类""位置"或"块"，并研究每个位置间是否存在关系，可以认为，一个"块"就是邻接矩阵的一部分，是一个整体中的部分；第二个层面：一个块模型是把网络中 A 中的行动者分成各个区 A_1，A_2，…，A_n，此时，存在一个对应法则 ø，它把行动者分到各个区中，假如行动者 m 处于 B_k 之中，则 $ø(m) = B_k$，可以运用 b_{klr} 表征位置 A_k 和 A_l 在关系 X_r 上是否存在联系，如果存在联系，则 $b_{klr} = 1$，否则为 0；第三个层面：依据像矩阵（Image matrix）$B = \{b_{klr}\}$ 对块模型进行定义，B 是一个 B × B × R 的排列，其要素 b_{klr} 的含义与上述相同，整个矩阵 B 也是一个块模型，初始矩阵用常见的 g × g × R 多元关系社群矩阵表示。此时，B 是初始矩阵的简化矩阵，它包含两个成分：对各个行动者的位置进行指派的对应法则 ø 和给出各个位置之间关系有无的矩阵 B，每个行动者可以根据对应法则 ø 被指派到并且只指派到唯一位置。

在块模型中，迭代相关收敛法 CONCOR（convergent correlation 或 convergence of iterated correlation）是一种常用的方法，它基于以下事实：当一个矩阵包含此前计算的相关系数的时候，对该矩阵中的各行（或者各列）之间的相关系数进行重复计算，最终产生的将会是一个仅由 −1 和 1 组成

的相关系数矩阵，具体来说，据此可以把要计算的项目分成相关系数为
－1 和 1 的两类。CONCOR 程序开始于一个矩阵，先计算矩阵的各行（或
者各列）之间的相关系数，得到一个相关系数矩阵 C_1，再将系数矩阵 C_1
作为输入矩阵，继续计算此矩阵各行（或者各列）之间的相关系数，得到
各个 "相关系数的相关系数"，构成新的系数矩阵 C_2，然后依次迭代。此
迭代过程看似可以无限计算下去，事实上，经过多次迭代之后，最终的矩
阵中的相关系数的数值不是 1 就是 －1。

5.2.3.4　中间人分析

伯特（Ronald. s. Burt）最初提出了 "中间人" 的概念，他指出，中间
人定义为向一个位置发送资源，却从另一个位置得到资源的行动者。后
来，古尔德（Gould）和费尔南德斯（Fernandez）对伯特的中间人定义提
出了质疑，他们认为，伯特的定义没有考虑行动者所在的群体，且认为
"经纪人"（broker）可以作为一个中间人促进两个相互缺乏信任的行动者
进行交易，简单来说，只要一个行动者试图促进另外两个行动者之间的交
易，就可以称该行动者是一个掮客或者 "中间人"。"中间人" 即居于中间
位置的人，例如，在一个三方关系 abc 中，假设 a 有一个指向 b 的关系，b
有一个指向 c 的关系，但 a 没有指向 c 的关系，那么 b 就是 a 与 c 的中间
人，也就是说，a 需要通过 b 才能联系上 c。依据 a、b、c 在网络中的位
置，可以将中间人分为五类①，如图 5 - 7 所示。

第一类：协调人（coordinator）。假设 b 是中间人，且 a、b、c 处于同
一个群体中，此时 b 称作 "协调人" 或 "局部中介"（local broker），也可
以说，协调人是在一个群体中起中介作用的人。例如，把包含多个同学的
班级看作一个整体网，并且假定一个班级内部的两名同学之间产生了冲
突，此时该班级的另一名同学出面调解，那么该同学扮演的角色就是 "协
调人"。在一个团体中，协调人是非常重要的中间人，中间性高，操纵着
双方的利益，但同时也受到该团体的约束。

---

① 刘军. 整体网分析讲义：UCINET 软件实用指南［M］. 上海：上海人民出版社，2009.

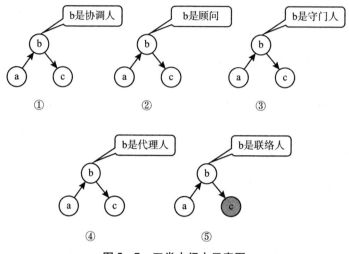

图 5-7　五类中间人示意图

第二类：顾问（consultant）。假设 b 是中间人，且 a、c 处于同一个群体中，而 b 处于另一个群体中，此时 b 称作"顾问"，在这种情况下，b 相当于一个"外人"。例如，在炒股中，股票中间人（stockbroker）就是顾问，经纪公司是远离其顾客的，并且在经纪公司看来，无论买入的人和卖出的人都是一样的。相较于协调者，顾问的行动自由度较高。

第三类：守门人（gatekeeper）。假设 b 是中间人，且 b、c 处于同一个群体中，而 a 属于另外一个群体，此时 b 称作"守门人"，在这种情况下，关系的发起人处于另一个群体中。守门人是团体中与外界联系的重要渠道，操控该团体的对外信息。守门人就像足球运动中的守门员一样，对方踢过来的球，守门员先挡一挡。但是守门人也不同于守门员，前者可以接受外界的信息再传给同一个团体内的其他节点，守门人可以控制外界信息的传入，起到过滤信息的作用，可以将其看作防火墙，将有利的信息放进来，对有害的信息进行过滤。

第四类：代理人（representative）。假设 b 是中间人，且 a、b 处于同一个群体中，而 c 处于另一个群体中，此时 b 称作"代理人"。代理人将该团体的信息、意见等传输到外界。

第五类：联络人（liaison）。假设 b 是中间人，且 a、b、c 各属于不同的群体，此时称 b 为"联络人"，联络人不为任何一个团体所规范，其自由度很高，是最具有操控两个团体能力的人，又可以不受双方规范的约束，例如，两个黑帮找第三方进行谈判，第三方就是联络人。

5.2.4 社会网络分析的工具

随着社会网络分析研究的深入，专门用于社会网络分析的工具也得到了蓬勃发展。目前，常用的社会网络分析软件非常多，包括 UCINET、Pajek、Gephi、Node XL、NetMiner、SNAPP 等。这些软件能够帮助使用者进行数据录入、矩阵操作、建模等操作，提高社会网络分析的分析准确性，也提供了静态布局和动态交互的可视化技术支持，使得分析结果更加直观。本书主要介绍 UCINET、Pajek、Gephi 和 NetMiner 四个较为常用的社会网络分析软件，相关的比较分析如表 5 - 1 所示。

表 5 - 1　　　　　　　　　　社会网络分析工具对比

基本信息	UCINET	Pajek	Gephi	NetMiner
运行平台	Windows/Linux/Mac	Windows/Linux/Mac	Windows/Linux/Mac Java 环境	Windows
付费类型	付费	非商用可免费	免费	付费
源代码	不开放	开放	开放	不开放
网络规模	中型	超大型	大型	中型
可视化	包括 NetDraw	有	有	有

5.2.4.1 UCINET 软件

UCINET 由史蒂夫·博加蒂、马丁·埃弗雷特和林·弗里曼开发，是最常用的处理社会网络数据的综合性分析软件，具有使用简单、功能强大等特点。UCINET 能够处理的原始数据为矩阵格式，可以读取和写入多种不同格式的文本文件，以及 Excel 文件。它还提供了大量数据管理和转化工具，可以处理 1 - 模或 2 - 模数据。UCINET 支持将数据处理后输出至与之集成的 NetDraw 免费程序，以实现网络可视化，也可以将处理结果导出到 Mage 或 Pajek 中实现可视化。在分析指标方面，UCINET 拥有大量的网络分析指标，支持基于过程的分析、网络分析，还包括常见的多元统计分析工具等[①]。UCINET 软件的界面如图 5-8 所示，在后续章节中，将继续以 UCINET 工具作为示例，结合具体数据开展社会网络分析。

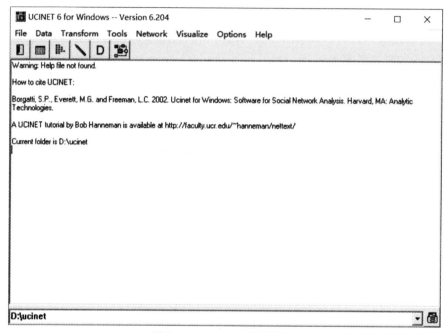

图 5-8　UCINET 软件界面

5.2.4.2　Pajek 软件

Pajek 又称蜘蛛，是安德烈·姆瓦尔于 1996 年开发的首个支持大型复杂网络分析与可视化的免费工具。Pajek 功能强大，支持超大型复杂网络分析，具体体现在其网络顶点数可达 10 亿个，且除了行数由内存进行限制之外，没有任何其他限制。Pajek 不仅支持基于过程的分析、描述分析，也支持少数基本的统计程序。

---

① Analytic Technologies. Welcome to the UCINET website [EB/OL]. http：//www. analytictech. com/UCINET/. 2010 - 10 - 21.

在 Pajek 中，主要使用六种数据类型对大型网络进行分析和可视化：网络（network），以图形的形式表示；分类（partition），指顶点的标称或顺序属性；向量（vector），表示为顶点的数值特性；聚类（cluster），指顶点子集；排列（permutation）则是指顶点的重新排序、有序属性；层次结构（hierarchy），指顶点上的树形数据结构。Pajek 通过这六种方式组织 Pajek 主窗口，如图 5 - 9 所示①。

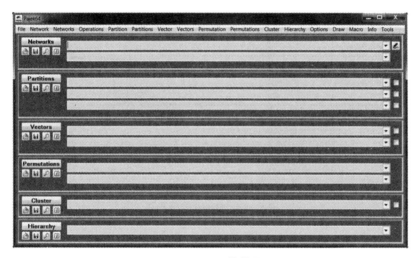

图 5 - 9　Pajek 软件界面

5.2.4.3　Gephi 软件

Gephi 主要服务热衷于探索和理解图表的数据分析师、研究者。它可以读取大多数图形文件格式，也支持 CSV 和关系数据库导入，因此，主要用于视觉分析领域。Gephi 通过交互界面对传统统计学进行补充，以帮助数据分析人员在数据来源过程中做出假设、直观的发现模式，从而进行探索性数据分析。Gephi 支持探索性数据分析、链接分析、社交网络分析和生物网络分析。其特点是支持复杂网络分析、动态网络分析，其布局算法

---

① Mrvar, A, Batagelj, V. Analysis and visualization of large networks with program package Pajek. Complex Adapt Syst Model 4，6 (2016). https：//doi. org/10. 1186/s40294 - 016 - 0017 - 8.

丰富，可进行实时动态分析，具有较强的多媒体展示功能①。Gephi 软件的
界面如图 5 – 10 所示。

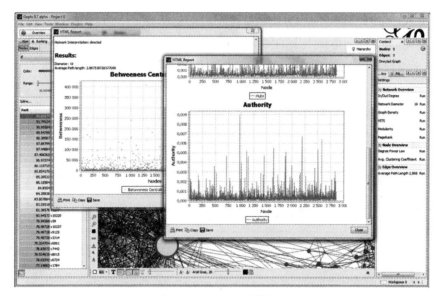

图 5 – 10　Gephi 软件界面

5.2.4.4　NetMiner 软件

NetMiner 是 Cyram 公司开发的通用、一体化社会网络分析软件，Net-
Miner 1.0 于 2001 年发布，目前已更新至 NetMiner4。NetMiner 集成了网络分
析的所有必要功能，包括网络建模与导入、网络数据结构、网络查询与转
换、网络可视化、网络分析、统计学与机器学习、在线大数据收集、文本
（语义）网络分析等。Net-Miner 支持描述性统计、ANOVA、相关和回归等统
计分析。其可视化功能突出（3D），并将分析与可视化结合，相对于其他社会
网络分析软件而言更具用户友好性②。NetMiner 软件界面如图 5 – 11 所示。

---

①　Bastian M，Heymann S，Jacomy M. (2009). Gephi：an open source software for exploring and
manipulating networks. International AAAI Conference on Weblogs and Social Media.

②　Cyram Inc. NetMiner-Social Network Analysis Software ［EB/OL］. http：//www. netminer. com/
product/overview. do.

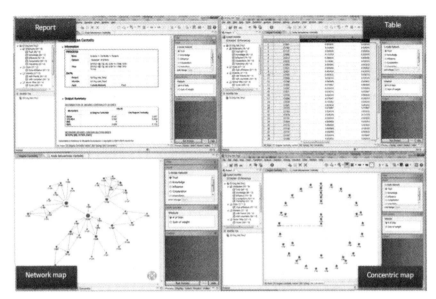

图 5 - 11　NetMiner 软件界面

5.3　教育研究中社会网络分析的应用与实操

　　在本节中，主要使用 UCINET 数据分析工具，结合在线学习社区中学习者的用户交互数来开展社会网络分析的实操演示。在社会网络分析之前，本书对 UCINET 的界面、数据类型、基础操作进行简要介绍，以便于初学者了解 UCINET 工具。之后，开展社会网络分析的具体应用和实操，并将其分为三个层次：首先，在宏观层面上，通过整体网络密度考察网络属性，开展网络结构分析；其次，在微观层面上，通过节点中心性等指标，进行网络影响力分析，衡量节点在网络中所处的位置与其重要性，描述个体的特征；最后，在中观层面上，通过凝聚子群分析，揭示子群聚类，进行网络小团体分析。

5.3.1　社会网络的数据处理

5.3.1.1　UCINET 的数据处理功能

UCINET 的主界面在图 5 - 12 中进行展示，在主界面中，包含 8 个主菜单，子菜单下为6个按钮，程序最下方是默认目录与修改默认目录的按钮。本书在此对各子菜单的功能进行简单介绍。UCINET 的 8 个主菜单，分别是文件操作主菜单（File）、数据操作子菜单（Data）、数据转换子菜单（Transform）、工具子菜单（Tools）、网络分析子菜单（Network）、可视化子菜单（Visualize）、选项命令子菜单（Options）、帮助子菜单（Help）。

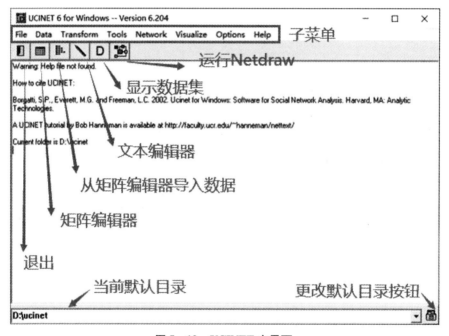

图 5-12　UCINET 主界面

文件操作主菜单（File）主要包含了 UCINET 数据文件的创建、拷贝、删除、重命名、打印、编辑、查看日志文件、打开画图程序等功能。

数据操作子菜单（Data）包含了大量与初始数据相关的功能，如 Spreadsheets 为打开 UCINET 的数据表编辑器，此外，还有数据的输入输出，数据的浏览与展示，数据的提取、移动、抽取与合并，数据的排序、置换、转置等变换，以及其他操作等 5 类数据的相关功能。

数据转换子菜单（Transform）包含了把图与网络转换为其他类型的路径与工具。这些工具包括数据的分块与行列的压缩组合、矩阵的分析与变换处理、矩阵的其他变换与图的处理等。

工具子菜单（Tools）包含了网络分析中最常用的部分工具，这些工具分析的目标主要是关系数据。包括一致性分析、聚类分析、量表及分解，2 - 模实数网络的对应分析与因子分析等，以及特征向量与特征值分析、奇异值分解等适用于 2 - 模数据的分析。

网络分析子菜单（Network）涵盖了社会网络分析最核心的技术，包括中心性分析、核心 - 边缘分析、凝聚子群分析等。

可视化子菜单（Visualize）中存在三个选项，分别可以将数据矩阵通过 Netdraw、Mage 与 Pajek 三种不同的工具转化成图像。

选项命令子菜单（Options）为 UCINET 功能使用的辅助选项，可以更改 UCINET 部分系统参数的默认值，如页码规模、缺省名、小数点位置、列宽、输出文件地址等。

帮助子菜单（Help）针对 UCINET 的分析步骤与 UCINET 中出现的专业术语含义进行解释，以帮助软件使用者了解程序功能。

在主界面的最下方，显示的是 UCINET 的默认文件目录。如需要使用 UCINET 对数据进行运算，则可以先修改该目录与数据存放目录保持一致，以便于后续使用。

5.3.1.2　UCINET 的数据格式

在 UCINET 中进行数据的输入，既可以点击 UCINET 本身包含的 Data - Spreadsheets - Matrix 菜单，打开数据表编辑器进行数据建档，又可以导入不同格式的数据并使用 UCINET 进行处理。UCINET 的数据表编辑器支持 Excel 表格的输入与输出，在 Data - Import text file 菜单中，可支持 DL、Multi DL file、NetDraw、Pajek、Krackplot、Negopy 等格式文件的输入，也支持 ASCII 文本文件的输入。如果想自行输入数据，可使用 File-Text Editor 编辑器，按照数据语言文件（DL file）的格式进行输入。

在本书中，使用在线学习社区中 16 位学习者的交互数据作为示例数据，对其进行一系列分析。该数据被储存于名为 mydata. xls 的 Excel 表格中，如图 5 - 13 所示。

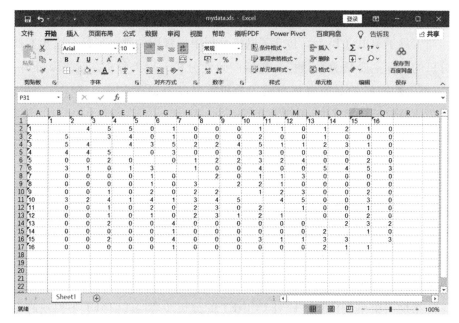

图 5 – 13　学习者交互数据 mydata. xls 文件

点击 UCINET 主界面的数据表编辑器按钮，或者点击 Data-Spreadsheet，打开数据表编辑器 Spreadsheet。数据表编辑器支持 Excel 数据的打开、复制，也支持键入的方式，在数据表编辑器中输入数据。在此，本书使用 File-Open 命令，找到对应目录，选择格式为 Excel files（ ∗ . xls） 并打开 mydata 文件，即可在 UCINET 中打开该文件，如图 5 – 14 所示。

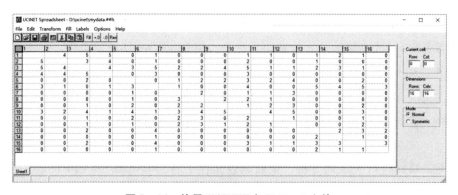

图 5 – 14　使用 UCINET 打开 Excel 文件

UCINET 软件本身对数据的储存采用 Pascal 格式，即每份 UCINET 数据包含两部分物理文件，分别是包含标题信息的##h 文件，和包含连线数据的##d 文件。因此，在未使用 UCINET 软件对 UCINET 文件进行复制、剪切、重命名、删除等操作时，需要对两个文档进行分别处理。

在 UCINET 的数据表编辑器 Spreadsheets 中，点击 File-Save As，即可将文件保存为 . ##h 格式，如图 5 - 15 所示。

图 5 - 15　使用 UCINET 保存 Pascal 文件

在 Data-Export 菜单中提供了 UCINET 可支持的输出格式，可将文件输出为 Excel、ASCII、Pajek、Mage、Metis、Krackplot 等格式。

5.3.1.3　UCINET 的矩阵操作

在 UCINET 中提供了大量针对矩阵进行数据处理的工具，本书仅选取部分作为示例，且每部分操作均使用上述原始数据 mydata 作为基准数据，但并不对原始数据进行修改。

1. 抽取子矩阵

在 Data-Extract 菜单中，可以抽取矩阵中的部分行、列，从而将这些行动者从网络中移除。如执行 Data-Extract-Extract submatrix 的操作，在弹出的对话框中选择删除 mydata 的第 8 行、第 9 行和列，如图 5 - 16 所示。

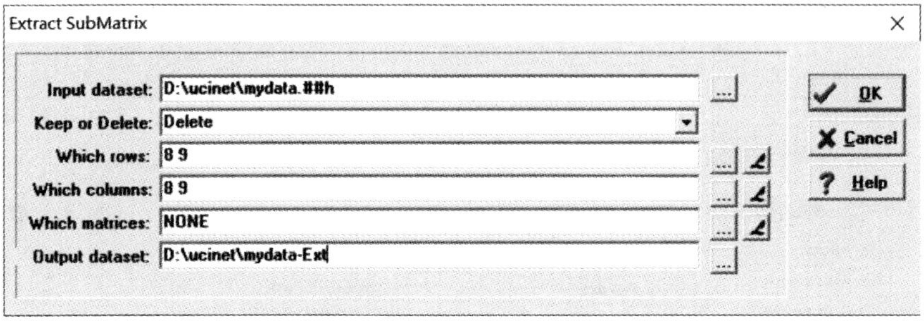

图 5 - 16　抽取子矩阵命令

在生成的新数据集 mydata-Ext 中则会移除第 8 行、第 9 行与第 8 列、第 9 列，如图 5 - 17 所示。

```
                          1 1 1 1 1 1 1
          1 2 3 4 5 6 7 0 1 2 3 4 5 6
          1 2 3 4 5 6 7 1 1 1 1 1 1 1
          - - - - - - - - - - - - - -
  1  1    4 5 5 0 1 0 1 1 0 1 2 1 0
  2  2  5   3 4 0 1 0 2 0 0 1 0 0 0
  3  3  5 4   4 3 5 2 5 1 1 2 3 1 0
  4  4  4 4 5   0 3 0 3 0 0 0 0 0 0
  5  5  0 0 2 0   0 1 3 2 4 0 0 2 0
  6  6  3 1 0 1 3   1 4 0 0 5 4 5 3
  7  7  0 0 0 0 1 0   1 1 3 0 0 0 0
 10 10  3 2 4 1 4 1 3   4 5 0 0 3 0
 11 11  0 0 1 0 2 0 2 2   1 0 0 1 0
 12 12  0 0 1 0 1 0 2 2 1   0 0 2 0
 13 13  0 0 2 0 0 4 0 0 0 0   2 3 2
 14 14  0 0 0 0 0 1 0 0 0 0 2   1 0
 15 15  0 0 2 0 0 4 0 3 1 1 3 3   3
 16 16  0 0 0 0 0 1 0 0 0 0 2 1 1

Number of rows: 14
Number of columns: 14
Number of matrices: 1
```

图 5 - 17　抽取子矩阵结果

2. 数据转置

点击 Data – Transpose 菜单，选择需要转置的数据，则可对矩阵进行转置操作，如图 5 – 18 所示。

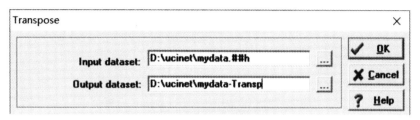

图 5 – 18 矩阵转置命令

矩阵转置的结果如图 5 – 19 所示。

```
                  1 2 3 4 5 6 7 8 9 1 1 1 1 1 1 1
                  - - - - - - - - - - - - - - - -
      1      5 5 4 0 3 0 0 0 3 0 0 0 0 0 0
      2    4   4 4 0 1 0 0 0 2 0 0 0 0 0 0
      3    5 3   5 2 0 0 0 1 4 1 1 2 0 2 0
      4    5 4 4   0 1 0 0 0 1 0 0 0 0 0 0
      5    0 0 3 0   3 1 1 2 4 2 1 0 0 0 0
      6    1 1 5 3 0   0 0 0 1 0 0 4 1 4 1
      7    0 0 2 0 1 1   3 2 3 2 2 0 0 0 0
      8    0 0 2 0 2 0 2   2 4 3 3 0 0 0 0
      9    0 0 4 0 2 0 0 2   5 0 1 0 0 0 0
     10    1 2 5 3 3 4 1 2 1   2 2 0 3 0 0
     11    1 0 1 0 2 0 1 1 2 4   1 0 0 1 0
     12    0 0 1 0 4 0 3 0 3 5 1   0 0 1 0
     13    1 1 2 0 0 5 0 0 0 0 0 0   2 3 2
     14    2 0 3 0 0 4 0 0 0 0 0 2   3 1
     15    1 0 1 0 2 5 0 0 2 3 1 2 3 1   1
     16    0 0 0 0 0 3 0 0 0 0 0 0 2 0 3
```

图 5 – 19 矩阵转置结果

3. 矩阵线性变换

在实际应用中，可能会需要将矩阵数据进行线性变换，此时应使用 Tools – Matrix Akgebra 菜单的对应工具。例如，要将操作目录下 mydata. ##h 所存放矩阵中的每一项全部乘 2，之后再将每项减 1，将其结果保存为 mydata-trans，如图 5 – 20 所示进行输入，并按下回车或单击右侧感叹号进行运算。

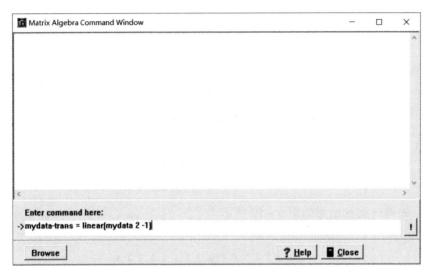

图 5 – 20　矩阵线性变换操作

打开操作目录下的 mydata-trans 文件，可以看到，该文件为已对源文件 mydata 进行了相对应的线性变换，如图 5 – 21 所示。

	1	2	3	4	5	6	7	8	9	10	11	12	13	14	15	16
1		7	9	9	-1	1	-1	-1	-1	1	1	-1	1	3	1	-1
2	9		5	7	-1	1	-1	-1	-1	3	-1	-1	1	-1	-1	-1
3	9	7		7	5	9	3	3	7	9	1	1	3	5	1	-1
4	7	7	9		-1	5	-1	-1	-1	5	-1	-1	-1	-1	1	-1
5	-1	-1	3	-1		-1	1	3	5	3	7	-1	-1	3	-1	
6	5	1	-1	1	5		1	-1	7	-1	1	-1	9	7	9	5
7	-1	-1	-1	-1	1	1		3	1	1	5	-1	1	-1	-1	
8	-1	-1	-1	-1	1	-1	5		3	3	1	-1	-1	-1	-1	
9	-1	-1	1	-1	3	-1	3	3		1	3	5	-1	-1	3	-1
10	5	3	7	1	7	1	5	7	9		7	9	-1	-1	5	-1
11	-1	-1	1	-1	3	-1	3	5	-1	3		1	-1	1	1	-1
12	-1	-1	1	-1	1	1	3	5	1	3	1		-1	-1	3	-1
13	-1	-1	3	-1	-1	7	-1	-1	-1	-1	-1			3	5	3
14	-1	-1	-1	-1	1	-1	-1	-1	-1	-1	5	-1	3		1	-1
15	-1	-1	3	-1	-1	7	-1	-1	-1	5	1	1	5	5		5
16	-1	-1	-1	-1	1	1	-1	-1	-1	-1	-1	3	1	1		

图 5 – 21　矩阵线性变换结果

4. 矩阵对称化

原数据 mydata 为非对称矩阵，原因是其关系并不具有对称性，这样的矩阵可以生成有向网络。然而，在某些情况下，一些非对称关系可以转化为对称关系。UCINET 在 Transform-Symmetrize 菜单中提供了多种对非对称矩阵进行对称化处理的程序，可使用设置为上半矩阵的值、下半矩阵的值、上下的均值、最大值、最小值、和值、差值等方法替换非对称矩阵元素的值，此外，还提供了如果对称元素值相同，则赋值为 1，否则赋值为 0 的算法。在此，本书采用了将上半矩阵赋值给下半矩阵的算法，如图 5－22 所示。

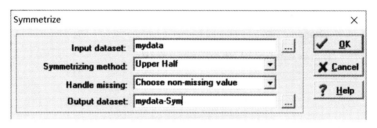

图 5－22　矩阵对称化操作

图 5－23 则显示了在进行矩阵对称化操作后输出的结果数据，可见该矩阵已进行对称化处理，且矩阵下半部分均被上半部分的矩阵值一对一覆盖。

```
         1 2 3 4 5 6 7 8 9 1 1 1 1 1 1 1
                           0 1 2 3 4 5 6
         - - - - - - - - - - - - - - - -
    1      4 5 5 0 1 0 0 0 1 1 0 1 2 1 0
    2    4   3 4 0 1 0 0 0 2 0 0 1 0 0 0
    3    5 3   4 3 5 2 2 4 5 1 1 2 3 1 0
    4    5 4 4   0 3 0 0 0 3 0 0 0 0 0 0
    5    0 0 3 0   0 1 2 2 3 2 4 0 0 2 0
    6    1 1 5 3 0   1 0 0 4 0 0 5 4 5 3
    7    0 0 2 0 1 1   2 0 1 1 3 0 0 0 0
    8    0 0 2 0 2 0 2   2 2 1 0 0 0 0 0
    9    0 0 4 0 2 0 0 2   1 2 3 0 0 2 0
   10    1 2 5 3 3 4 1 2 1   4 5 0 0 3 0
   11    1 0 1 0 2 0 1 1 2 4   1 0 0 1 0
   12    0 0 1 0 4 0 3 0 3 5 1   0 0 2 0
   13    1 1 2 0 0 5 0 0 0 0 0 0   2 3 2
   14    2 0 3 0 0 4 0 0 0 0 0 2   1 0
   15    1 0 1 0 2 5 0 0 2 3 1 2 3 1   3
   16    0 0 0 0 0 3 0 0 0 0 0 0 2 0 3
```

图 5－23　矩阵对称化结果

5. 二值处理

以数据 mydata 为例，在数据中仅包含 0 及 0 以上的自然数，因此，在 Transform-Dichotomize 菜单下，输入 mydata 数据集，将 Cut-Off Operator 设为大于，Cut-Off Value 设为 0，如图 5−24 所示。

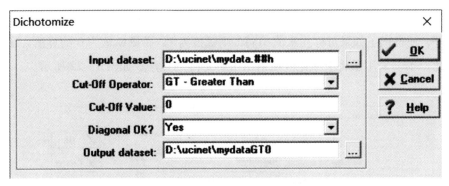

图 5−24　二值处理操作

在点击 OK 按钮后，即可生成对应的二值数据矩阵。转换完成的结果如图 5−25 所示。

```
                  1 2 3 4 5 6 7 8 9 1 1 1 1 1 1 1
                                    0 1 2 3 4 5 6
                  - - - - - - - - - - - - - - - -
             1      1 1 1 0 1 0 0 0 1 1 0 1 1 1 0
             2    1   1 1 0 1 0 0 0 1 0 0 1 0 0 0
             3    1 1   1 1 1 1 1 1 1 1 1 1 1 1 0
             4    1 1 1   0 1 0 0 0 1 0 0 0 0 0 0
             5    0 0 1 0   0 1 1 1 1 1 1 0 0 1 0
             6    1 1 0 1 1   1 0 0 1 0 0 1 1 1 1
             7    0 0 0 0 1 0   1 0 1 1 1 0 0 0 0
             8    0 0 0 0 1 0 1   1 1 1 0 0 0 0 0
             9    0 0 1 0 1 0 1 1   1 1 1 0 0 1 0
            10    1 1 1 1 1 1 1 1 1   1 1 0 0 1 0
            11    0 0 1 0 1 0 1 0 1 1   1 0 0 1 0
            12    0 0 1 0 1 0 1 0 1 1 1   0 0 1 0
            13    0 0 1 0 0 1 0 0 0 0 0 0   1 1 1
            14    0 0 0 0 0 1 0 0 0 0 0 0 1   1 0
            15    0 0 1 0 0 1 0 0 0 1 1 1 1 1   1
            16    0 0 0 0 0 1 0 0 0 0 0 0 1 1 1
```

图 5−25　二值处理结果

前文介绍了 UCINET 的抽取子矩阵、数据转置、矩阵线性变换、矩阵对称化、二值处理共 5 种操作，而在 UCINET 中还支持了众多其他的矩阵操作，如矩阵合并、标准化、置换、排序等。这些操作较为简单，其原理与上述操作大同小异，因此，不再赘述。如需要进行相应操作，或是需要输入更为复杂的矩阵计算命令，可以查询 UCINET 的帮助文档，也可以在 Excel 中对数据进行运算后，再导入 UCINET 开展其他运算与分析。

5.3.2　网络结构分析

5.3.2.1　网络与行动者

在社会网络分析中，具有个体与结构的二重性。由于行动者各具差异，每个行动者与他人之间的连接也各有差异。这些差异体现在行动者出度、入度、可达性、连通度等指标中，高度连接的个体可能更容易影响他人，也可能更容易被他人影响。在网络中，两个行动者进行信息交流的行为，可能会受到行动者距离的影响。行动者之间的差异与地方性互动，构成了社会网络的结构特征。

前文提供了在线学习社区用户交互行为的案例数据，这一数据形成的网络为有向网络，各行动者间的连接存在距离与方向的不同特征。在 UCINET 中，可以通过 Netdraw 使用图形的形式将该网络的信息进行展示，如图 5 - 26 所示。

在图 5 - 26 中，16 位彼此连接的行动者在图中以点的形式呈现。如行动者 A 到行动者 B 之间存在箭头，表示了 A 对 B 存在发送消息的关系，然而行动者 B 至行动者 A 之间并不一定也存在关系。节点间连线上的数值即权数，表示了这一向量的强弱。然而，各行动者与他人的连接关系均有所不同。在网络图中，可以得出不同行动者所具有的部分特征。如 3、6、10、11 号等行动者处于图像较为中心的位置，与其他节点有着较多的交流，而 2、4、16 号行动者等则与其他节点的交流更少。

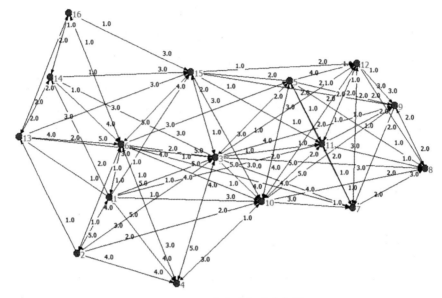

图 5 - 26　用户交流行为有向图

通过 Netdraw 绘制网络关系图，将数据变为可视化图像，是 UCINET 社会网络分析的基础。Netdraw 内置了很多图像展示相关的功能，也支持网络关系图的修改。利用网络关系图表示社会网络，有简洁直观、清晰明了的特点。在后续的各种分析中，也可以继续参考网络关系图，以对分析结果有更深刻的认知。

5.3.2.2　连接

不同用户在网络中体现出了不同的人口统计特征，而有向网络中连接（connectedness）的基本差异则描绘了行动者如何看待外界和被外界看待的问题。行动者可能是连接的信源（sources），也可能是连接的接收者（sinks）。连接的数目和种类则决定了行动者可能存在的分层、机会、影响力等。

1.　行动者出度

在 UCINET 的 Tools-Univariate Statistics 工具中，可以测量行动者的点度（degree）。在统计量中选择行（Rows），如图 5 - 27 所示，则可以看到行动者的出度。

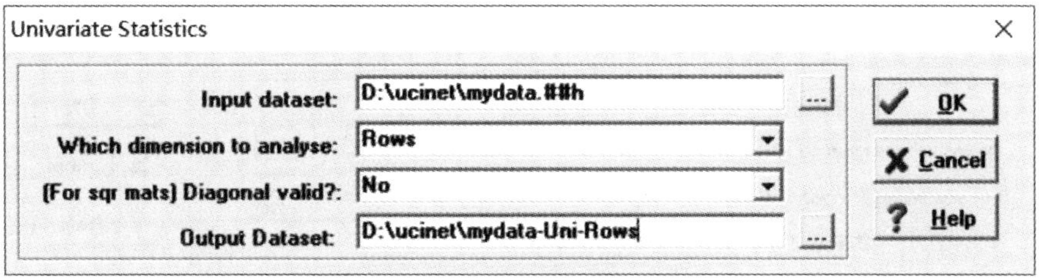

图 5 - 27　行动者出度测量

图 5 - 28 所示为行动者出度的结果。行为扮演信源角色的行动者，Sum 列可以看到行动者向其他行动者发送信息的数量总和。可以看出，行动者 3、6、10 相对于其他用户而言更倾向于向他人发送消息，推测这些行动者具有更高的影响力。而行动者 7、8、14、16 则较少担任信息发送者的角色。

Descriptive Statistics

		1 Mean	2 Std Dev	3 Sum	4 Varianc	5 SSQ	6 MCSSQ	7 Euc Nor	8 Minimum	9 Maximum	10 N of Ob
1	1	1.400	1.744	21.000	3.040	75.000	45.600	8.660	0.000	5.000	15.000
2	2	1.067	1.611	16.000	2.596	56.000	38.933	7.483	0.000	5.000	15.000
3	3	2.800	1.600	42.000	2.560	156.000	38.400	12.490	0.000	5.000	15.000
4	4	1.267	1.843	19.000	3.396	75.000	50.933	8.660	0.000	5.000	15.000
5	5	1.200	1.275	18.000	1.627	46.000	24.400	6.782	0.000	4.000	15.000
6	6	2.000	1.862	30.000	3.467	112.000	52.000	10.583	0.000	5.000	15.000
7	7	0.533	0.884	8.000	0.782	16.000	11.733	4.000	0.000	3.000	15.000
8	8	0.600	0.952	9.000	0.907	19.000	13.600	4.359	0.000	3.000	15.000
9	9	1.000	1.033	15.000	1.067	31.000	16.000	5.568	0.000	3.000	15.000
10	10	2.600	1.744	39.000	3.040	147.000	45.600	12.124	0.000	5.000	15.000
11	11	0.800	0.980	12.000	0.960	24.000	14.400	4.899	0.000	3.000	15.000
12	12	0.867	0.957	13.000	0.916	25.000	13.733	5.000	0.000	3.000	15.000
13	13	0.867	1.310	13.000	1.716	37.000	25.733	6.083	0.000	4.000	15.000
14	14	0.267	0.573	4.000	0.329	6.000	4.933	2.449	0.000	2.000	15.000
15	15	1.333	1.445	20.000	2.089	58.000	31.333	7.616	0.000	4.000	15.000
16	16	0.333	0.596	5.000	0.356	7.000	5.333	2.646	0.000	2.000	15.000

图 5 - 28　行动者出度结果

2. 行动者入度

同样在 Tools-Univariate Statistics 工具中，将统计量选择列（Columns），

则可以看到行动者的入度，如图 5 – 29 所示。

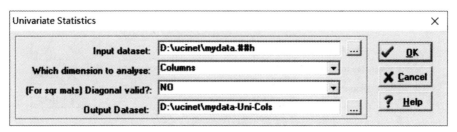

图 5 – 29　行动者入度测量

图 5 – 30 所示为行动者入度的结果，表中每一列代表了一个行动者，该行动者扮演着接受者的角色，Sum 列可以看到行动者收到他人信息的数量总和。可以看出，行动者 1、3、6、10、15 收到他人发送的消息较多，推测这些行动者具有更高的声望。而行动者 16 接受和发送信息均较少，从而可以认为行动者 16 为较为"孤立"的节点。

```
Descriptive Statistics
                   1       2       3       4       5       6       7       8       9      10      11      12      13      14      15      16
                   1       2       3       4       5       6       7       8       9      10      11      12      13      14      15      16
                ------  ------  ------  ------  ------  ------  ------  ------  ------  ------  ------  ------  ------  ------  ------  ------
 1    Mean       1.333   1.000   1.733   1.000   1.133   1.400   1.067   1.200   0.933   1.933   0.933   1.200   1.067   1.000   1.467   0.533
 2    Std Dev    1.955   1.592   1.731   1.713   1.310   1.665   1.123   1.376   1.569   1.436   1.062   1.641   1.436   1.366   1.360   1.087
 3    Sum       20.000  15.000  26.000  15.000  17.000  21.000  16.000  18.000  14.000  29.000  14.000  18.000  16.000  15.000  22.000   8.000
 4    Variance   3.822   2.533   2.996   2.933   1.716   2.773   1.262   1.893   2.462   2.062   1.129   2.693   2.062   1.867   1.849   1.182
 5    SSQ       84.000  53.000  90.000  59.000  45.000  71.000  36.000  50.000  50.000  87.000  30.000  60.000  48.000  43.000  60.000  22.000
 6    MCSSQ     57.333  38.000  44.933  44.000  25.733  41.600  18.933  28.400  36.933  30.933  16.933  40.400  30.933  28.000  27.733  17.733
 7    Euc Norm   9.165   7.280   9.487   7.681   6.708   8.426   6.000   7.071   7.071   9.327   5.477   7.874   6.928   6.557   7.746   4.690
 8    Minimum    0.000   0.000   0.000   0.000   0.000   0.000   0.000   0.000   0.000   0.000   0.000   0.000   0.000   0.000   0.000   0.000
 9    Maximum    5.000   4.000   5.000   5.000   4.000   5.000   3.000   4.000   5.000   5.000   4.000   5.000   5.000   4.000   5.000   3.000
10    N of Obs  15.000  15.000  15.000  15.000  15.000  15.000  15.000  15.000  15.000  15.000  15.000  15.000  15.000  15.000  15.000  15.000
```

图 5 – 30　行动者入度结果

3. 可达性

如果存在连接组合可以使信息从信源传递给接收者，那么不管这一连接组合经历了多少位行动者，皆可以称这位行动者是可达的（Reachable）。在 UCINET 的 Network-Cohesion-Reachability 中可以对行动的可达性进行测量，如图 5 – 31 所示。

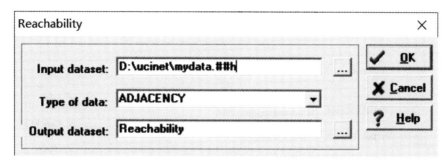

图 5 - 31　行动者可达性测量

在图 5 - 32 中，可以看到该数据网络中，每位行动者均可达。

```
For each pair of nodes, the algorithm finds whether
there exists a path of any length that connects them.

                          1 1 1 1 1 1 1
          1 2 3 4 5 6 7 8 9 0 1 2 3 4 5 6
          1 2 3 4 5 6 7 8 9 1 1 1 1 1 1 1
          - - - - - - - - - - - - - - - -
 1  1       1 1 1 1 1 1 1 1 1 1 1 1 1 1 1
 2  2     1   1 1 1 1 1 1 1 1 1 1 1 1 1 1
 3  3     1 1   1 1 1 1 1 1 1 1 1 1 1 1 1
 4  4     1 1 1   1 1 1 1 1 1 1 1 1 1 1 1
 5  5     1 1 1 1   1 1 1 1 1 1 1 1 1 1 1
 6  6     1 1 1 1 1   1 1 1 1 1 1 1 1 1 1
 7  7     1 1 1 1 1 1   1 1 1 1 1 1 1 1 1
 8  8     1 1 1 1 1 1 1   1 1 1 1 1 1 1 1
 9  9     1 1 1 1 1 1 1 1   1 1 1 1 1 1 1
10 10     1 1 1 1 1 1 1 1 1   1 1 1 1 1 1
11 11     1 1 1 1 1 1 1 1 1 1   1 1 1 1 1
12 12     1 1 1 1 1 1 1 1 1 1 1   1 1 1 1
13 13     1 1 1 1 1 1 1 1 1 1 1 1   1 1 1
14 14     1 1 1 1 1 1 1 1 1 1 1 1 1   1 1
15 15     1 1 1 1 1 1 1 1 1 1 1 1 1 1   1
16 16     1 1 1 1 1 1 1 1 1 1 1 1 1 1 1
```

图 5 - 32　行动者可达性结果

4. 连通度

连通度（connectivity）表示了两个行动者之间有不同连通路径的数量，在 Network-Cohesion-Point Connectivity 中可以查看两个行动者间的连通度，如图 5 – 33 所示。

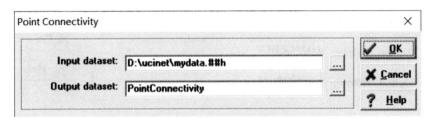

图 5 – 33　行动者连通度测量

连通度反映了节点的依赖性与脆弱性，从图 5 – 34 的连通度结果而言，行动者 16 与其他节点的连通度较低，这也符合前文出入度描述中关于节点 16 作为信源与接收者均较为贫弱的推论。

```
      1  2  3  4  5  6  7  8  9 10 11 12 13 14 15 16
     -- -- -- -- -- -- -- -- -- -- -- -- -- -- -- --
  1   0  5  8  5  5  8  5  5  5  7  5  5  6  5  7  3
  2   5  0  6  5  5  6  5  5  5  6  5  5  5  5  5  3
  3   5  5  0  5  8  8  8  7  5 12  9  7  6  5 10  3
  4   5  5  5  0  5  5  5  5  5  5  5  5  5  5  5  3
  5   3  3  6  3  0  3  8  7  5  8  8  7  3  3  6  3
  6   5  5  8  5  6  0  6  5  8  6  6  7  6  9  3
  7   3  3  5  3  5  3  0  5  5  5  5  5  3  3  5  3
  8   3  3  5  3  5  5  5  0  5  5  5  5  3  3  5  3
  9   3  3  6  3  8  3  8  7  0  8  8  7  3  3  6  3
 10   5  5 10  5  8  6  8  7  5  0  9  7  5  5  9  3
 11   3  3  6  3  7  3  7  6  5  7  0  7  3  3  6  3
 12   3  3  6  3  8  3  8  7  5  8  8  0  3  3  6  3
 13   3  3  3  3  3  5  3  3  3  3  3  3  0  5  5  3
 14   3  3  3  3  3  3  3  3  3  3  3  3  3  0  3  3
 15   3  3  6  3  5  6  5  5  5  5  5  5  6  6  0  3
 16   3  3  3  3  3  4  3  3  3  3  3  3  4  4  4  0
```

图 5 – 34　行动者连通度结果

5.3.2.3　距离

测地距离（geodesic distance）是网络中关于行动者距离的特殊定义，在二值网络中，测地距离表示了两个行动者在最短路线下的关系数量。而在数值网络中，测地距离还可以测量两个行动者之间连接的强度（最小值）、机会成本（和值）或可能性（乘积）。

UCINET 的 Network-Cohesion-Distance 工具，可以测量网络的测地距离。在对话框 Attenuation Factor 中，也可以将距离转换成相似性等，如图 5 – 35 所示。

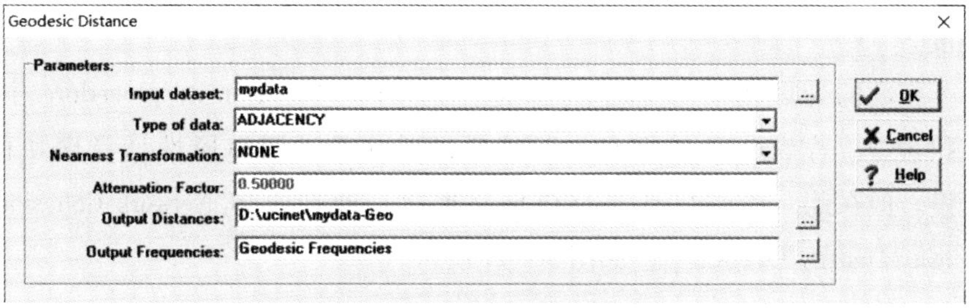

图 5 – 35　网络测地距离测量

图 5 – 36 显示的是网络测地距离的测量结果。

```
 Geodesic Distances

                                    1 1 1 1 1 1 1
                  1 2 3 4 5 6 7 8 9 0 1 2 3 4 5 6
                  1 2 3 4 5 6 7 8 9 1 1 1 1 1 1 1
                  - - - - - - - - - - - - - - - -
  1  1  0 1 1 1 2 1 2 2 2 1 1 2 1 2 1 1 2
  2  2  1 0 1 1 2 1 2 2 2 1 2 2 1 2 2 2
  3  3  1 1 0 1 1 1 1 1 1 1 1 1 1 1 1 2
  4  4  1 1 1 0 2 1 2 2 2 1 2 2 2 2 2 2
  5  5  2 2 1 2 0 2 1 1 1 1 1 1 2 2 1 2
  6  6  1 1 2 1 1 0 1 2 2 1 2 2 1 1 1 1
  7  7  2 2 2 2 1 2 0 1 2 1 1 1 3 3 2 3
  8  8  2 2 2 2 1 2 1 0 1 1 1 1 3 3 2 3
  9  9  2 2 1 2 1 2 1 1 0 1 1 1 2 2 1 2
 10 10  1 1 1 1 1 1 1 1 1 0 1 1 2 2 1 2
 11 11  2 2 1 2 1 2 1 1 1 1 0 1 2 2 1 2
 12 12  2 2 1 2 1 1 1 1 1 1 1 0 2 2 1 2
 13 13  2 2 1 2 2 1 2 2 2 2 2 2 0 1 1 1
 14 14  2 2 2 2 2 1 2 3 3 2 2 2 1 0 1 2
 15 15  2 2 1 2 2 1 2 2 2 1 1 1 1 1 0 1
 16 16  2 2 2 2 2 1 2 3 3 2 2 2 1 1 1 0
```

图 5 – 36　网络测地距离结果

5.3.2.4 密度

密度（density）衡量了网络中群体的连接程度。对于二值网络而言，密度为所有连接数值的总数与所有可能存在的连接总数之比。而在数值数据中，密度表示了在所有可能存在的连接中，目前已存在连接的平均强度。

密度的计算在菜单 Network-Cohesion-Density-Old Density procedure 中。在执行中，若节点有名称或分区编号，则可通过调整属性计算区块的密度。但在此，我们只计算整体网络密度，即在菜单 Network-Cohesion-Density-Density Overall 中，如图 5－37 所示。

图 5－37 网络密度测量

在密度测量的报告中，会给出矩阵的密度值和标准差，如图 5－38 所示。结论可得，网络 mydata 的密度值约为 1.18，而标准差约为 1.52。

	Avg Value	Std Dev
mydata	1.1833	1.5192

图 5－38 网络密度测量结果

5.3.3　网络影响力分析

5.3.3.1　点度中心度

网络影响力分析测量的是网络中节点的"权力"（power）。社会网络在对权力进行定量研究时，提出了中心度和中心势的指标。中心度指标是对节点权力的量化分析，而中心势指标则描述的是图的整体性、一致性。

从节点的角度而言，行动者与他人的连接越多，他在社会网络中就越可能占据更有利的位置。其原因是，行动者与其他行动者的连接较多，则可能利用更多资源，不但可能减轻对其他节点的依赖，而且有机会从其他节点连接的中介活动获利。因此，在无向数据中，与他人连接更多的节点被认为更具影响力；而在有向数据中，节点度数存在着出度和入度的区分。节点拥有高入度会被视为更被他人需要，而具有高出度则会被视为更具影响力。

在图 5－37 和图 5－38 中，我们测量了各节点的出度和入度。在 UCI-NET 中进行点度中心度的测量，在菜单 Network-Centrality-Degree 中，弹出的对话框如图 5－39 所示。而如果在标签 Treat data as symmetric 中选择 Yes，则将会在运算时将矩阵进行对称化处理。

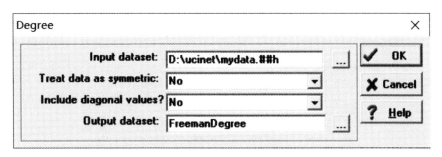

图 5－39　点度中心度测量

在图 5－40 中，前两栏为不同节点的出度与入度。但由于网络大小与密度不同，可以将出入度进行标准化，以网络所有节点数减 1 的百分比来表示出入度，则为右方两栏所表示的标准化后的出入度。

		1 OutDegree	2 InDegree	3 NrmOutDeg	4 NrmInDeg
3	3	42.000	26.000	56.000	34.667
10	10	39.000	29.000	52.000	38.667
6	6	30.000	21.000	40.000	28.000
1	1	21.000	20.000	28.000	26.667
15	15	20.000	22.000	26.667	29.333
4	4	19.000	15.000	25.333	20.000
5	5	18.000	17.000	24.000	22.667
2	2	16.000	15.000	21.333	20.000
9	9	15.000	14.000	20.000	18.667
12	12	13.000	18.000	17.333	24.000
13	13	13.000	16.000	17.333	21.333
11	11	12.000	14.000	16.000	18.667
8	8	9.000	18.000	12.000	24.000
7	7	8.000	16.000	10.667	21.333
16	16	5.000	8.000	6.667	10.667
14	14	4.000	15.000	5.333	20.000

图 5 – 40　点度中心度结果

在图 5 – 41 为 log 文件中提示的点度中心度结果的描述性统计中可看出，每个节点的平均出度和入度均为 17.750，而关于出度的最小值与最大值的差值为 38，入度则为 21，相差较大，从标准差也可以看出，出度的标准差为 10.662，而入度的标准差仅为 4.880。由此可得，在这个网络中，行动者入度的变异度小于出度。在图 5 – 41 的最后一部分，描述的是宏观的图形中心势，这个指标描述的是网络的不均等程度或是变异程度。在本示例中，该图形的出度中心势约为 34.5%，而入度中心势仅为 16.0%，即在网络中，出度角度而言，个体的权力具有 34.5% 的集中性，而入度角度的权力集中达到了 16.0%。

```
!DESCRIPTIVE STATISTICS
```

		1 OutDegree	2 InDegree	3 NrmOutDeg	4 NrmInDeg
1	Mean	17.750	17.750	23.667	23.667
2	Std Dev	10.662	4.880	14.217	6.506
3	Sum	284.000	284.000	378.667	378.667
4	Variance	113.688	23.813	202.111	42.333
5	SSQ	6860.000	5422.000	12195.556	9639.111
6	MCSSQ	1819.000	381.000	3233.778	677.333
7	Euc Norm	82.825	73.634	110.433	98.179
8	Minimum	4.000	8.000	5.333	10.667
9	Maximum	42.000	29.000	56.000	38.667

```
Network Centralization (Outdegree) = 34.489%
Network Centralization (Indegree) = 16.000%
```

图 5 – 41　点度中心度描述统计

5.3.3.2　中间中心性

中间中心性测量的是一位行动者是否位于图中其他行动者的中间，即这个节点能否在其他节点的交流中起到"中介"作用。在 UCINET 中，可以通过 Network-Centrality-Freeman Betweenenss-Node Betweenness 测量行动者的中间中心性，其对话框如图 5－42 所示。

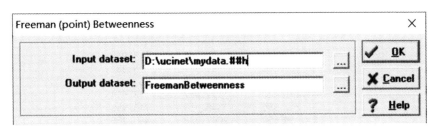

图 5－42　节点的中间中心性测量

测量结果如图 5－43 所示，可以看出，行动者的中间中心性差异较大，

```
Un-normalized centralization: 364.631

                          1            2
                   Betweenness nBetweenness
                   ------------ ------------
        10  10        31.102       14.810
         3   3        30.361       14.457
        15  15        24.587       11.708
         6   6        23.998       11.428
         5   5         4.823        2.297
        11  11         4.347        2.070
        13  13         3.676        1.751
         1   1         3.125        1.488
        12  12         3.098        1.475
         9   9         1.282        0.610
         7   7         1.233        0.587
         2   2         0.775        0.369
         8   8         0.450        0.214
         4   4         0.143        0.068
        14  14         0.000        0.000
        16  16         0.000        0.000
```

图 5－43　节点的中间中心性结果

最大的是行动者10，具有31.1的中间中心性；而节点14与节点16则完全不具有中间中心性。结果表明，节点10、节点3、节点6、节点15在整个网络中具有较高的权力，在网络中较为重要。

图5-44为LOG文件中节点的中间中心性描述统计，节点的平均中间中心性约为8.3，该网络的中间中心势为11.58%。

```
DESCRIPTIVE STATISTICS FOR EACH MEASURE

                              1            2
                      Betweenness  nBetweenness
                      -----------  ------------
    1     Mean            8.313        3.958
    2   Std Dev          11.300        5.381
    3     Sum           133.000       63.333
    4  Variance         127.687       28.954
    5     SSQ          3148.560      713.959
    6    MCSSQ         2042.998      463.265
    7  Euc Norm         56.112       26.720
    8   Minimum          0.000        0.000
    9   Maximum         31.102       14.810

Network Centralization Index = 11.58%
```

图5-44　节点的中间中心性描述统计

除去节点的中间中心性外，线的中间中心性也可以通过UCINET进行计算。线的中间中心性表示的是，哪一段关系最能位于整个网络的中心，即这条线对信息的"控制程度"。线的中间中心性越高，表示出现在一条两点之间路径的次数越高。在 Network-Centrality-Freeman Betweenness-Edge (line) Betweenness 中可以执行线的中间中心性测量，如图5-45所示。

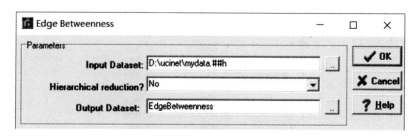

图5-45　线的中间中心性测量

图 5 - 46 为线的中间中心性测量结果，可以看出，行动者 15 连接行动者 16 的线的中间中心性较高，达到 8.1；行动者 14 连接行动者 6 的线、行动者 16 连接行动者 6 的线以及行动者 7 连接行动者 10 的线均有较高的中间中心性。

```
            1     2     3     4     5     6     7     8     9     10    11    12    13    14    15    16
          ----- ----- ----- ----- ----- ----- ----- ----- ----- ----- ----- ----- ----- ----- ----- -----
 1  0.000 1.000 2.726 1.000 0.000 1.833 0.000 0.000 0.000 2.583 2.950 0.000 1.965 2.033 2.033 0.000
 2  1.783 0.000 4.093 1.000 0.000 2.617 0.000 0.000 0.000 3.700 0.000 0.000 2.582 0.000 0.000 0.000
 3  3.833 3.833 0.000 3.833 2.617 2.667 2.617 4.083 4.700 1.333 2.167 2.750 4.511 4.633 1.783 0.000
 4  2.167 1.250 4.476 0.000 3.500 0.000 0.000 0.000 3.750 0.000 0.000 0.000 0.000 0.000 0.000 0.000
 5  0.000 0.000 4.858 0.000 0.000 0.000 1.000 1.583 2.283 2.833 1.200 1.450 0.000 0.000 4.615 0.000
 6  4.176 3.976 3.976 3.946 6.626 0.000 5.650 0.000 0.000 0.000 0.000 0.000 1.775 2.033 2.043 4.400
 7  0.000 0.000 0.000 0.000 2.332 0.000 0.000 1.833 0.000 7.005 2.282 2.782 0.000 0.000 0.000 0.000
 8  0.000 0.000 0.000 0.000 2.282 0.000 1.200 0.000 2.732 6.955 2.282 0.000 0.000 0.000 0.000 0.000
 9  0.000 0.000 4.274 0.000 1.000 0.000 0.000 0.000 0.000 2.833 1.000 1.200 0.000 0.000 3.974 0.000
10  6.165 5.715 2.475 5.333 2.117 6.065 2.117 3.417 4.450 0.000 1.867 2.700 0.000 0.000 3.682 0.000
11  0.000 0.000 4.915 0.000 1.650 0.000 1.450 2.033 0.000 3.033 0.000 1.650 0.000 0.000 4.615 0.000
12  0.000 0.000 4.274 0.000 1.200 0.000 1.200 1.500 2.117 2.833 1.000 0.000 0.000 0.000 3.974 0.000
13  0.000 0.000 8.560 0.000 0.000 3.833 0.000 0.000 0.000 0.000 0.000 0.000 0.000 1.250 2.533 2.500
14  0.000 0.000 0.000 0.000 0.000 7.542 0.000 0.000 0.000 0.000 0.000 0.000 2.125 0.000 5.333 0.000
15  0.000 0.000 4.710 0.000 0.000 3.733 0.000 0.000 0.000 4.900 4.600 5.567 3.927 4.050 0.000 8.100
16  0.000 0.000 0.000 0.000 0.000 7.208 0.000 0.000 0.000 0.000 0.000 0.000 1.792 1.000 5.000 0.000
```

图 5 - 46　线的中间中心性结果

5.3.3.3　接近中心度

区别于点度中心度仅仅考虑行动者的连接数量，接近中心度衡量了行动者在整个图像中的位置，聚焦于每个人与所有人之间的距离。一位行动者可能与许多行动者连接，但这个行动者可能并没有在整个网络的中心，而是在某一局部领域的中心。

学者对于"接近"有着不同定义，因此，关于接近中心度的测量方法也各有不同。较为常用的有路径距离、可达距离等。

1. 路径距离

在 Network-Centrality-Closeness 中可以测量行动者与他人的距离总和，其界面如图 5 - 47 所示。

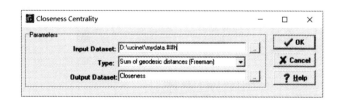

图 5 - 47　路径距离测量

各行动者的路径距离如图 5 - 48 所示，从路径距离的数值可以看出，节点 3、节点 10、节点 15 距离其他节点的距离和较短。在表中的 inCloseness 和 outCloseness 为前两列计算的距离和倒数，进行标准化计算后的结果，用于表示节点的接近中心性。

```
Closeness Centrality Measures

                       1            2            3            4
                 inFarness   outFarness  inCloseness outCloseness
                 -----------  -----------  -----------  -----------
    10   10         18.000       18.000       83.333       83.333
    15   15         19.000       22.000       78.947       68.182
     3    3         20.000       16.000       75.000       93.750
     6    6         21.000       20.000       71.429       75.000
    11   11         21.000       23.000       71.429       65.217
     5    5         22.000       22.000       68.182       68.182
     7    7         22.000       28.000       68.182       53.571
    12   12         23.000       22.000       65.217       68.182
     8    8         25.000       28.000       60.000       53.571
     2    2         25.000       24.000       60.000       62.500
     1    1         25.000       21.000       60.000       71.429
     4    4         25.000       25.000       60.000       60.000
    13   13         25.000       25.000       60.000       60.000
    14   14         26.000       29.000       57.692       51.724
     9    9         27.000       22.000       55.556       68.182
    16   16         29.000       28.000       51.724       53.571
```

图 5 - 48　路径距离结果

LOG 文件中路径距离的描述统计如图 5 - 49 所示，可以进入节点的平

```
Statistics

                       1            2            3            4
                 inFarness   outFarness  inCloseness outCloseness
                 -----------  -----------  -----------  -----------
  1     Mean         23.313       23.313       65.418       66.025
  2   Std Dev         2.952        3.618        8.568       11.046
  3      Sum        373.000      373.000     1046.691     1056.395
  4 Variance          8.715       13.090       73.415      122.005
  5      SSQ       8835.000     8905.000    69647.250    71700.227
  6    MCSSQ        139.438      209.438     1174.639     1952.079
  7 Euc Norm         93.995       94.366      263.908      267.769
  8 Minimum          18.000       16.000       51.724       51.724
  9 Maximum          29.000       29.000       83.333       93.750

Network in-Centralization = 39.58%
Network out-Centralization = 61.26%
```

图 5 - 49　路径距离统计

均路径距离约为 23.313，接近度则为 65.418；从节点出的平均路径距离为 23.313，接近度为 66.025。该网络进入节点的接近中心势为 39.58%，离开节点的接近中心势为 61.26%。

2. 可达距离

可达距离是衡量行动者距离其他行动者距离的另一个指标，其思路是，观察在不同的步长下，某一节点可以连接到其他节点的数量。在 UCI-NET 中，可以使用 Network-Centrality-Reach centrality 计算，如计算 mydata 的可达距离如图 5－50 所示。在该计算中，将自动大于 0 的数值转换为 1，将原数据变为二值矩阵。

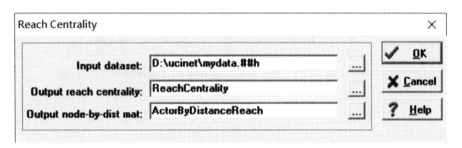

图 5－50 可达距离测量

图 5－51 显示了各节点可达距离的测量结果。结果 Reach Centrality 前两列显示了各节点的可达距离加权，后两列则显示的是其标准化后的数值结果。除去结果 Reach Centrality 外，还有 In-Actor By Distance Reach 与 Out-Actor By Distance Reach 两个文件被生成，分别给出了在每个距离级别（步长 1、2、3）可到达的节点比例，如图 5－52 和图 5－53 所示。图 5－52 显示的是可到达目标节点的比例值，而图 5－53 为可从节点到达的值。如在图 5－52 中，第 3 行第 1 列中的值 0.667 意味着 66.7% 的节点可以从长度为 1 或更小的路径中访问节点 3。在该网络中，每个节点都可以在 3 步长内访问任何节点，也可以被任何节点访问。而在 1 步的步长内，80% 的节点可以访问节点 10；而在同样 1 步长内，节点 3 可以访问其他节点中的 93.3%。

Reach Centrality

	1 OutdwReac	2 IndwReach	3 nOutdwRea	4 nIndwReac
3	15.500	13.500	0.969	0.844
10	14.500	14.500	0.906	0.906
6	13.500	13.000	0.844	0.813
1	13.000	11.000	0.813	0.688
5	12.500	12.500	0.781	0.781
12	12.500	12.000	0.781	0.750
15	12.500	14.000	0.781	0.875
9	12.500	10.667	0.781	0.667
11	12.000	13.000	0.750	0.813
2	11.500	11.000	0.719	0.688
4	11.000	11.000	0.688	0.688
13	11.000	11.667	0.688	0.729
8	10.500	11.667	0.656	0.729
7	10.500	12.500	0.656	0.781
16	10.167	9.667	0.635	0.604
14	9.667	11.167	0.604	0.698

图 5－51　可达距离结果 Reach Centrality

}Prop. of nodes that can reach node in m steps

		1 d1	2 d2	3 d3
1	1	0.33	1.00	1.00
2	2	0.33	1.00	1.00
3	3	0.67	1.00	1.00
4	4	0.33	1.00	1.00
5	5	0.53	1.00	1.00
6	6	0.60	1.00	1.00
7	7	0.53	1.00	1.00
8	8	0.47	0.87	1.00
9	9	0.33	0.87	1.00
10	10	0.80	1.00	1.00
11	11	0.60	1.00	1.00
12	12	0.47	1.00	1.00
13	13	0.47	0.87	1.00
14	14	0.40	0.87	1.00
15	15	0.73	1.00	1.00
16	16	0.20	0.87	1.00

图 5－52　可达距离结果 In-Actor By Distance Reach

```
Prop. of nodes reachable by node in m steps

                    1    2    3
                   d1   d2   d3
                  ---- ---- ----
         1  1    0.60 1.00 1.00
         2  2    0.40 1.00 1.00
         3  3    0.93 1.00 1.00
         4  4    0.33 1.00 1.00
         5  5    0.53 1.00 1.00
         6  6    0.67 1.00 1.00
         7  7    0.33 0.80 1.00
         8  8    0.33 0.80 1.00
         9  9    0.53 1.00 1.00
        10 10    0.80 1.00 1.00
        11 11    0.47 1.00 1.00
        12 12    0.53 1.00 1.00
        13 13    0.33 1.00 1.00
        14 14    0.20 0.87 1.00
        15 15    0.53 1.00 1.00
        16 16    0.27 0.87 1.00
```

图 5 – 53　可达距离结果 Out -Actor By Distance Reach

5.3.4　网络小团体分析

在社会网络分析中，从宏观层面观察与刻画社会网络的结构，其中一项研究的重要内容就是群体。在网络中，人数不多、相对稳定、组内接触较多而与组外接触较少的小群体、小圈子，也被称之为凝聚子群。针对凝聚子群的划分，网络分析者存在着多种多样的方法，而本书在此主要参考了自下而上和自上而下两个角度，以不同途径实现网络中凝聚子群的划分。在 UCINET 中，部分进行群组划分的方法，需要将数值数据转化为二值数据，因此，在这些算法中，本书使用了二值处理后的数据集。

5.3.4.1　自下而上的途径

自下而上途径强调的是宏观由微观而产生，它认为所有网络均由群组（子图）构成，从最基本的图形开始，以此为基础向前发展，逐步形成网络群组结构。

小团体（clique）的概念从对偶（dyad）概念延伸而来，是网络次级组合，其成员间的彼此连接远比非成员更为接近与紧密。这是一种由单一连接向外建构出网络的思维方式，即从两位行动者组成的一对一的最小的小团体对偶开始，逐步放松界定，使之越来越具有包容性，逐步扩张至较大的结构，从而在图形中寻找群组的一种自下而上的途径。在网络分析中，"小团体"指向的群组比高密度区域更为精准。准确地说，小团体是指彼此存在连接的"最大完整子图"（maximal complete sub-graph），即通过对偶扩张成的包含最大可能行动者数目的群聚。

根据"小团体"的定义与特征不同，UCINET 中也包含了多种自下而上途径形成小团体的方法。如 K–核、N–派系、N–宗派以及 K–丛等。

1. K–核

在此，以 K–核（K–Core）为示例进行演示。K–核的含义是，在群体中的一个子图的全部点都与这个子图中的 k 个其他点相连接，则称这样的子图为 K 核。该算法的菜单目录位于 Network-Regions-K-Core 中，其对话框如图 5–54 所示。

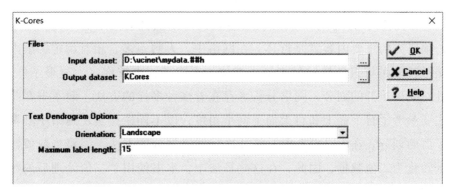

图 5–54　K–核计算

K–核算法的计算结果如图 5–55 所示。可见，在 16 位学习者的关系中，可以进行度数分别为 4、5、6、7 的四种分区。在度数为 7 的分区中，包括了 3、5、7、8、9、10、11、12 共 8 位学习者。而度数为 4 的分区中，包含了所有的学习者。下方的结果表明的是在 4 种度数不同的 k–核分区中，包含的聚类数分别为 2、3、9、10。

```
K-CORE PARTITIONING

                   1   1       1 1       1 1 1
             1 2 3 2 5 0 7 8 9 1 5 4 6 3 4 6

                   1   1       1 1       1 1 1
Degree       1 2 3 2 5 0 7 8 9 1 5 4 6 3 4 6
------       - - - - - - - - - - - - - - - -
        7    . . XXXXXXXXXXXXXX . . . . . .
        6    . . XXXXXXXXXXXX . . . . . .
        5    XXXXXXXXXXXXXXXXXXXXXXXXXX .
        4    XXXXXXXXXXXXXXXXXXXXXXXXXXXX


Partition Metrics - each column is a partition

                     1     2     3     4
                   ----- ----- ----- -----
    1 nClusters    1.000 2.000 8.000 9.000
    2      CL1     1.000 0.938 0.063 0.063
    3      CL2           0.063 0.063 0.063
    4      CL3                 0.563 0.500
    5      CL4                 0.063 0.063
    6      CL5                 0.063 0.063
    7      CL6                 0.063 0.063
    8      CL7                 0.063 0.063
    9      CL8                 0.063 0.063
   10      CL9                       0.063
```

图 5 – 55　K – 核分区结果

K – 核的输出包括两个文件, 分别是 K-Core 与 K-Coreness。图 5 – 56 为

	1	2	3	4
1	1	1	1	1
2	1	1	2	2
3	1	1	3	3
4	1	1	4	4
5	1	1	3	3
6	1	1	5	5
7	1	1	3	3
8	1	1	3	3
9	1	1	3	3
10	1	1	3	3
11	1	1	3	3
12	1	1	3	3
13	1	1	6	6
14	1	1	7	7
15	1	1	3	8
16	1	2	8	9

图 5 – 56　K – 核输出文件 K-Core

K-Core,包含 k - 核的分区矩阵。行表示节点顺序,列表示 k 值,数值则表示在 k - 核下的第几个聚类。如第 3 列 13 行的数值为 6,表示在 3 - 核分区中,节点 13 位于第 6 个聚类中。

图 5 - 57 为 K-Coreness 的计算结果,K-Coreness 为核心度指标,该结果仅为一列,表示的是每个点位于不同的核心度情况中。如节点 1 的值是 5,表明节点 1 位于 5 - 核之中。

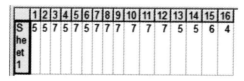

图 5 - 57　K - 核输出文件 K-Coreness(转置)

2. N - 派系、N - 宗派以及 K - 丛

由于 N - 派系、N - 宗派以及 K - 丛这些算法在 UCINET 中主要分析的是二值对称矩阵,因此,本书仅介绍了其菜单目录与使用方法,并不做实际演示。

N - 派系算法其菜单目录位于 Network - Subgroup - N-Cliques 中,其对话框如图 5 - 58 所示。N - 宗派的菜单则位于 Network - Subgroup - N-Clan 目录中。N - 宗派与 N - 派系算法初始设置的对话框非常相似。第一行为输入的数据集,在第二行中输入目标的 N 值,第三行则为小团体中节点最少数量。

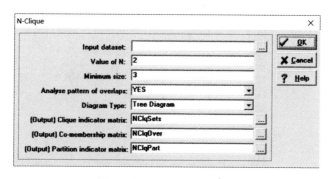

图 5 - 58　N - 派系计算法

K – 丛算法其菜单目录位于 Network-Subgroup-K-Plex 中，其对话框如图 5 – 59 所示。对话框的第一行同样为输入的数据集，在第二行中输入 K 值，第三行则为 K – 丛群聚的最少节点数限制。

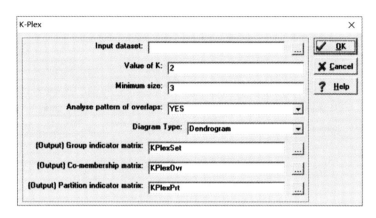

图 5 – 59　K – 丛计算法

5.3.4.2　自上而下的途径

采用自上而下的途径开展网络小团体分析，要求从整体网络为参考的框架观察网络中的次级结构，在整体网络中的弱点之处作为分界，并划分成较小的单元。自上而下的途径开展网络小团体分析的算法包括用于检视成分阶层的算法，在 Network – Regions – Components – Valued graphs 菜单下进行操作。寻找区块切割点的"双成分"算法 Bi – Component，在 Network – Regions-Bi-Component 操作菜单下。但由于本书采用数据的数据量较小，采用这两种方法进行分析的结果并不理想，因此，仅主要介绍 λ 集与派系划分的两种算法。

1. λ 集

Lambda 集合（即 λ 集）算法的目的是寻找最可能导致组织结构崩解的行动者间连接。与 N – 派系、N – 宗派以及 K – 丛算法相同，λ 集在 UCI-NET 程序中的分析，同样依赖二值对称数据。在前文中，已经阐述了二值网络转换的方法，生成了二值网络数据集 mydataGT0。但由于本网络数据为非对称，进行 λ 集计算时，程序将自动按取对称位置中最大值的方式，将矩阵进行对称化。

通过 Network-Subgroups-Lambda Set 菜单，程序将显示如图 5 – 60 的对话框。

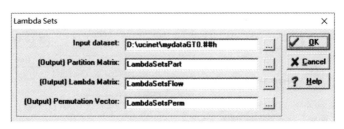

图 5 – 60 　λ 集计算

点击 OK 按钮，系统将在生成的 LOG 文件中显示可能存在的 λ 集，如图 5 – 61 所示。在图中最左侧的列为 λ 值，可以看出最小的 λ 值为 2，此时所有成员都在集合中；而最大的 λ 值为 12，仅 3 号、10 号行动者存在于 λ 集中。

```
           HIERARCHICAL LAMBDA SET PARTITIONS

                 1   1   1     1       1 1 1
               4 2 4 8 3 7 9 2 1 5 1 6 3 0 5 6

                 1   1   1     1       1 1 1
     Lambda    4 2 4 8 3 7 9 2 1 5 1 6 3 0 5 6
     ------    - - - - - - - - - - - - - - - -
        12     . . . . . . . . . . . . XXX . .
        11     . . . . . . . . . . . . XXXXXXX .
         9     . . . . . . . . . XXXXXXXXXXXXX .
         8     . . . . . XXXXXXXXXXXXXXXXXXX .
         7     . . XXXXXXXXXXXXXXXXXXXXXXXXX .
         6     . XXXXXXXXXXXXXXXXXXXXXXXXXXX .
         5     XXXXXXXXXXXXXXXXXXXXXXXXXXXX .
         4     XXXXXXXXXXXXXXXXXXXXXXXXXXXXXXXX
```

图 5 – 61 　λ 集结果

图 5 – 62 为计算 λ 集时生成的聚类图；图 5 – 63 则为构建 λ 集所使用的最大流量矩阵。在该矩阵中，对角线的值 16 等于这一网络中节点的数量，而表格中其他位置反映了不同行动者之间的边关联度。

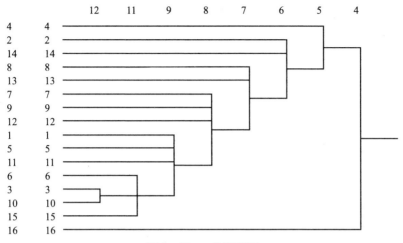

图 5-62　λ 集聚类图

```
Maximum Flow Between Pairs of Nodes

          4  2 14  8 13  7  9 12  1  5 11  6  3 10 15 16
          4  2 14  8 13  7  9 12  1  5 11  6  3 10 15 16
         -- -- -- -- -- -- -- -- -- -- -- -- -- -- -- --
   4   4 16  5  5  5  5  5  5  5  5  5  5  5  5  5  5  4
   2   2  5 16  6  6  6  6  6  6  6  6  6  6  6  6  6  4
  14  14  5  6 16  6  6  6  6  6  6  6  6  6  6  6  6  4
   8   8  5  6  6 16  7  7  7  7  7  7  7  7  7  7  7  4
  13  13  5  6  6  7 16  7  7  7  7  7  7  7  7  7  7  4
   7   7  5  6  6  7  7 16  8  8  8  8  8  8  8  8  8  4
   9   9  5  6  6  7  7  8 16  8  8  8  8  8  8  8  8  4
  12  12  5  6  6  7  7  8  8 16  8  8  8  8  8  8  8  4
   1   1  5  6  6  7  7  8  8  8 16  9  9  9  9  9  9  4
   5   5  5  6  6  7  7  8  8  8  9 16  9  9  9  9  9  4
  11  11  5  6  6  7  7  8  8  8  9  9 16  9  9  9  9  4
   6   6  5  6  6  7  7  8  8  8  9  9  9 16 11 11 11  4
   3   3  5  6  6  7  7  8  8  8  9  9  9 11 16 12 11  4
  10  10  5  6  6  7  7  8  8  8  9  9  9 11 12 16 11  4
  15  15  5  6  6  7  7  8  8  8  9  9  9 11 11 11 16  4
  16  16  4  4  4  4  4  4  4  4  4  4  4  4  4  4  4 16
```

图 5-63　最大流量矩阵

2. 派系划分

在此，我们演示将不同行动者划分为不同"派系"的 Factions 算法，以作为自上而下将网络进行划分的途径之一。该算法的菜单目录位于 Net-work-Subgroup-Factions 中，在划分派系时需要指定演算后希望划分的派系数目，其对话框如图 5-64 所示。在示例中，我们使用二值处理后的数据，经尝试，指定划分的区块数为 3 是相对理想的结果。

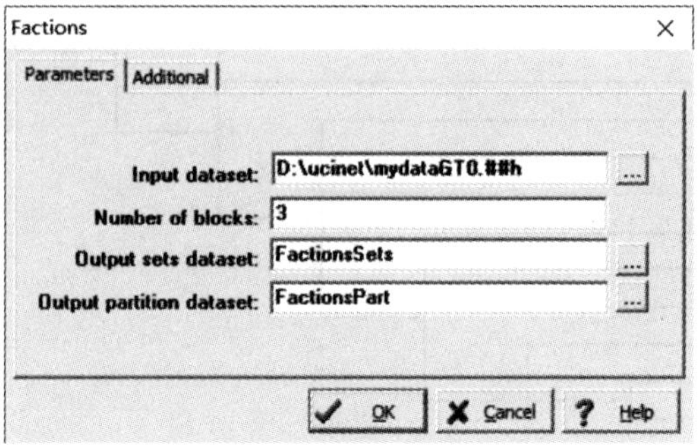

图 5－64　派系划分操作

图 5－65 为派系划分的结果。在划分结果中，出现错配的数量达到 47，

```
Final number of errors: 47

Group Assignments:
    1:  1 2 4
    2:  3 5 7 8 9 10 11 12
    3:  6 13 14 15 16

Grouped Adjacency Matrix
                     1       1 1     1 1 1 1
         1 2 4   3 5 0 7 8 9 2 1   6 3 4 5 6
         1 2 4   3 5 1 7 8 9 1 1   6 1 1 1 1
        ------------------------------------
  1  1 |   1 1 | 1   1         1 | 1 1 1 1   |
  2  2 | 1   1 | 1   1           | 1 1       |
  4  4 | 1 1   | 1   1           | 1         |
        ------------------------------------
  3  3 | 1 1 1 |   1 1 1 1 1 1 1 | 1 1 1 1   |
  5  5 |       | 1   1 1 1 1 1 1 |       1   |
 10 10 | 1 1 1 | 1 1   1 1 1 1 1 | 1     1   |
  7  7 |       |   1 1   1   1 1 |           |
  8  8 |       |   1 1 1   1   1 |           |
  9  9 |       | 1 1 1 1 1   1 1 |       1   |
 12 12 |       | 1 1 1 1 1 1   1 |       1   |
 11 11 |       | 1 1 1 1 1   1   |       1   |
        ------------------------------------
  6  6 | 1 1 1 |   1 1 1         |   1 1 1 1 |
 13 13 |       | 1               | 1   1 1 1 |
 14 14 |       |                 | 1 1   1   |
 15 15 |       | 1   1       1 1 | 1 1 1   1 |
 16 16 |       |                 | 1 1 1 1   |
        ------------------------------------

Density Table
        1    2    3
     ---- ---- ----
  1  1.00 0.29 0.47
  2  0.25 0.91 0.25
  3  0.20 0.20 0.95
```

图 5－65　派系划分结果

可见该派系划分结果也未达到非常理想的效果。在图 5 – 65 中可以获知，在划分派系后，节点 1、2、4 为同一派系，节点 3、5、7、8、9、10、11、12 为同一派系，节点 6、13、14、15、16 为同一派系。Adjacency Matrix 为分组后的邻接矩阵展示，各派系的密度则在 Density Table 中。

5.4　本章小结

　　本章介绍了社会网络分析的相关理论和实践。首先，从社会网络的产生与发展、相关概念与特征、社会网络的类型及表示方法对社会网络进行了基本的介绍。其次，从社会网络的方法论原理、分析过程、分析指标及分析工具进一步介绍了社会网络的分析原理，通过对这些内容的介绍，读者可以从整体上对社会网络分析有一个初步的了解，感受社会网络分析的方法论原理和研究特点。再次，在分析工具方面，本书介绍了四种实用的社会网络分析软件，包括 UCINET、Pajek、Gephi 和 NetMiner。最后，在本章 5.3 教育研究中社会网络分析的应用与实操部分，本书以 UCINET 软件为工具，以在线学习社区的用户数据为实例进行分析：介绍了软件的主界面与功能、UCINET 特殊的数据格式，列举并实际展示了部分 UCINET 可以进行的矩阵操作；使用 UCINET 对数据集开展了网络结构、网络影响力、网络小团体三个角度的分析。

第 6 章

文本挖掘方法

【学习目标】

1. 理解文本挖掘的概念、发展和一般分析过程。

2. 了解文本挖掘对于教育研究的重要性。

3. 了解文本挖掘所涉及的抓取、预处理以及分析等相关技术。

4. 了解实现文本挖掘的主要工具。

5. 了解利用 python 实现文本挖掘的过程。

文本挖掘作为数据挖掘的重要组成部分，能够较为全面和客观地从海量文本中进行内容提取和分析，从而揭示出潜在的重要模式和知识，能够为教育的理论研究和实践提供数据支撑。首先，本章对文本挖掘的概念、实践现状以及发展趋势进行了阐述，并全面说明了文本挖掘的一般过程。其次，从文本的抓取、预处理以及分析三个方面，对相应的主要技术进行了介绍。最后，结合教育研究的实际情景，以实操的形式展示了文本挖掘主要分析技术的具体应用过程。

6.1 文本挖掘方法概述

6.1.1 文本挖掘概述

6.1.1.1 文本挖掘的概念

据中国互联网络信息中心（China Internet Network Information Center，

CNNIC）2020 年 9 月发布的第 46 次《中国互联网络发展状况统计报告》显示，截至 2020 年 6 月，我国网民规模已达 9.40 亿人，网络普及率达 67.0%，较 2020 年 3 月提升 2.5 个百分点。随着互联网的普及和参与线上讨论用户规模的快速发展，线上信息资源呈爆炸式增长，成为最重要的知识源之一。

文本是网络信息存在的主要形式之一，这是人们相互沟通和交流的重要"符号"载体。然而这些文本数据杂乱无章，数量庞大，并没有标准的组织形式。由于信息资源的产生速度远远超过了人们收集、归纳、整理与利用信息的速度，而信息资源中的文本数据又具有无标签性、半结构性、非结构性、高维性、非均匀性和动态性等特性，这使得传统的结构化数据管理工具已经无法更好地掌控这些文本数据，极大地阻碍了人们获取海量信息资源的步伐。如何高效地组织处理和管理这些大规模非结构化的文本数据，从信息中深度挖掘潜在规律，厘清现状和热点已经成为当前不可回避的重要难题之一。类似的，在教育领域中，各类线上学习平台所产生的学习数据、讨论数据，或大规模学生样本数据也向教育科研工作者提出了更高的要求，科学地使用相关分析方法和技术对其进行探究，具有重要意义。

文本挖掘属于多交叉科学研究领域，涉及信息检索、自然语言处理、计算机语言学、统计学等诸多领域。不同专业学者的具体研究目的、应用情境的差异，使得文本挖掘研究的侧重点均不同。文本挖掘是指从大量文本数据中抽取事先未知的、可理解的、最终可用的知识的过程。直观地说，当数据挖掘的对象完全由文本这种数据类型组成时，这个过程就称为文本挖掘。

文本挖掘的主要目的是从非结构化文本文档中提取用户感兴趣的、有价值的、重要的模式和知识。可以看成基于数据库的数据挖掘或知识发现的扩展。文本挖掘也称为文本数据挖掘、文本知识发现。

6.1.1.2　文本挖掘与数据挖掘

文本挖掘从数据挖掘发展而来，它是数据挖掘的一个分支，因此，它的概念与所熟知的数据挖掘定义也是相类似的。目前,文本挖掘已经成为数据挖掘的一个重要研究方向,但与传统的数据挖掘相比,也存在一定的差异性。

数据挖掘的对象以数据库中的结构化数据为主,利用关系表等存储结构,采用的大多是非常明确的定量方法,其过程包括数据取样、模型选择、问题归纳和知识发现。

而文本挖掘的对象文档本身是半结构化或非结构化的,无确定形式,并且缺乏机器可理解的语义。文本挖掘是利用定量计算分析的办法,从中寻找信息的结构、模型、模式等隐含的具有潜在价值的新知识的过程,从原本大量的未经处理的文本数据中抽取事先未知的、可理解的、最终可用的知识的过程。

随着文本数据的快速增长,文本挖掘的重要性日益增强,同时由于文本数据具有不同于一般数据的无结构或半结构化、高维数等特点,已有的数据挖掘技术并不完全适用于文本挖掘,具体对比结果如表 6 - 1 所示。在数据挖掘技术的基础上,文本挖掘技术逐渐形成了信息抽取、聚类分析、分类分析、可视化技术等相关方法。

表 6 - 1　　　　　　　　　　　数据挖掘与文本挖掘对比

比较项目	数据挖掘	文本挖掘
研究对象	结构化数据	无结构或者半结构化的文档
对象形式	关系数据库	文本数据
成熟时间	从 1994 年开始得到广泛应用	从 2000 年开始得到广泛应用
挖掘方法	归纳学习、决策树、神经网络、关联规则等	提取短语、形成概念、关联分析、分类、聚类等

6.1.1.3　文本挖掘的发展与应用

对于文本挖掘的研究,国外开展得比较早。大约在 20 世纪 50 年代,文本分类和聚类作为模式识别的应用技术崭露头角,卢恩(H. P. Luhn)在这一领域进行了开创性的研究,提出了词频统计思想,用于自动分类。

1960 年，玛隆（Maron）发表了关于自动分类的第一篇论文，随后，以斯帕克（K. Spatk）、萨尔顿（G. Salton）和琼斯（K. S. Jones）等为代表的学者也在这一领域进行了卓有成效的研究工作。20 世纪 80 年代末期和 90 年代初期，随着互联网技术的快速发展和普及，新的应用需求推动这一领域不断发展和壮大。美国政府资助了一系列有关信息抽取（information extraction，IE）技术的研究项目，1987 年，美国国防高级研究计划局（DARPA）为了评估这项技术的性能，发起组织了第一届消息理解会议（message understanding conference，MUC）。在随后的 10 年间，连续组织的 7 次评测使信息抽取技术迅速成为这一领域的研究热点。之后，文本情感分析（text sentiment amalvsis）与观点挖掘（opinion maining）、话题检测与跟踪（topie detection and tracking）等一系列面向社交媒体的文本处理技术相继产生，并得到快速发展。当前，这一技术领域在国内外不仅在理论方法上快速成长，在系统集成和应用形式上也不断推陈出新。

　　国外文本挖掘的实践已经从实验阶段进入了实用化阶段。其中一些著名的文本挖掘工具已经在不同领域都有所应用，主要包括：IBM 公司的文本智能挖掘机，其主要功能是文本特征提取、文档聚类、文档分类和检索；Autonomy 公司的核心产品 Concept Agents，经过训练以后，能够自动从文本中抽取概念；TelTech 公司的 TelTech 可以提供文本分析、文本可视化以及相应的专家服务等。

　　国内相关领域正式引入文本挖掘的概念相对较晚，但实际应用发展较为迅速，具体工作的开展主要集中在高等院校、科研院所和信息公司。主要包括：清华大学计算机科学与技术系的汉语基本名词短语分析模型、识别模型、文本词义标注、语言建模、分词歧义算法、上下文无关分析、语素和构词研究等；中国科学院计算机语言信息工程中心的陈肇雄研究员及其课题组在汉语分词、自然语言接口、句法分析、语义分析、音字转换等方面做出了突破性贡献；哈尔滨工业大学计算机科学与工程系研究的自动文摘、音字转换、手写汉字识别、自动分词、中文词句快速查找系统等；上海交通大学计算机科学与工程系研究的语句语义、自然语言模型、构造语义解释模型（增量式）、范例推理、树形分层数据库方法（非结构化数据知识方法)等;东北大学计算机学院的中文信息自动抽取、词性标注、汉语文本自动分类模型等。

目前,对文本挖掘的理论方法和技术实现,国内外都在进行深入的研究和探讨。文本挖掘是应用驱动的,它在国民经济、社会管理、信息服务、商业智能、生物信息处理和教育等方面都有广泛的应用,市场需求巨大,如对于政府管理部门来说,可以通过分析和挖掘普通民众的微博、微信、短信等网络信息,及时准确地了解民意、把握舆情;在金融或商贸领域通过对大量的新闻报道、财务报告和网络评论等文本的深入挖掘和分析,预测某一时间段的经济发展趋势和股市走向;电子产品企业可随时了解和分析用户对其产品的评价及市场反应,为进一步改进产品质量、提供个性化服务等提供数据支持;在医疗卫生和公共健康领域可以通过分析大量的化验报告、病例、记录和相关文献、资料等,发现某种现象、规律和结论等。另外,在教育领域中,可以通过分析在线课程平台中学生与教师的互动文本或者学生之间的互动文本,发现在线学习中的教学互动模式与规律,从而为改进网络环境下的教学方法和方式提供决策支持。

6.1.2 文本挖掘的一般过程

文本挖掘可大致概括为以下几个步骤。

6.1.2.1 文本的收集

文本数据的收集是文本挖掘过程的前提与基础,直接决定了文本挖掘开展的可行性与分析的准确性。其具体一般过程是,首先,确定数据的来源;其次,利用检索工具或者网络爬虫等方法和技术进行数据获取;最后,将获取到的待处理文本数据存储至数据库,等待下一步处理。

6.1.2.2 文本预处理

对收集到的文本进行相应的清洗和处理,使其能够被识别,并提高相应的分析准确性,具体包括对其中出现的重复值、缺失值、符号表情、错误编码等进行处理。此外,文本预处理过程也通常需要对文本进行分词,并通过停用词表对文本语言中的虚词或者无意义词汇进行过滤，对于英文单词还需要进行合并词根和词形还原等步骤。

6.1.2.3　文本的特征表示与提取

该过程主要指从文本中抽取出的特征词进行量化来表示文本信息。目前人们通常采用向量空间模型来描述文本向量，即在分词的基础上，通过词频统计方法或者计算权重等方法得到的特征项来表示文本向量中的不同维度。

6.1.2.4　文本分析

经过文本特征表示和选择之后，就可以根据具体的挖掘任务进行模式或知识的分析。常见的文本挖掘任务有文本结构分析、文本摘要、文本分类、文本聚类、文本关联分析、分布分析和趋势预测等。

6.1.2.5　模式评估与表示

为了客观地评价文本挖掘所得出的模式或知识，需要使用评估指标对它们进行评价。在现有评价指标中，比较常用的有准确率（precision）和召回率（recall）。

准确率是在全部参与分类的文本中，与人工分类结果吻合的文本所占的比率，其计算公式如下：

$$准确率 = \frac{被正确分类的文本数}{实际参与分类的文本数} \tag{6-1}$$

召回率是在人工分类结果应有的文本中，与分类系统吻合的文本所占的比率，其计算公式如下：

$$召回率 = \frac{被正确分类的文本数}{分类的文本数总数} \tag{6-2}$$

对所获取的模式或知识评价，若评价结果满足一定的要求，则保存该模式或知识评价，否则，返回至之前的某个环节进行分析改进后进行新一轮的挖掘工作。

6.2　文本挖掘的主要技术

6.2.1　文本数据的抓取技术

文本数据采集的内容覆盖工作、生活、娱乐等人类活动的各个方面，形式包含新闻、博客、论坛、微博、对话设计、学术期刊等。一些类型的教育文本数据的获取虽然可通过前文提到的不同检索方法直接进行收集下载。然而，大部分情况下，网络中的文本数据是以非集成的、零散的方式分布在网页中的，如在线学习社区中的用户评论、课程介绍等信息。如果按照传统的手动复制、粘贴的方法对这些数据进行收集，效率低下且易产生疏漏，因此，这种情况下，更加强调使用借助特定的抓取技术，即网络爬虫技术。

6.2.1.1　网络爬虫技术的基本原理

网络爬虫（又被称为网页蜘蛛、网络机器人），是一种按照一定的规则，自动地抓取万维网信息的程序或者脚本。另外一些不常使用的名字还有蚂蚁、自动索引、模拟程序或者蠕虫。网络爬虫是搜索引擎抓取系统的重要组成部分。爬虫的主要目的是将互联网上的网页下载到本地形成一个互联网内容的镜像备份[①]。

1. 网络爬虫的基本结构

网络爬虫是信息获取与大规模数据集成的重要方式之一，其主要目的是将互联网上的相关资源进行解析，并以结构化的方式进行存储，以便后续使用。

网络爬虫主要由控制器、解析器、资源库三部分组成。其中，控制器的主要工作是负责给多线程中的各个爬虫线程分配工作任务；解析器的主要工作是下载网页，进行页面的处理，主要是将一些 JS 脚本标签、CSS 代

---

① 张俊林. 这就是搜索引擎：核心技术详解［M］. 北京：电子工业出版社，2012.

码内容、空格字符、HTML 标签等内容处理掉，爬虫的基本工作是由解析器完成；资源库是用来存放下载的网页资源，一般都采用大型的数据库存储，如 Oracle 数据库，并对其建立索引。

2. 网络爬虫的基本流程

网络爬虫对文本数据的获取流程主要包括：发送请求、获取响应内容、解析内容以及保存数据四个步骤，如图 6 – 1 所示。

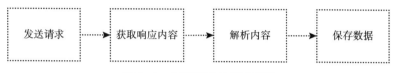

图 6 – 1　网络爬虫的基本流程

（1）发送请求。按照接口或 URL 既定的请求要求方式，以 GET 或 POST 等向目标站点发送请求，请求内容主要包括请求头与请求体，请求头较为核心的内容是包括 user-agent，其他参数因网站而异，请求体是服务器返回相应数据的重要内容，其决定了本次服务器返回的具体内容。

（2）获取响应内容。服务器正常响应内容，并反馈相应状态码，爬虫程序通常会收到一个 Response。Response 包含 html、css、json、二进制数据等[①]。

（3）解析内容。由于响应体通常为不同格式，例如 html、json、二进制信息，因此，需要使用相应的内容解析方式对数据进行解析。举例来看，对于 html 数据，可使用 lxml（etree）、re、Beautifulsoup 等进行解析，对于 json 数据可使用 json 进行解析。

（4）保存数据。对数据进行存储，以便后续使用，数据保存方式大致能够分为两类，其一是将其保存到数据库，其二是直接保存到文件。

3. 网络爬虫的抓取策略

在爬虫过程中，待抓取 URL 队列决定了爬虫内容的抓取顺序。而决定

---

① 曾晓娟. 基于 Python 爬虫技术的应用 ［J］. 办公自动化，2018：20.

这些 URL 排列顺序的方法，叫作抓取策略。下面重点介绍几种常见的抓取策略。

（1）第一种：深度优先遍历策略。深度优先遍历策略是指网络爬虫会从起始页开始，一个链接一个链接跟踪下去，处理完这条线路之后再转入下一个起始页，继续跟踪链接。以图 6 - 2 为例。

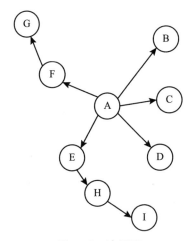

图 6 - 2　遍历图

深度优先遍历策略遍历的路径为 A - F - G，E - H - I，B，C，D。

（2）第二种：宽度优先遍历策略。宽度优先遍历策略的基本思路是，将新下载网页中发现的链接直接插入待抓取 URL 队列的末尾。也就是指网络爬虫会先抓取起始网页中链接的所有网页，然后再选择其中的一个链接网页，继续抓取在此网页中链接的所有网页。还是以图 6 - 2 为例。

遍历路径：A - B - C - D - E - F，G，H，I。

（3）第三种：反向链接数策略。反向链接数是指一个网页被其他网页链接指向的数量。反向链接数表示的是一个网页的内容受到其他人的推荐的程度。因此，很多时候搜索引擎的抓取系统会使用这个指标来评价网页的重要程度，从而决定不同网页的抓取先后顺序。

在真实的网络环境中，由于广告链接、作弊链接的存在，反向链接数不能完全等同于网页的重要程度。因此，搜索引擎往往考虑一些可靠的反向链接数。

（4）第四种：Partial PageRank 策略。Partial PageRank 算法借鉴了 PageRank 算法的思想：对于已经下载的网页，连同待抓取 URL 队列中的 URL，形成网页集合，计算每个页面的 PageRank 值，计算完之后，将待抓取 URL 队列中的 URL 按照 PageRank 值的大小排列，并按照该顺序抓取页面。

如果每次抓取一个页面，就重新计算 PageRank 值，一种折中方案是：每抓取 K 个页面后，重新计算一次 PageRank 值。但是这种情况还会有一个问题：对于已经下载下来的页面中分析出的链接，也就是本章之前提到的未知网页那一部分，暂时是没有 PageRank 值的。为了解决这个问题，会给这些页面一个临时的 PageRank 值：将这个网页所有入链传递进来的 PageRank 值进行汇总，这样就形成了该未知页面的 PageRank 值，从而参与排序。

（5）第五种：OPIC 策略。该算法实际上也是对页面进行一个重要性打分。在算法开始前，给所有页面一个相同的初始现金（cash）。当下载了某个页面 P 之后，将 P 的现金分摊给所有从 P 中分析出的链接，并且将 P 的现金清空。对于待抓取 URL 队列中的所有页面按照现金数进行排序。

（6）第六种：大站优先策略。对于待抓取 URL 队列中的所有网页，根据所属的网站进行分类。对于待下载页面数多的网站，优先下载。这个策略也因此叫作大站优先策略。

4. 网络爬虫的类型

（1）通用网络爬虫（General Purpose Web Crawler）。通用网络爬虫从种子链接开始，不断抓取 URL 网页，将这些 URL 全部放入到一个有序的、待提取的 URL 队列里。Web 信息提取器从这个队列里按顺序取出 URL，通过 Web 上的协议，获取 URL 所指向的页面，然后从这些页面中分析提取出新的 URL，并将它们放到等待提取的 URL 队列里。通用爬虫就是通过这样一种方式来不断遍历整个互联网，一直到等待提取的 URL 队列为空或者达到系统给定的停止条件为止。

（2）聚焦网络爬虫（Focused Crawler）。聚焦网络爬虫根据一定的网页分析算法，过滤与主题无关的链接，保留有用的链接并将其放入等待抓取的 URL 队列中。然后，它将根据一定的搜索策略从队列中选择下一步要抓取的网页 URL，并重复上述过程，直到达到系统的某一条件时停止。

（3）增量式网络爬虫（Incremental Web Crawler）。增量式网络爬虫只对已下载网页采取增量式更新，或只爬取新产生的及已经发生变化的网页，这种机制能够在某种程度上保证所爬取的页面尽可能地新。与其他周期性爬取和刷新页面的网络爬虫相比，增量式网络爬虫仅在需要的时候爬取新产生或者有更新的页面，而没有变化的页面则不进行爬取，能有效地减少数据下载量并及时更新已爬取过的网页，减少时间和存储空间上的浪费。

6.2.1.2 网络爬虫的应用与工具

1. 网络爬虫的应用现状

由于对网络文本数据的需求的多样性，网络爬虫的种类繁多，并且随着时间的推移，不同类型的网络爬虫也经历了多次改进，并逐渐得到了完善和成熟。本书就其中的主要几种爬虫进行介绍。

（1）Google 爬虫：早期的 Google 爬虫系统由 5 个模块处理不同的任务。一个 URL 服务器从磁盘文件读 URL 列表并将其转发到 Crawler 上。每个 Crawler 单独运行在一台机器上，采用单线程异步 IO 方式，一次维持 300 个连接并行爬行。Crawler 将网页传输到存储服务器上压缩并保存。索引进程从 HTML 页面中抽取链接并存放在不同的文件中。一个 URL 解析器读取这些链接文件并转化为绝对路径，由 URL 服务器读取。随着所获取数据量的不断扩大，对于前期的爬虫设计带来了一定的挑战，后期 Google 采用自有的文件系统（GFS）和数据库系统（Big Table）来存取数据，并采用分布式 Map Reduce 技术来处理各种数据的运算，大大缓解了由于数据激增所带来的压力。

（2）北大天网：北大天网是国内高性能网络爬虫的先行者，它的架构经历了集中式向分布式的改进，能够胜任 10 亿级的网页搜索，其基于站点的两阶段哈希机制有效地解决了搜索过程中 Crawler 动态加入和退出的问题。

（3） Internet Archive：Internet Archive 的每台 Crawler 同时对 64 个站点进行爬行，每个站点被唯一分派到一个 Crawler 上。Crawler 从磁盘上读取 URL 列表，采取异步 10 方式下载网页，并抽取链接。如果该链接属于本机抓取，则放入待抓取列表中，存到磁盘上，并周期性地传送到其他 Crawler 上。

2. 网络爬虫的实现工具

网络爬虫程序在一般情况下可以借助 Python、Java 等编程语言实现，具体实现过程将在下一节展开。另外，除编写爬虫代码外，也可运用网页数据采集工具来抽取页面内容。该方法的优势是使用方便，对操作者的编程水平要求相对较低，学习成本低；其缺点是用户自定义采集过程时，自由度较低。如果对数据质量要求较高，仍需要自写代码获取，优化规则。不过，在无特殊需求情况下，使用现有爬虫工具软件也是一种高效省时的数据获取方式。

目前，较为成熟的爬虫工具软件有：八爪鱼、火车头以及集搜客等。

（1）八爪鱼。八爪鱼是近些年较为知名的数据爬虫软件，拥有可视化操作界面，上手简单，只需要鼠标和输入文字操作，学习成本低。对于常见网站如淘宝、百度等有内置采集模板，而对于非常用网站也支持自定义爬虫设计功能，数据抽取效率也相对较好。此外，八爪鱼软件基于浏览器内核，通过模仿人浏览网页的行为来采集网页数据，因此，其采集速度较慢。该软件有 Windows 客户端和 Mac 客户端。

（2）火车头。这款软件可以算是数据采集领域的"先驱"，是一款功能较为强大的数据采集器。它基于 HTTP 协议，采用分布式采集系统，采集效率较高，支持采集所有编码格式网页。软件程序还可以自动识别网页编码，支持目前所有主流和非主流的 CMS、BBS 等网站程序；支持 PHP 和 C#插件扩展，方便修改处理数据。不过，这款软件功能复杂，占内存和 CPU 也较大，规则编写复杂，比较适合有编程基础的人群，上手较难。该软件仅支持 Windows 平台下使用。

（3）集搜客：是一个强大的网站内容采集软件，英文名为"GooSeeker"，能够根据指定的规则自动抓取网页中的各种内容。该软件具有较好的通用性，能够支持大多数的语言抓取，地域没有限制，网站类型没有限制，动态静态网页采集方法完全一样，资源库提供海外网站的抓取模板。另外，集搜客的操作界面较为优化，能够进行可视化操作，对于使用者的编程要求不高。

6.2.2　文本数据预处理技术

在网络大数据时代，海量文本、图像和视频等各类数据都可以轻易获得。但是，直接从网上获取的数据或者来自其他渠道的原始数据往往都含有噪声，存在大量的非规范语言现象，这就为后续任务的模型学习造成很大的障碍，因此，必须对这些数据进行预处理。文本数据预处理技术主要包括分词技术、特征提取、特征表示等。

6.2.2.1　分词技术

词是最小的能够独立活动的有意义的语言成分，英文单词之间是以空格作为自然分界符的，而汉语是以字为基本的书写单位，词语之间没有明显的区分标记，因此，中文词语分析是中文信息处理的基础与关键。分词技术就是搜索引擎针对用户提交查询的关键词串进行的一种技术。当前的分词技术的主要核心原理涉及了基于字典、词库匹配的分词，基于词频统计的分词方法以及基于知识理解的分词，围绕这几种核心原理，开发出了多种不同的算法，其中主要常用的算法包括以下几种。

1. 基于字典、词库匹配的分词方法

这种方法按照一定策略将待分析的字符串与一个"充分大的"机器词典中的词条进行匹配，若在词典中找到某个字符串，则匹配成功。识别出一个词，根据扫描方向的不同分为正向匹配和逆向匹配。根据不同长度优先匹配的情况，分为最大（最长）匹配和最小（最短）匹配。根据与词性标注过程是否相结合，又可以分为单纯分词方法和分词与标注相结合的一体化方法。常用的方法有：正向最大匹配法、逆向最大匹配法、双向匹配法等。

正向最大匹配法的基本思想为假定分词词典中的最长词有 i 个汉字字符，则用被处理文档的当前字串中的前 i 个字作为匹配字段，查找字典。若字典中存在这样的一个 i 字词，则匹配成功，匹配字段被作为一个词切分出来。如果词典中找不到这样的一个 i 字词，则匹配失败，将匹配字段中的最后一个字去掉，对剩下的字串重新进行匹配处理，如此重复进行下去，直到匹配成功，即切分出一个词或剩余字串的长度为零为止。这样就完成了一轮匹配，然后取下一个 i 字串进行匹配处理，直到文档被扫描完为止。

逆向最大匹配法的基本原理与正向最大匹配法相同，不同的是分词切分的方向是相反的，此外，使用的分词词典也不同。逆向最大匹配法从被处理文档的末端开始匹配扫描，每次取最末端的 2i 个字符（i 字字串）作为匹配字段，若匹配失败，则去掉匹配字段最前面的一个字，继续匹配。相应地，它使用的分词词典是逆序词典，其中的每个词条都将按逆序方式存放。在实际处理时，先将文档进行倒排处理，生成逆序文档。然后，根据逆序词典，对逆序文档用正向最大匹配法处理即可。

最后一种是双向匹配法，该方法将正向最大匹配法与逆向最大匹配法组合，其先根据标点对文档进行粗切分，把文档分解成若干个句子，然后再对这些句子用正向最大匹配法和逆向最大匹配法进行扫描切分。如果两种分词方法得到的匹配结果相同，则认为分词正确，否则，按最小集处理。

2. 全切分和基于词的频度统计的分词方法

全切分要求获得输入序列的所有可接受的切分形式，而部分切分只取得一种或几种可接受的切分形式，由于部分切分忽略了可能的其他切分形式，所以建立在部分切分基础上的分词方法不管采取何种歧义纠正策略，都可能会遗漏正确的切分，造成分词错误或失败。而建立在全切分基础上的分词方法，由于全切分取得了所有可能的切分形式，因而从根本上避免了可能切分形式的遗漏，克服了部分切分方法的缺陷。

基于词的频度统计的分词方法是一种全切分方法。它不依靠词典，而是将文章中任意两个字同时出现的频率进行统计，次数越高的就可能是一个词。它首先切分出与词表匹配的所有可能的词，运用统计语言模型和决策算法决定最优的切分结果。它的优点在于可以发现所有的切分歧义并且容易将新词提取出来。

3. 基于知识理解的分词方法

该方法主要基于句法、语法分析，并结合语义分析，通过对上下文内容所提供信息的分析对词进行定界，通常包括三个部分：分词子系统、句法语义子系统、总控部分。在总控部分的协调下，分词子系统可以获得有关词、句子等的句法和语义信息来对分词歧义进行判断。这类方法试图让机器具有人类的理解能力，需要使用大量的语言知识和信息。由于汉语语言知识的笼统、复杂性，难以将各种语言信息组织成机器可直接读取的形式。因此，目前基于知识的分词系统还处在试验阶段。

此外，除了上述的一些方法之外，还有一些方法如逐词遍历方法、并行分词方法等都可以作为分词方法的较好补充。基于上述目前常用的中文分词包有：庖丁解牛分词包、LingPipe、LibMMSeg、IKAnalyzer、PHPCWS、KTDictSeg 等。

6.2.2.2 特征提取与特征表示

文本特征词是影响文本挖掘系统性能最主要的因素，因此，关于文本特征词的研究对文本挖掘具有非常重要的意义。面对维数巨大的原始文本特征词集，重点是选择出对挖掘任务最具代表性的文本特征词子集。

文本特征词选择是指按照一定的规则从原始文本特征词集中选择出较具代表性的文本特征词子集的过程。从这个定义上可以看出，文本特征词选择是一个搜索过程，即从原始的文本特征词空间中搜索出一个最优的子空间的过程。被选择的文本特征词子空间的维数通常远远小于原始空间的维数，并且在语义层次上还能更好地表征原始数据的分布，能够更好地实现文本挖掘过程。

在文本分类中，使用文本特征词抽取方法得到的原始文本特征词集规模很大，从而使得采用向量空间模型表示文本时，文本向量的维数常常高达数万维。从理论上讲，在一个文本特征词集中选择出的特征词越多，越能更好地表示文本，但实践证明并非总是如此。高维的文本特征词集对后续的文本分类过程未必全是重要的、有益的，它会大大增加文本分类的计算开销，使整个处理过程的效率非常低下，而且可能仅仅产生与小得多的文本特征词子集相似的挖掘结果，巨大的文本特征词空间将导致此后的文本分类过程耗费更多的时间和空间资源。因此，必须对文本集的文本特征词集做进一步净化处理，在保持原文含义的基础上，从原始文本特征词集中找出最能反映文本内容比较简洁的、较具代表性的文本特征词子集。此外，文本特征词选择在一定程度上能够消除噪声词语，使文本之间的相似度更高，既能提高语义上相关的文本之间的相似度，同时也能降低语义上不相关的文本之间的相似度。

目前较为常用的文本特征提取与表示方法主要有：基于 TF-IDF 的文本特征抽取方法和基于 TextRank 的文本特征抽取方法等。

1. 基于 TF-IDF 的文本特征抽取方法

20 世纪 80～90 年代，萨尔顿（Salton）[①] 在 IDF（逆文档频率）算法的基础上论证并完善了一种新的计算某字词对一个文档或一个资料库重要程度的算法——TF-IDF（词频 - 逆文档频率）算法。TF-IDF 是一种统计方法，用以评估一个字词对于一个文件集或一个语料库中的其中一份文件的重要程度。字词的重要性随着它在文件中出现的次数成正比增加，但同时会随着它在语料库中出现的频率成反比下降。该算法实现简单，容易理解，被研究者们重视并被广泛应用于文本处理的相关操作中，是提取文本关键词的主流算法之一。

TF-IDF 分为 TF 和 IDF，下面分别介绍这个两个概念。

（1）TF。TF（Term Frequency，词频）表示词条在文本中出现的频率，会对词频进行标准化，一般是用词频除以文章总词数，以防止同一个词语在长文件里可能会比短文件有更高的词频，而不管该词语重要与否。

---

① Salton G，Yu C T. On the construction of effective vocabularies for information retrieval [J]. Acm Sigplan Notices，1975，10（1）：48 - 60.

TF 如式（6－3）所示。

$$\mathrm{TF}_{i,j} = \frac{n_{i,j}}{\sum_k n_{k,j}} \qquad (6-3)$$

其中，$n_{i,j}$ 表示词条 ti 在文档 dj 中出现的次数，$\mathrm{TF}_{i,j}$ 表示词条 ti 在文档 dj 中出现的频率。

但是，需要注意，一些通用的词语对于主题并没有太大的作用，反倒是一些出现频率较少的词才能够表达文章的主题，所以单纯使用 TF 是不合适的。权重的设计必须满足：一个词预测主题的能力越强，权重越大，反之，权重越小。所有统计的文章中，一些词只是在其中很少几篇文章中出现，那么这样的词对文章的主题的作用很大，这些词的权重应该设计得较大。IDF 就是在完成这样的工作。

（2）IDF。IDF（Inverse Document Frequency，逆文件频率）表示关键词的普遍程度。如果包含词条 i 的文档越少，那么 IDF 越大，则说明该词条具有很好的类别区分能力。某一特定词语的 IDF，可以由总文件数目除以包含该词语之文件的数目，再将得到的商取对数得到，如公式（6－4）所示。

$$\mathrm{IDF}_i = \log \frac{|D|}{1 + |j: t_i \in d_j|} \qquad (6-4)$$

其中，$|D|$ 表示所有文档的数量，$|j:t_i \in d_j|$ 表示包含词条 t_i 的文档数量，之所以要加 1 主要是为了避免分母为 0，即所有文档都不包含该词。

如果某个词语在一篇文章中出现的频率高，并且在其他文章中较少出现，则认为该词语能较好地代表当前文章的含义。即一个词语的重要性与它在文档中出现的次数成正比，与它在语料库中文档出现的频率成反比。这是 TD-IDF 的主要思想，可以将其表达为公式（6－5）。

$$\mathrm{TF} - \mathrm{IDF} = \mathrm{TF} \cdot \mathrm{IDF} \qquad (6-5)$$

2. 基于 TextRank 的文本特征抽取方法

TextRank 算法是一种用于文本的基于图的排序算法，通过把文本分割成若干句子，构建节点连接图，用句子之间的相似度作为边的权重，通过循环迭代计算句子的 TextRank 值，最后抽取排名高的句子组合成文本摘要。

TextRank 算法是基于 PageRank 算法思想改进的，下面先对 PageRank 进行介绍。

（1）PageRank 算法。PageRank 算法作为计算互联网网页重要度的算法被提出，是 Google 创始人拉里·佩奇和谢尔盖·布林于 1998 年在斯坦福大学读研究生期间提出的。PageRank 是定义在网页集合上的一个函数，它赋予每个网页一个正实数，用来表示网页的重要程度，整体构成一个向量，PageRank 值越高，网页就越重要，在互联网搜索的排序中可能就被排在前面。

假设一个简化互联网，如图 6-3 所示，节点 A、节点 B、节点 C 和节点 D 表示网页，节点之间的有向边表示网页之间的超链接，边上的权值表示网页之间随机跳转的概率。假设有一个浏览者，在网上随机游走。如果浏览者在网页 A，则下一步以 $\frac{1}{3}$ 的概率转移到网页 B、C 和 D；如果浏览者在网页 B，则下一步以 $\frac{1}{2}$ 的概率转移到网页 A 和 D；如果浏览者在网页 C，则下一步以概率 1 转移到网页 A；如果浏览者在网页 D，则下一步以 $\frac{1}{2}$ 的概率转移到网页 B 和 C。

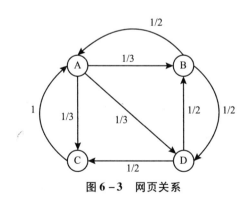

图 6-3 网页关系

直观上，一个网页，如果指向该网页的超链接越多，随机跳转到该网页的概率也就越高，该网页的 PageRank 值就越高，这个网页也就越重要。

PageRank 值依赖于网络的拓扑结构，一旦网络的拓扑（连接关系）确定，PageRank 值就确定。[①]

（2）TextRank 算法。TextRank 算法借鉴了 PageRank 算法的思想并将其应用于文本处理领域，将文本中的词汇看作网络节点，组成词汇网络图模型，将词语间的相似关系看成一种推荐或投票关系，如此就可以计算每一个词语的重要性[②]，权重高的节点可以作为关键字。

假设有一篇文档 D，需经过以下步骤来实现 TextRank 算法[③]：

首先，句子划分。将文档按句子划分并对句子编号，即：$D = \{s_1, s_2, \cdots, s_m\}$。

其次，预处理。该过程包括两个步骤：

（1）用分词工具进行分词，即 $s_i = \{w_{i1}, w_{i2}, \cdots, w_{im}\}$；

（2）词性标注并保留特定词性的词，如名词、动词、形容词。

再次，词项图构建。选定窗口大小为 N，设 w_{in} 词在句子 s_i 中的位置表示为 $index(w_{in})$，若 $|index(w_{ia}) - index(w_{ib})| \leqslant N$，则认为词 w_{ia} 和词 w_{ib} 存在连接边。

Mihalcea 指出：句子是按一定结构组成的，没有十分"自然"的指向关系来描述词之间的连接关系。实验也表明，无论词之间的指向如何，有向图的提取效果均低于无向图的提取结果。因此 TextRank 算法提取关键词时构造的是无向图。

最后，词语重要性计算。Mihalcea 提出的原始 TextRank 算法如公式（6-6）所示。

$$WS(V_i) = (1 - d) + d \times \sum_{j \in In(V_i)} \frac{w_{ji}}{\sum_{V_k \in Out(V_j)} w_{jk}} WS(V_j) \qquad (6-6)$$

其中，$WS(V_j)$ 表示词语 V_i 的权重值；d 为阻尼系数，表示保证某一词跳

① MLPod. PageRank 算法详解 [EB/OL]. (2021-07-19) [2022-02-20]. https://zhuan-lan.zhihu.com/p/137561088.

② CurryCoder. 中文文本中的关键字提取算法总结 [EB/OL]. (2019-07-03) [2022-02-20]. https://blog.csdn.net/cdlwhm1217096231/article/details/94566936.

③ 陈志泊，李钰曼，许福，等. 基于 TextRank 和簇过滤的林业文本关键信息抽取研究 [J]. 农业机械学报，2020，51（5）：207-214，172.

到相邻词的概率；（1 - d）则表示跳到一个新词的概率，常取 d = 0.85；In(V$_i$) 表示指向 V$_i$ 的词语集合；Out(V$_j$) 表示 V$_j$ 所指向的词语集合；w$_{ji}$ 表示两个词连接边间的权重。但算法应用于关键词提取时构造的是无权边模型，公式变为：

$$WS(V_i) = (1 - d) + d \times \sum_{j \in In(V_i)} \frac{w_{ji}}{|Out(V_j)|} WS(V_j) \quad (6-7)$$

根据式（6 - 6）迭代计算词语的重要性直至收敛，一般当两次迭代结果差别非常小时（如两次结果差值小于 0.0001），则认为算法结束。

将词语按重要性逆序排列，并选择 Top-K 个词作为文档关键词。

6.2.3　文本分析技术

正如前文所述，文本挖掘是一个多项技术交叉的研究领域，涉及内容比较宽泛。在实际应用中，通常需要几种相关技术结合起来完成某个应用任务，而挖掘技术的执行过程通常隐藏在应用系统的背后。因此，文本挖掘通常不是一个单项技术构成的系统，而是若干技术的集成应用，常用的文本挖掘分析技术有：文本分类、文本聚类、主题模型、文本情感分析等。

6.2.3.1　文本分类

文本分类是模式分类技术的一个具体应用，其任务是将给定的文本划分到事先规定的文本类型中。文本分类是按照一定的分类体系对文本类别进行自动标注的过程，其目标是在给定分类体系下，将文本集中的每个文本分到某个或者几个类别中，常见的文本分类任务包括文本主题分类、体裁分类、垃圾邮件识别等。

分类是指通过数学模型，对数据间潜在的规律进行发现，并由此生成合适的分类器模型，预测未知数据类别的一种数据分析形式。因此，分类通常包括两个阶段：学习阶段和分类阶段。在学习阶段，将已掌握的数据分成两部分：训练集和测试集。训练集用于训练分类模型，由于样本数据的类别标记是已知的，可以从训练集中提取出分类规则；测试集用于校验分类器，可以对训练出来的分类模型的准确度进行评估、调整、优化。从是否需要数据标注来看，分类器可进一步细分为有监督学习分类器和无监督学习分类器，前者通常需要研究者向分类器提供已经标记好的分类标注，后者通常不需要。

常见的文本分类算法包括：朴素贝叶斯（Native Bayes，NB）、Logistic回归、最大熵（maximum entropy，ME）模型、支持向量机（support vector machine，VSM）、卷积神经网络方法等，下面介绍几种常用技术：

1. 朴素贝叶斯

朴素贝叶斯（Naive Bayes）是一种有监督机器的学习模型，它通过计算概率来对文本情感进行分类，适合增量式训练，而且算法比较简单，是机器学习中应用最广泛的一种分类算法。

朴素贝叶斯算法是基于贝叶斯定理与特征条件独立假设的分类方法。即假设给定对象的各个属性之间相互独立，因此，在计算概率时可利用公式（6-8）。

$$P(AB) = P(A)P(B) \qquad (6-8)$$

之后，通过计算给定对象的先验概率，利用贝叶斯定理，如公式（6-9）所示。

$$P(Y|X) = P(X|Y)P(Y) / P(X) \qquad (6-9)$$

计算其后验概率，即该对象属于某一类的概率，再比较各后验概率的大小，最后确定给定对象属的类别。

朴素贝叶斯算法的具体描述（这里应用了极大似然估计）：假设给定一数据集 $X = \{x1, x2, x3, \cdots, xn\}$，每个 x 含有 m 个属性，记为 c1，c2，c3，$\cdots$，cm。每个 x 一一对应一个 $Y = \{y1, y2, y3, \cdots, yn\}$，通过给出数据可以计算先验概率 $P(Y)$；此时给出一个已知各属性，未知其映射 yi 的量 Xi（c1i，c2i，c3i，$\cdots$，cmi），分别计算 y1，y2，y3，$\cdots$，yn 后验概率 $P(Y|Xi)$，比较各后验概率的大小，取最大值 $P(Y|Xi)max$，则其对应的 yi 即为 Xi 所对应的 Y。[①]

---

① 王华宇. 朴素贝叶斯算法的综述 [J]. 数学大世界（上旬版），2019（2）：41-42.

2. 支持向量机

支持向量机（support vector machine，SVM）也是一种有监督的学习方法，较早由弗拉基米尔·万普尼克（Vladimir N. Vapnik）和亚历山大·勒纳（Alexander Y. Lerner）等人提出[①]。该算法既可做分类任务也可做回归任务，其核心理念是将原有输入空间映射到高维特征空间，并在此构建超平面，保证"支持向量"到其距离有"最大间隔"，其中"支持向量"即距离超平面最近的若干特征向量。换而言之，SVM 算法就是要在距离间隔处最近的若干特征向量中寻得最近的支持向量，并在两类支持向量中构造最优决策函数将其分割开，以保证不同类别样本点尽可能地分类明显，加强其鲁棒性和泛化能力。SVM 之所以要做数据高维映射，是因为对于线性不可分的数据集，将其映射到更高维度便可实现线性可分，这是已被证明的结论，具体如图 6 - 4 所示[②]。

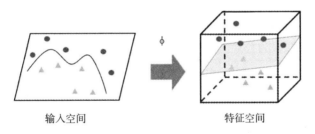

输入空间　　　　　　　　　特征空间

图 6 - 4　高维映射

在此，可假设有数据集 D，将其具体映射到二维数据空间中可知其分布状况，如图 6 - 5 所示，大致可分为圆形和三角形两大类，SVM 的基本思想即找到一个最优超平面将这样两组数据点进行合理切割，因为符合分割办法的超平面存在无数个，无论是超平面 A 还是 C，再或者斜率微调的

　　① Vapnik，V N and Lerner，A Y. Recognition of patterns with help of generalized portraits［J］. Avtomat. i Telemekh，1963，24（6）：774 - 780.
　　② 番三克. 通俗讲解支持向量机 SVM（三）非线性问题及软间隔之引出［EB/OL］.（2020 - 04 - 25）［2020 - 7 - 5］. https：//zhuanlan. zhihu. com/p/136106180.

其他超平面都能符合假定条件，但这样的超平面不够稳健，或者说抗干扰能力较弱。SVM 通过最大间隔原则能够找到超平面 B，并在该平面的分割下，完成最优样本分割。

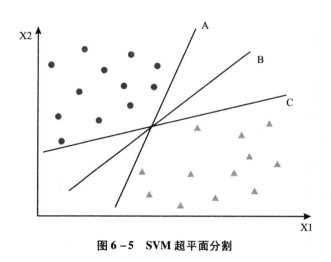

图 6-5 SVM 超平面分割

设超平面方程为公式（6-10），其中 w 为法向量，b 为截距。

$$w^T x + b = 0 \tag{6-10}$$

那么，最大间隔原则可如图 6-6 所示，$w^T x + b = 1$ 与 $w^T x + b = -1$ 穿

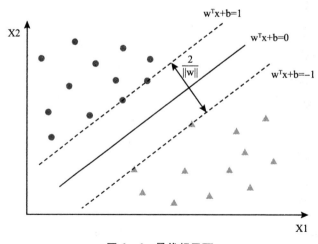

图 6-6 最优超平面

过的点即支持向量，1 与 – 1 在 SVM 中是特殊标记的分类符号，分别表示不同类别，所谓间隔最大即支持向量到超平面 $w^Tx + b = 0$ 的距离最远。

为计算最远距离，需要引入点到平面在向量计算中的距离公式，其中 $\| w \|$ 为 w 的范数，由图 6 – 8 可知，$w^Tx_i + b > 0$，$y_i = 1$，反之，$y_i = -1$，为去除公式（6 – 11）分母的绝对值，可按此规则做简单变换，如公式（6 – 12）所示。其中，当 $y_i < 0$ 时，也有 $w^Tx_i + b < 0$；当 $y_i > 0$ 时，也有 $w^Tx_i + b > 0$，换而言之，分母恒大于零。

$$d = \frac{|w^Tx + b|}{\| w \|} \tag{6-11}$$

$$d = \frac{y_i \cdot (w^Tx_i + b)}{\| w \|} \tag{6-12}$$

进一步的最大间隔则如公式（6 – 13）所示，先寻得最小间隔数据点，然而寻找离超平面距离最大时的方向和位移量，即 w 和 b，由于 $y_i \cdot (w^Tx_i + b) \geq 1$，故可将目标函数优化为公式（6 – 14），为后续求解方便，可将其改写为公式（6 – 15）。

$$\arg \max_{w,b} \left\{ \frac{1}{\| w \|} \min_i (y_i \cdot (w^Tx_i + b)) \right\} \tag{6-13}$$

$$\arg \min_{w,b} \| w \| \tag{6-14}$$

$$\arg \min_{w,b} \frac{1}{2} \| w \|^2 \tag{6-15}$$

可使用拉格朗日乘子法对这样一个函数进行优化，故有公式（6 – 16）。

$$L(w, b, a) = \frac{1}{2} \| w \|^2 + \sum_{i=1}^{m} a_i(y_i(w^Tx_i + b) - 1) \tag{6-16}$$

由于求得最值问题，故可分别对 w 和 b 求偏导，并令其值为零，得到公式（6 – 17）与公式（6 – 18）。

$$w = \sum_{i=1}^{m} \alpha_i y_i x_i \tag{6-17}$$

$$0 = \sum_{i=1}^{m} \alpha_i y_i \tag{6-18}$$

通过对偶问题转换，可先将偏导结果带入 L 中，消除 w 和 b，再求得 L 最大时的 α，通过化简可得公式（6 – 19）。

$$L(w, b, \alpha) = \sum_{i=1}^{m} \alpha_i - \frac{1}{2} \sum_{1=1, j=1}^{m} \alpha_i \alpha_j y_i y_j x_i^T x_j \qquad (6-19)$$

进一步地，可将问题转换为最优化形式公式（6-20），其中，α 为拉格朗日乘子，并且始终有 $\sum_{i=1}^{m} \alpha_i y_i = 0$，$\alpha_i \geqslant 0$，任何 $\alpha_i < 0$ 均不可作为结果。

$$\max_{\alpha} \left(\sum_{i=1}^{m} \alpha_i - \frac{1}{2} \sum_{1=1, j=1}^{m} \alpha_i \alpha_j y_i y_j x_i^T x_j \right) \qquad (6-20)$$

当然，在机器学习中较多的是求解最小值问题，因此，在求解公式（6-21）时可将其转为最小值问题，并使用偏导求得 α_i，在此不再赘述。得到 α_i 即可依据公式（6-22）得到 w。同时，对于任何支持向量 s，总有公式（6-22），故可求得 b 的最终结果为公式（6-23）。

$$y_i = w^T x + b = \sum_{i=1}^{m} \alpha_i y_i x_i \cdot x + b \qquad (6-21)$$

$$y_s(w^T x + b) = 1 \qquad (6-22)$$

$$b = y_s - \sum_{i=1}^{m} \alpha_i y_i x_i \cdot x_s \qquad (6-23)$$

此外，SVM 包括多种核函数，具体如表 6-2 所示，首先较为常用的分类核函数主要是线性核函数 linear，该函数的特点是计算代价较低，对于部分数据集的处理也有较好效果；其次是径向基核函数 rbf，也称之为高斯核函数，该函数能够将输入空间映射到特征空间，参数较少，稳定性较强，也是分类模型的重要选择；最后是多项核函数 poly 与 sigmoid 核函数，当然也可视具体情况针对特定样本集进行遍历寻优。值得强调的是，SVM 既可做分类任务，也可做回归任务，回归模型包括 LinearSVR、SVR 以及 nuSVR。

表 6-2　　　　　　　　　　　核函数

任务	核函数	表达式
分类 SVC	线性核函数	$K(x, y) = x^T y + c$
	径向基核函数	$K(x, y) = \exp\left(-\dfrac{\parallel x - y \parallel^2}{2\sigma^2} \right)$
	多项式核函数	$K(x, y) = (\alpha x^T y + c)^d$
	Sigmoid 核函数	$K(x, y) = \tanh(\alpha x^T y + c)$

3. 卷积神经网络方法

卷积神经网络（convolutional neural networks，CNN）是一类包含卷积计算且具有深度结构的前馈神经网络，是深度学习的代表算法之一。

卷积运算是一种数学计算，和矩阵相乘不同，卷积运算可以实现稀疏相乘和参数共享，可以压缩输入端的维度。和普通 DNN 不同，CNN 并不需要为每一个神经元所对应的每一个输入数据提供单独的权重。与池化（pooling）相结合，CNN 可以被理解为一种公共特征的提取过程，不仅是 CNN 大部分神经网络都可以近似地认为大部分神经元都被用于特征提取。①

6.2.3.2　文本聚类

文本聚类的目的是将给定的文本集合划分成不同的类别。通常情况下从不同的角度可以聚类出不同的结果，文本聚类和文本分类的根本区别在于：分类事先知道有多少个类别，分类的过程就是将每一个给定的文本自动划归为某个确定的类别，打上类别标签；聚类则事先不知道有多少个类别，需要根据某种标准和评价指标将给定的文档集合划分成相互之间能够区分的类别。但两者又有很多相似之处，所采用的算法和模型有较大的交集，如文本表示模型、距离函数、k-means（k - 均值）算法等。

1. k-means（k - 均值）算法

k-means 聚类算法，属于无监督学习算法。该算法通过样本间的相似度计算尽可能地将原样本划分成不同的簇，使得不同簇之间的样本相异，相同簇种的样本特征相似。k-means 算法实际上是一种最大期望算法（EM 算法）。

K - 均值聚类标准算法使用了迭代优化方法。给定 N 个簇的初始中心点，分别计算各个样本到簇中心点的距离，将样本划分到距离簇中心点（均值）最近的簇中，并更新现有簇的中心点。经多次迭代，重复将样本划分到距离簇中心点最近的簇，并更新簇的中心点，直至簇内平方和 WCSS 最小。

---

① 微调. 主流的深度学习模型有哪些？［EB/OL］（2017 - 09 - 29）［2022 - 02 - 20］. https：//zhuanlan. zhihu. com/p/29769502.

形式化的，给定初始聚类中心点 $m_1^{(0)}$，$m_2^{(0)}$，…，$m_k^{(0)}$，算法按以下两个步骤迭代：

第一步：划分。将每个样本划分到簇中，使得簇内平方和最小：

$$argmin_{s^{(t)}} = \sum_{k=1}^{k} \quad \sum_{x \in s_k^{(t)}} d(x, m_k^{(t)}) \tag{6-24}$$

其中，$d(x, m_k^{(t)}) = \| x - m_k^{(t)} \|^2$，$t$ 表示迭代次数。

第二步：更新。根据上述划分，计算新的簇内样本间距离的平均值作为新的聚类中心点：

$$m_k^{(t+1)} = \frac{1}{|s_k^{(t)}|} \sum_{x_i \in s_k^{(t)}} X_i \tag{6-25}$$

取算术平均值作为最小平方估计，进一步减小了簇内平方和。

上述两个步骤交替进行，不断减小簇内平方和 WCSS，算法最终收敛于某个局部最小值。

2. 层次聚类

层次聚类方法就是通过对数据集按照某种方法进行层次分解，直到满足某种条件为止。按照分类原理的不同，可以分为凝聚和分裂两种方法。

凝聚的层次聚类是一种自底向上的策略，将每个对象作为一个簇，然后合并这些原子簇为越来越大的簇，直到所有的对象都在一个簇中，或者某个终结条件被满足，绝大多数层次聚类方法属于这一类，它们只是在簇间相似度的定义上有所不同。

分裂的层次聚类与凝聚的层次聚类相反，采用自顶向下的策略，它将所有对象置于同一个簇中，然后逐渐细分为越来越小的簇，直到每个对象自成一簇，或者达到了某个终止条件。

给定要聚类的 N 的对象以及 N * N 的距离矩阵（或者是相似性矩阵），层次式聚类方法的基本步骤[1]如下：

（1）将每个对象归为一类，共得到 N 类，每类仅包含一个对象，类与类之间的距离就是它们所包含的对象之间的距离。

---

① S C Johnson. Hierarchical Clustering Schemes [J]. Psychometrika, 1967 (2)：241 - 254.

（2）找到最接近的两个类并合并成一类，于是总的类数少了一个。

（3）重新计算新的类与所有旧类之间的距离。

（4）重复第 2 步和第 3 步，直到最后合并成一个类为止（此类包含了 N 个对象）。

6.2.3.3 主题模型

主题模型（topic model）是一种对文集的隐含语义结构（latent semantic structure）进行聚类（clustering）的统计模型[①]，通俗来讲，就是对文字中隐含主题的一种建模方法。在自然语言处理中，主题模型常用于对文本进行语义分析、降维处理、按主题对文本进行聚类等。

在主题模型中，主题（topic）是以文本中所有字符为支撑集的概率分布，表示该字符在该主题中出现的频繁程度，即与该主题关联性高的字符有更大概率出现。主题模型尝试用数学框架来体现文档的这种特点，主题模型通过自动分析文档以及统计文档内的词语，来判断所统计的文档内有哪些主题，以及每个主题各自的占比为多少[②]。

比如，在一篇文档中有"狮子""兔子"两个主题，那么在"狮子"的主题中，如"狮子""草原""群居"等词会频繁出现，而在"兔子"主题中，"兔子""胡萝卜"等词也会频繁出现。若"狮子"主题占比为 20%，"兔子"的主题占比为 80%，那么在整篇文档中，"兔子"主题中的词出现的概率大约为"狮子"主题中的词出现概率的 4 倍。

1. LDA 主题模型

LDA 主题模型是一种经典的主题模型，本节将具体介绍 LDA 模型的原理和应用。通俗一点理解，这个模型认为一篇文章的每个词都是通过"以一定概率选择了某个主题，并从这个主题中以一定概率选择某个词语"这样一个过程得到的。因此，每一篇文档代表了一些主题所构成的一个概率

---

① Papadimitriou, C H, Raghavan, P, Tamaki, H and Vempala, S. Latent semantic indexing: A probabilistic analysis [J]. Journal of Computer and System Sciences, 2000, 61 (2): 217–235.

② 徐戈，王厚峰. 自然语言处理中主题模型的发展 [J]. 计算机学报，2011，34 (8): 1423–1436.

分布，而每一个主题又代表了很多单词所构成的一个概率分布。同时，它是一种典型的词袋模型，即一篇文档是由一组词构成，词与词之间没有先后顺序的关系。并且，一篇文档可以包含多个主题，文档中每一个词都由其中的一个主题生成[①]。LDA 模型的主要应用是根据给定的文档，来反推这个文档中有哪些主题以及这些主题的分布情况。

在 LDA 模型中，一篇文档生成的方式则可以使用以下步骤表示，如图 6 – 7 所示[②]。

（1）LDA 从参数为 β 的 Dirichlet 分布中抽取主题与单词的关系 φ；

（2）从参数为 α 的 Dirichlet 分布中抽样出该文本 d 与各个主题之间的关系 θ_d，当有 T 个主题时，θ_d 是一个 T 维向量，每个元素代表主题在文本中的出现概率 $\Sigma_T \theta_{d_T} = 1$，满足；

（3）从参数为 θ_d 的多项式分布中抽出当前单词所属的主题 z_{dn}；

（4）从参数为 $\theta_{z_{dn}}$ 的多项式分布中抽取出具体单词 ω_{dn}。

Topic (LDA)

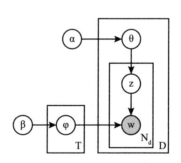

图 6 – 7　LDA 的贝叶斯网络图

一个文档中所有单词与其所属主题的联合概率分布如式（6 – 26）

① LDA［EB/OL］.［2020 – 04 – 25］. https：//baike. baidu. com/item/LDA/13489644？ fr = Aladdin.

② Rosen-Zvi M，Griffiths T，Steyvers M，et al. The author-topic model for authors and documents［C］//Proceedings of the 20th conference on Uncertainty in artificial intelligence. AUAI Press，2012：487 – 494.

所示。

$$p(\omega, z \mid \alpha, \beta) = p(\omega \mid z, \beta)p(z \mid \alpha)\!\int\! p(z \mid \theta)p(\theta \mid \alpha)d\theta\!\int\! p(\omega \mid z, \phi)p(\phi, \beta)d_{\phi}$$

$$(6-26)$$

2. ATM 主题模型

ATM 全称 Author-Topic Model，翻译过来是作者—主题模型，它基于 LDA 模型，但将作者信息也包含其中。每一个作者关联着主题的多项式分布，每一个主题都关联着词的多项式分布。一份包含多个作者的文档被建模成一个在主题上关于该文档作者的混合分布[①]。

传统的 LDA 模型只能单纯识别文章中包含的主题信息，没有考虑作者的兴趣偏好，一篇文档的作者可能有多位，很多作者可能合作一些文章，LDA 对于描述这些作者的兴趣是不清晰的[②]。而 Author-Topic Model 是一种在 LDA 的基础上融合了作者兴趣的建模方法，将作者兴趣偏好和文章信息融合在了一起。在该模型中，ad 向量表示决定写文章 d 的作者群。文章中的一个单词对应的作者均匀分布。主题的抽取来自于作者对应的主题分布，而词的抽取来自于该主题对应的词分布。作者对应的主题分布 θ 服从 Dirichlet 分布，参数为 α。作者对应的混合权重用来选择主题 z[③]。具体过程如图 6 - 8 所示，图中的各项参数意义如下：θ 为作者—主题概率分布；ϕ 为主题—词项概率分布；α 为 Dirichlet 先验参数，表示文档—主题概率分布的先验；β 为 Dirichlet 先验参数，表示主题—词项概率分布的先验；a_d 为作者集合上的均匀分布；x 为作者；z 为主题；w 为词项；D 为文档集合；N_d 为重复采样次数；A 为作者的数量；T 是主题的数量[④]。在该模型

① Michal Rosen-Zvi, Thomas Griffiths, Mark Steyvers, et al. The Author-Topic Model for Authors and Documents [C]. //Twentieth Conference on Uncertainty in Artificial Intelligence (UAI – 2004). 2004：487 – 494.

② Rosen-Zvi M, Griffiths T, Steyvers M, et al. The author-topic model for authors and documents [C] //Proceedings of the 20th conference on Uncertainty in artificial intelligence. AUAI Press, 2012：487 – 494.

③ 周笛. 基于文档主题相关性的 LDA 有监督模型 [D]. 哈尔滨：哈尔滨工业大学, 2011.

④ 赵华, 章成志. 利用作者主题模型进行图书馆 UGC 的主题发现与演化研究 [J]. 图书馆论坛, 2016, 36 (7)：34 – 45.

中，当出现每篇文章有且仅有一个作者的特殊情况时，ATM 模型与 LDA 模型实际上是等同的，因此，在这种情况下可以使用 LDA 模型，采取将作者与文章编号——对应的方式来间接地得知作者的兴趣偏好。但也可以反推，当研究的文档中存在多名作者合著的现象时，LDA 模型便无法应付这种情况，而 ATM 可以很好地计算作者的兴趣偏好以及文章的主题分布，如图 6 – 8 所示。

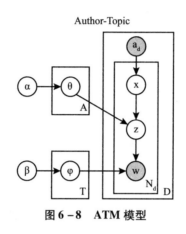

图 6 – 8 ATM 模型

6.2.3.4 文本情感分析

所谓文本情感，是指文本作者所表达的主观信息，即作者的观点和态度。因此，文本情感分析又称文本倾向性分析或文本观点挖掘，其主要任务包括情感分类和属性抽取等。

情感分析也许是 NLP 和文本分析中最流行的应用之一，它广泛地被应用在企业调查、社交媒体数据、调查反馈，以及电影、商品等的评论中。情感分析的目的是分析人们对某一特定实体的反应，并根据他们的反应采取一定的行动。

情感分析也称为意见分析或意见挖掘。其关键目的是使用文本分析、NLP、机器学习和语言学的技术从非结构化文本中提取重要信息或数据点。情感极性通常是一个数值分数，基于主观参数（如表达感觉和情感的特定词语和短语）将分数分配给文本文档的正面和负面。

本节将介绍"基于词典的情感分析"和"基于有监督的学习进行情感分类"两种方法,并使用第一种方法进行实操演示。

1. 基于词典的情感分析

基于情感词典的方法是借助词典将文本的非结构化特征提取出来,这些精心设计的词典具有与主观词、短语有关的详细信息,包括情感、情绪、极性等。分析思路主要是通过构建情感词典和规则,对文本依次进行分句分词、词性分析、句法分析和匹配词典等处理工作;根据词典中对情感词权值的分配计算句子、段落乃至篇章的情感值,不同的情感词典对情感值的分配是不相同的;以情感值为文本情感倾向性判断的依据,实现对文本大数据的情感倾向分析。情感词典的好坏将在一定程度上直接影响情感分析的效果。

下面将介绍一些主流的情感词典。

(1) MPQA 主观词典。MPQA 是 Multi-Perspective Question Answering(多视角的问题回答)的缩写,其包含了一系列与意见语料库、主观性词典、主观性意义标注等相关的资源。MPQA 是由匹兹堡大学开发和维护的。

(2) Pattern 词典。Pattern 软件包是 python 中的一个完整的 NLP 框架,可用于文本处理和情感分析等。该软件包由 CLiPS 开发,这是一个隶属于安特卫普大学艺术学院的研究中心,它包括完整的基于主观的词典数据库。下面将举出其中的一行例子。

< word form = "absurd" wordnet_id = "a − 02570643" pos = "JJ" sense = "incongruous"

polarity = " − 0. 5" subjectivity = "1. 0" intensity = "1. 0" confidence = "0. 9"/ >

通过例子,可以看出,其中包含了 wordnet 语料库标识符、极性分数、主观性分数等,它们可以用来计算基于极性和主观性的文本情感。

(3) Afinn 词典。Afinn 词典由芬思·阿鲁普·尼尔森(Finn ARup Nielsen)开发与策划,其中包括3300 个单词,以及每个单词的情感极性的分数。他把单词的分值范围控制在 − 5 ~ 5 之间,负数表示消极情绪,正数表示积极情绪。

（4）知网情感词典。知网情感词典（Hownet）是由中科院董振东教授所发布的情感分析用语词集，是当前中文领域应用最广泛、最普遍的情感词典。知网提供的情感词典共有 12 个文件，分为"英文情感分析用语词集"和"中文情感分析用词词集"，共计 17887 个词语。其中中文情感分析用词词集包括评价（正面、负面）、情感（正面、负面）、主张和程度等情感类型。

（5）大连理工情感词汇本体库。大连理工情感词汇本体库由大连理工大学信息检索研究室独立整理标注完成。该词典较为全面，从词性、情感类别和情感强度出发构建，共包含 11229 个正向词和 10783 个负向词，相对于其他情感词典来说，可以在多类别的情感分析中得到有效的应用。

2. 基于有监督的学习进行情感分类

基于机器学习的情感分析是另一种通过构建文本分类模型来理解文本内容并分析文本情感的方法。其步骤如下：

（1）准备训练数据集和测试数据集。

（2）文本文档预处理和规范化。

（3）特征词提取。

（4）模型训练。

（5）模型预测与评估。

此外，朴素贝叶斯模型和卷积神经网络也是常用的两个分类模型，具体如下。

基于朴素贝叶斯情感分析的过程主要包括：获取文本数据，由于评论数据的语料来源丰富，并且评论文本一般可视为主观性文本，所以利用爬虫技术从网络上获取的评论数据是较常见的语料库资源；对收集的文本数据进行分词、去除停用词等预处理工作，接着采用词向量的方法将文本转换为数字表示的向量，从而利用向量来表示一个文本数据；利用分类器对其进行情感分类。

卷积神经网络经常被用作情感极性分析的模型工具，卷积神经网络是借助深度学习的方法将词语转换成词向量，同时利用神经网络构造情感极性分类器，判断词语的情感极性，从而避免分类不准确情况的产生。曹（Cao）等人[1]用 CNN 卷积神经网络构建句子的特征向量，然后利用支持向量机 SVM 实现对微博语句的情感分析。孙（SUN）等人[2]在文献中提出了扩展内容的卷积神经网络 CNN 微博情感分析，作者利用把一条微博扩展到多条微博语料的方法解决了一条微博短小稀疏的问题。

6.2.4　文本挖掘的主要工具

6.2.4.1　文本挖掘的工具应用概况

随着数据挖掘技术的不断发展和应用，文本挖掘的工具类型和功能在当前也得到了较大的提升，选择合适的工具进行文本处理也是开展文本挖掘工作的关键。

1. R 语言

R 是用于统计分析、数据探索、绘图的语言和操作环境，具有免费、源代码开放、语法通俗易懂等特点。R 作为一种可编程的语言，学会以后可通过自己编制函数的形式来扩展现有的语言，也因为 R 语言可编程的特点使得 R 的更新速度较快，在 R 中可以迅速地找到大多数最新的统计方法和技术。R 还具有很强的互动性，和其他编程语言和数据库之间有很好的接口，除了图形输出是在另外的窗口处，其输入、输出窗口都是在同一个窗口进行的，输入语法中如果出现错误会马上在窗口中得到提示，对以前输入过的命令有记忆功能，可以随时再现、编辑修改以满足用户的需要[3]。

2. Weka

WEKA（waikato environment for knowledge analysis）全名是怀卡托智能

① Cao Y, Xu R, Tao C. Combining Convolutional Neural Network and Support Vector Machine for Sentiment Classification [J]. Chinese National Conference on Social Media Processing, 2015.

② Xiao S, Fei G, Li C, et al. Chinese microblog sentiment classification based on convolution neural network with content extension method [C] //2015 International Conference on Affective Computing and Intelligent Interaction (ACII). IEEE Computer Society, 2015.

③ 杨中庆. 基于 R 语言的空间统计分析研究与应用 [D]. 广州：暨南大学，2006.

分析环境，WEKA 作为一个公开的数据挖掘工作平台，集合了大量能承担数据挖掘任务的机器学习算法，包括对数据进行预处理，分类，回归、聚类、关联规则以及在新的交互式界面上的可视化[①]。

3. RapidMiner

RapidMiner 是一款强大的数据挖掘软件平台，是世界领先的数据挖掘解决方案，通过在图像化界面拖拽建模，可以轻松实现数据准备、机器学习和预测模型部署，运算速度快，无须编程知识，对于初学者简单易用。其优点在于 RapidMiner 从数据准备、模型部署到正在进行的模型管理的完整工作流程都可以在同一平台上由一个用户界面通过一个系统来实现。具有可视化的工作流程设计，通过简单的拖放能快速实现端到端的数据科学，其功能超出其他可视化平台更多机器学习函数和第三方数据库[②]。

4. Python

Python 是一种解释型、面向对象、动态数据类型的高级程序设计语言，目前在数据统计、机器学习方面得到了广泛的应用，已经成为人工智能领域研究较为重要的工具之一。Python 是一门易学、严谨的程序设计语言，能让用户编写出更易读、易维护的代码。相较于其他文本挖掘工具，Python 更容易上手，它能较为合理地实现数据统计、分析、可视化等任务，且其所具有的开源性特征，在功能扩展和模块开发等方面更具优势。因此，本书中在本章的实操部分，将重点引入 python 作为文本挖掘的实践工具。

6.2.4.2　Python 与文本挖掘

1. Python 简介

Python 是由吉多·范罗苏姆（Guido van Rossum）在 20 世纪 80 年代末

---

①　oschina. Weka 数据挖掘工作平台 ［EB/OL］. (2009 – 10 – 07) ［2022 – 02 – 20］. https：//www. oschina. net/p/weka.

②　zxhohai. RapidMiner 教程 ［EB/OL］. (2009 – 10 – 07) ［2022 – 02 – 20］. https：//blog. csdn. net/hohaizx/article/details/80848701.

和 90 年代初，在荷兰国家数学和计算机科学研究所设计出来的。Python 本身也是由诸多其他语言发展而来的，这包括 ABC、Modula - 3、C、C ++、Algol - 68、SmallTalk、Unix shell 和其他的脚本语言，等等。像 Perl 语言一样，Python 源代码同样遵循 GPL（general public license）协议。

Python 是一种面向对象解释型计算机程序的设计语言，由吉多·范罗苏姆于 1989 年发明，第一个公开发行版于 1991 年。Python 是纯粹的自由软件，源代码和解释器 CPython 遵循 GPL（general public license）协议。Python 语法简洁清晰，特色之一是强制用空白符（white space）作为语句缩进。

Python 是一个高层次，结合了解释性、编译性、互动性和面向对象的脚本语言。Python 的设计具有很强的可读性，相比其他语言经常使用英文关键字，其他语言的一些标点符号，它具有比其他语言更有特色语法结构。

Python 有很多优点，包括以下几个方面。

（1）简单：Python 是一种代表简单主义思想的语言。阅读一个良好的 Python 程序就感觉像是在读英语一样。它使你能够专注于解决问题，而不是去搞明白语言本身。

（2）易学：Python 极其容易上手，因为 Python 有极其简单的说明文档。

（3）速度快：Python 的底层是用 C 语言写的，很多标准库和第三方库也都是用 C 语言写的，运行速度非常快。

（4）免费、开源：Python 是 FLOSS（自由/开放源码软件）之一。使用者可以自由地发布这个软件的拷贝、阅读它的源代码、对它做改动、把它的一部分用于新的自由软件中。FLOSS 是基于一个团体分享知识的概念。

（5）高层语言：用 Python 语言编写程序的时候无需考虑诸如何管理你的程序使用的内存一类的底层细节。

（6）可移植性：由于它的开源本质，Python 已经被移植在许多平台上（经过改动使它能够工作在不同平台上）。这些平台包括 Linux、Windows、

FreeBSD、Macintosh、Solaris、OS/2、Amiga、AROS、AS/400、BeOS、OS/390、z/OS、Palm OS、QNX、VMS、Psion、Acom RISC OS、VxWorks、PlayStation、Sharp Zaurus、Windows CE、PocketPC、Symbian 以及 Google 基于 linux 开发的 android 平台。

（7）解释性：一个用编译性语言比如 C 或 C ++ 写的程序可以从源文件（即 C 或 C ++ 语言）转换到计算机使用的语言中（二进制代码，即 0 和 1）。这个过程通过编译器和不同的标记、选项完成。运行程序的时候，连接/转载器软件把程序从硬盘复制到内存中并且运行。而 Python 语言写的程序不需要编译成二进制代码。可以直接从源代码运行程序。

在计算机内部，Python 解释器把源代码转换成为字节码的中间形式，然后再把它翻译成计算机使用的机器语言并运行。这使得使用 Python 更加简单，也使得 Python 程序更加易于移植。

（8）面向对象：Python 既支持面向过程的编程，也支持面向对象的编程。在"面向过程"的语言中，程序是由过程或仅仅是可重用代码的函数构建起来的。在"面向对象"的语言中，程序是由数据和功能组合而成的对象构建起来的。

（9）可扩展性：如果需要一段关键代码运行得更快或者希望某些算法不公开，可以用部分程序用 C 或 C ++ 编写，然后在 Python 程序中使用它们。

（10）可嵌入性：可以把 Python 嵌入 C/C ++ 程序中，从而向程序用户提供脚本功能。

（11）丰富的库：Python 标准库确实很庞大。它可以处理各种工作，包括正则表达式、文档生成、单元测试、线程、数据库、网页浏览器、CGI、FTP、电子邮件、XML、XML-RPC、HTML、WAV 文件、密码系统、GUI（图形用户界面）、Tk 和其他与系统有关的操作。这被称作 Python 的"功能齐全"理念。除了标准库以外，还有许多其他高质量的库，如 wxPython、Twisted 和 Python 图像库等。

（12）规范的代码：Python 采用强制缩进的方式使得代码具有较好的可读性。而 Python 语言写的程序不需要编译成二进制代码。

2. Python 开发环境搭建

Python 安装后自己带有一个命令行工具与小的 IDE 程序（IDE, integrated development environment，是用于提供程序开发环境的应用程序），但是这个 IDE 很弱，因此，在此基础上可以搭配第三方的各种 IDE 开发工具，下面介绍几种主流的开发工具与环境。

（1）Python 自带开发环境。Python 的开发环境也十分简单，用户可以到官网 https：//www. python. org/中直接下载 Python 的程序包。官网提供多个版本可供下载，但是各个版本之间在语法上有些差异，在这里以 Python3. 6 为例。

下载 Python3. 6 程序包后直接安装，选择安装目录（在短短几分钟内就可以完成安装）。Python 安装完毕后，在 Windows 的启动菜单中就可以看到 Python3. 6 的启动菜单，启动 Python3. 6 可以看到 Python 的命令行界面。这个环境是命令行环境，只能运行一些简单的测试语句，显然不能用它来编写程序。Python 自带一个 IDE，但是这个 IDE 的功能十分有限，不适合开发 Python 工程项目。

（2）PyCharm 与 Python 的开发环境。一个比较流行的开发环境是 PyCharm，它的风格类似 Eclipse，是一种专门为 Python 开发的 IDE，带有一整套可以帮助用户在使用 Python 语言开发时提高其效率的工具，如调试、语法高亮、Project 管理、代码跳转、智能提示、自动完成、单元测试、版本控制。读者可以到 PyCharm 的官网（http：//www. jetbrains. com/pycharm/）下载免费的 PyCharm Community 版本，这个版本虽然不及收费的 Professional 专业版本功能强大，但对于一般应用已经足够了。

（3）Anaconda 与 Python 的开发环境。另一个比较流行的开发环境是 Anaconda，这个程序比较庞大，但它是一个十分强大的 Python 开发环境，它自己带有 Python 的解释器，也就是说，安装 Anaconda 时就自动安装 Python 了，同时它还带有一个功能强大的 IDE 开发工具 Spider。Anaconda 最大的好处是可以帮助用户找到与安装 Python 的各种各样的开发库，使得 Python 的开发十分方便与高效。另外，Anaconda 对 Windows 用户十分有用，因为 Python 的一些开发库在 Windows 环境下安装常常出现各种各样的问题，而 Anaconda 能顺利解决这些问题。读者可以到官网（https：//www. continuum. io/downloads）下载 Anaconda。

3. Python 的文本挖掘功能库

使用 python 进行文本挖掘，获取数据集中有用的信息，需要借助大量的第三方库来实现这一目标，接下来本书选取其中主要的功能库进行介绍。

（1）Requests 库。Requests 库是在 urllib 的基础上开发而来，它使用 Python 语言编写，并且采用了 Apache2 Licensed（一种开源协议）的 HTTP 库。Requests 方便、快捷，因此，在编写爬虫程序时 Requests 库使用较多。

请求方法为：requests. get(url，headers = headers，params，timeout)。

参数说明如下。

url：要抓取的 url 地址。

headers：用于包装请求头信息。

params：请求时携带的查询字符串参数。

timeout：超时时间，超过时间会抛出异常。

（2）Beautiful Soup 库。Beautiful Soup 提供一些简单的、Python 式的函数，用来处理导航、搜索、修改分析树等功能。它是一个工具箱，通过解析文档为用户提供需要抓取的数据，因为简单，所以不需要多少代码就可以写出一个完整的应用程序。Beautiful Soup 自动将输入文档转换为 Unicode 编码，输出文档转换为 utf – 8 编码。

（3）Gensim 库。Gensim 库是一款开源的第三方 Python 工具包，用于从原始的非结构化的文本中，无监督地学习到文本隐层的主题向量表达，它支持包括 TF-IDF、LSA、LDA 和 word2vec 在内的多种主题模型算法，支持流式训练，并提供了诸如相似度计算，信息检索等一些常用任务的 API 接口。

下面介绍一些 Gensim 的核心概念。

1）文档（document）：文档是指在 python3 中的一种文本序列类型对象。

2）语料库（corpus）：语料库是一组文档组成的对象，在 Gensim 中，语料库通常有两种功能：

①作为训练一个模型的输入，在训练的过程中，模型通过使用训练语料库去找到公共主题、主题、初始化模型的内部参数。Gensim 主要包含一些无监督模型，所以不需要人类的干预，不需要人类来进行注释或者标记文档。

②作为一种文档的组织形式，在训练过后，一个主题模型可以用来从新的文档中抽取主题。

3）向量（vector）：为了得到语料库中的潜在结构，需要一种方法来用数学的方法去表示这个文档。另一种方法是把每一个文档表示为一个由特征组成的向量。

4）模型（model）：是指将一种文档表示转换成另一种表示。在将语料库进行向量化之后，就可以把向量传递到模型中。在 Gensim 中，文档都会被转换成向量，模型就可以看作两个向量空间之间的变换。

（4）Jieba 库。Jieba 库是优秀的中文分词第三方库，中文文本需要通过分词获得单个的词语。Jieba 库的分词原理如下。

1）依据统计词典（模型中这部分已经具备，也可自定义加载）构建统计词典中词的前缀词典。

2）依据前缀词典对输入的句子进行 DAG（有向无环图）的构造。

3）使用动态规划的方法在 DAG 上找到一条概率最大路径，依据此路径进行分词。

4）对于未收录词（是指不在统计词典中出现的词，未收录词怎么识别可以看完第三部分之后思考一下），使用 HMM（隐马尔克夫模型）模型，用 Viterbi（维特比）算法找出最可能出现的隐状态序列。

Jieba 库分词有以下三种模式。

1）精确模式：jieba. lcut（string）或 jieba. cut（string），就是把一段文本精确地切分成若干个中文单词，若干个中文单词之间经过组合，就精确地还原为之前的文本，其中不存在冗余单词。

2）全模式：jieba. lcut（string, cut_all = True）或 jieba. cut（string, cut_ all = True），将一段文本中所有可能的词语都扫描出来，可能有一段文本它可以切分成不同的模式，或者有不同的角度来切分成不同的词语，在全模式下，Jieba 库会将各种不同的组合挖掘出来。分词后的信息再组合起来会有冗余，不再是原来的文本。

3）搜索引擎模式：jieba. lcut_for_search（string）或 jieba. cut_for_search（string），在精确模式的基础上，对发现的那些长的词语，会对它再次切分，进而适合搜索引擎对短词语的索引和搜索，也有冗余。

（5）SnowNLP。SnowNLP 是一个 python 写的类库，可以方便地处理中文文本内容，是受到了 TextBlob 的启发而写的，由于现在大部分的自然语言处理库基本都是针对英文的，于是写了一个方便处理中文的类库，并且和 TextBlob 不同的是，这里没有用 NLTK，所有的算法都是自己实现的，并且自带了一些训练好的字典。其主要功能有：中文分词、词性标注、情感分析、文本分类、提取文本关键词、提取文本摘要等。

6.3 教育研究中文本挖掘的应用与实操

6.3.1 网络爬虫的应用与实操

6.3.1.1 网络爬虫的应用

网络爬虫程序是一种自动提取网页信息的应用程序，它的功能是访问 web 服务器，从服务器中获取网页代码，网页代码中包含了很多各种各样的数据信息，程序从中提取所关心的数据，把数据整理后存储在本地，之后可以将这些数据应用于数据分析等领域中。

网络爬虫可以自动化抓取网络中的信息，当然浏览信息的时候需要按照所制定的规则进行爬取，这些规则被称为网络爬虫算法。编写一个网络爬虫程序可以使用 Python、Java、C ++、C#等各种常用的开发语言，但是使用 Python 是比较简单，也是比较流行的一种方法。下文中，本书将利用 python 语言实现对人民日报某条微博下的评论信息进行爬取。

6.3.1.2 网络爬虫的算法实现

本书将以爬取人民日报评论下关于双减政策的评论为例进行实操演示。

1. 首先登录微博账号

查看人民日报微博评论相关网页，使用鼠标右击评论页，点击"检查"功能，即可打开浏览器的控制台，之后用键盘使用"Ctrl + R"或者鼠标右键刷新，使浏览器重新向服务器发送请求获取内容，即可从控制台中发现网页中所展示的信息，结果如图6-9右侧所示。

图6-9 评论网页分析

资料来源：Rosen - Zvi M，Griffiths T，Steyvers M，et al. The author - topic model for authors and documents ［C］//Proceedings of the 20th conference on Uncertainty in artificial intelligence. AUAI Press，2012：487 - 494.

对网页进行分析，可以看出，在 Network 页面预览列表中开头为 build-comments 的响应内容，里面有所需要的评论内容、评论点赞数、评论回复数以及评论者信息等数据。

2. 获取请求头信息

爬虫的核心原理就是模拟浏览器发送 HTTP 协议来获取服务器上的数据，那么要想服务器接受自己的请求，则必须将自己的请求伪装成浏览器的形式。

而 HTTP 协议是基于请求响应模型的，客户端发送请求到服务器，服务器接受请求，处理后返回响应数据，需要关注的重点在于请求数据，只有服务器认为合格合法的请求才会得到服务器的响应。因此，在向服务器发送请求过程中，就需要浏览器访问时的 Request headers（请求头）信息，在图 6 - 10 的 Network 的标头部分中展示了有用的 Request Headers 信息。

图 6 - 10　Request Headers

那如何将这些信息封装进所编写的程序呢?

在这一步需要用到 requests 库，Requests 库是一个 Python 的第三方库，这个库是在 urllib 的基础上开发而来，且 requests 比 urllib 更为便捷，requests 可以直接构造 get，post 请求并发起，可以通过调用它来帮助实现自动爬取 HTML 网页页面以及模拟人类访问服务器自动提交网络请求，因此，在编写爬虫程序时，Requests 库使用较多。

请求方法为：Requests. get(url，headers = headers，params，timeout)。

参数说明如下。

url：拟获取页面的 URL 链接。

headers：用于包装请求头信息。

params：url 中的额外参数，字典或字节流格式，可选。

timeout：超时时间，超过时间会抛出异常。

库的使用可以看下面的几行代码。

```
headers = {
        "user - agent": "此处填写上图中的 user-agent",
    }
params = {
        "flow" : 0,
        "is_reload" : 1,
        "id" : pid,
        "is_show_bulletin" : 2,
        "is_mix" : 0,
        "max_id" : max_id,
        "count" : 20,
        "uid" : uid,
    }
r = requests. get( url, headers = headers, params = params)
```

3. 数据解析

当爬虫返回网页上的信息后，返回的数据是 json 格式，评论数据以数组的形式放在 'data' 节点下。

解析数据时，可以通过 python 自带的 json 库来解析。同时使用 Beautiful Soup 方法获得所需的评论内容数据，Beautiful Soup 是一个可以从 HTML

或 XML 文件中提取数据的 Python 库。

具体用法：变量名称＝Beautiful Soup（需要解析的数据，'html. parser'）。

备注：（1）Beautiful Soup（）内的第一个参数，即需要解析的数据，类型必须为字符串，否则运行时系统会报错。（2）'html. parser'为 Python 内置库中的一个解析器。它的运行速度较快，使用方法也比较简单。但是它并不是唯一的解析器，大家可以使用其他的解析器进行操作，但是具体用法可能会略有不同。

示例代码如下：

```
data = jsonObj["data"]
    max_id = jsonObj["max_id"]
commentData = []
for item in data：
        # 评论 id
        comment_Id = item["id"]
        # 评论内容
content = BeautifulSoup(item["text"],"html. parser"). text
        # 评论时间
        created_at = item["created_at"]
        # 点赞数
        like_counts = item["like_counts"]
        # 评论数
        total_number = item["total_number"]
        # 评论者 id,name,city
user = item["user"]
userID = user["id"]
userName = user["name"]
userCity = user["location"]
dataItem = [comment_Id, created_at, userID, userName, userCity, like_
counts,total_number,content]
```

4. 数据存储

当通过解析得到所需要的数据之后，要将其保存到指定的文件中。这里可以使用 Python 的 Pandas 模块来实现数据存储。Pandas 是 Python 的一个功能强大且灵活的三方包，可处理标记和时间序列数据，还提供统计方法、启用绘图等功能。Pandas 的一项重要功能是能够编写和读取 Excel、CSV 和许多其他类型的文件，并且能有效地进行处理文件。具体代码如下所示：

```
import pandas as pd
def save_data(data,path,filename):
if not os. path. exists(path):
os. makedirs(path)
    dataframe = pd. DataFrame(data)
dataframe. to_csv(path + filename,encoding = 'utf_8_sig',mode = 'a',index = False,sep = ',',header = False)
if__name__ == "__main__":
    pid = 4713960375584876        # 微博 id,固定
        uid = 2803301701            # 用户 id,固定
        max_id = 0
        path = "D:/Data/"            # 保存的路径
        filename = str(pid) +". csv"    # 保存的文件名
        csvHeader = [["评论 id","发布时间","用户 id","用户昵称","用户城市","点赞数","回复数","评论内容"]]
        save_data(csvHeader,path,filename)
    while(True):
html = fetchUrl(pid,uid,max_id)
comments,max_id = parseJson(html)
        save_data(comments,path,filename)
        # max_id 为 0 时, 表示爬取结束
    if max_id == 0:
```

print('finish')

break;

爬取得到的数据内容如图6-11所示。

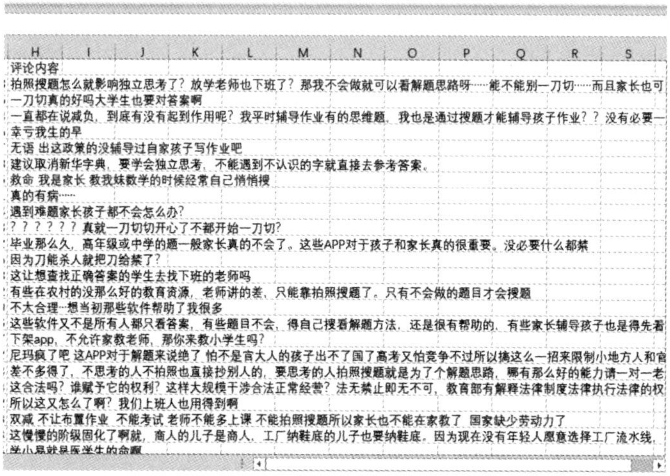

图6-11　爬取结果

6.3.2　分词处理

6.3.2.1　中文分词简介

分词就是对自然的语言进行词语的切分，叫作分词。那么为什么要进行分词呢？因为现实生活中人们所使用的自然语言，一般情况下不能被计算机自动识别为单个词语，这时候就需要进行分词，特别是中文。中文与英文的区别在于，每一个英文的单词，中间都有自然的空格进行分割，那么计算机在很多时候可以比较方便地进行词语的切分。但当把它表达为中文的时候，词语之间并没有明显的间隔，这时候可以通过人为进行判断，但是计算机却无法进行自动的判断，此时就需要使用专门的分词工具进行分词，有了恰当的词语切分才能够实现进一步的文本挖掘。

在前文中对关于双减政策的文本集进行了爬取，本次中文分词实现将依托于此进行，部分数据如图 6 – 12 所示。

content
建议学校不要总是搞一些形式主义，少开一些没有用的会，多一些实干主义，给教师留下充足时间……
希望学校不得给老师布置与教学无关的公众号关籍没完没了的文件……
支持，给家长减负，给学生减负，给老师减负，应该解散家长群！
小学一年级就要做什么手抄报，其实都是给家长留的作业，[吃瓜][吃瓜][吃瓜][吃瓜]
建议少整些虚的，多落实一下教学质量吧[二哈]每天的作业还要家长签字，我小时候最烦的就是家长签字[二哈]现在做家长了一样讨厌签字[二哈]
作为老师，我也强烈建议解散家长群，学校群，我也不想在群里教学校要求布置家长关注各种公众号，做各种答题，还要截图，上报，想到去年投诉
请也给老师减负吧，别那么多跟教学无关的工作
我小学的时候，一个班七十个孩子，都是老师批改作业，怎么现在就不行了？
希望也给教师减负吧，别搞那么多形式主义，我只想好好教书

图 6 – 12　文本数据

6.3.2.2　数据清洗

在进行文本分析之前，需要对得到的数据进行预处理，因为文本数据中不仅包括了中文字符，还包括了数字、英文字符、标点等非常规字符，这些都是无意义并且需要处理的数据，会对分析结果产生影响，因此，需要对这些词组进行清洗。通常情况下，可以利用 Excel 的查找替换功能进行替换，删除一些无效的文本数据；当然也可以利用 Python 进行文本过滤，如利用正则表达式去除文本中无用的表情符号，仅保留文字内容，那么可以使用下面的方法：

re. compile("[^\u4e00 – \u9fa5^,^.^! ^a – z^A – Z^0 – 9]")　#只保留中英文、数字和符号，

#若只保留中英文和数字，则替换为[^\u4e00 – \u9fa5^a – z^A – Z^0 – 9]

6.3.2.3　jieba 分词

比较常用的中文分词工具有 jieba 分词、北京理工大学张华平版中文分词系统（NLPIR）、哈尔滨工业大学开发的语言技术平台（LTP）等。本书使用 jieba 分词技术来进行分词处理，jieba 分词项目地址：https：//github. com/fxsjy/jieba。在此过程中引入基于"哈工大停用词词库""四川大学机器学习智能实验室停用词库""百度停用词表"等构建的自定义停用词表进行词语过滤，其中部分词组如图 6 – 13 所示。

图 6 – 13　stop_words 部分词组

下面的代码展示如何使用 jieba 分词进行中文分词：

#添加停用词典

stop_list = pd. read_csv('stop_words. txt')['t']. tolist( )

#定义中文分词函数

def txt_cut(juzi)：

return [w for w in jieba. lcut(juzi) if w not in stop_list]

#读取文件并使用定义的函数进行数据清洗

contents = [ ]

file = 'filename. csv'

with open(file, "r", encoding = "gbk") as f：

reader = csv. DictReader(f)

for row in reader：

　　# 数据元素获取

labels. append( )

content = row['content']

seglist = txt_cut(content)

　　output = ' '. join(list(seglist))　　　　#空格拼接

contents. append(output)

jieba 分词后的部分数据如图 6 – 14 所示。

建议 学校 搞 形式主义 少开 多一些 实干 主义 教师 留下 充足 时间 希望 学校 老师 布置 教学 无关 公
众 号 美篇 没完没了 文件 支持 家长 减负 老师 减负 解散 家长 群 小学 一年级 做 手抄报 家长 留 作业
建议 少 整些 虚 落实 教学质量 作业 家长 签字 小时候 最烦 家长 签字 做 家长 讨厌 签字

图 6 – 14　分词后的数据

6.3.3　文本关键词的提取

6.3.3.1　TF-IDF

前文中提到了 TF-IDF 算法是一种常用的文本提取的方法。其中 TF 是
指词条在文本中出现的频率，一般是用词频除以文章总词数。IDF 是指逆
文件频率，表示关键词的普遍程度，是为了防止一些通用的词语的权重过
大。有了 IF 和 IDF 两个值之后，将其相乘，便能得到一个词的 TF-IDF 的
值。某个词在文章中的 TF-IDF 越大，那么它在文章中的权重越高。

TF-IDF 步骤如下所示。

（1）计算 TF。

$$词频 = 某个词在文章中出现的次数 / 文章的总次数$$

（2）计算 IDF。

$$逆文档频率 = \log(语料库的文档总数 / (包含该词的文档数 + 1))$$

（3）计算 TF-IDF。

$$TF\text{-}IDF = TF \times IDF$$

与一个词在文档中出现的次数成正比。

与该词在整个语言中出现的次数成反比。

6.3.3.2　算法实现

在 6.3.2 中对爬取的关于双减政策的文本数据进行了 jieba 分词，本次
算法实现将依托于此分词后数据进行。

在 scikit-learn 中，有两种方法进行 TF-IDF 的预处理。

第一种方法是在用 Count Vectorizer 类向量化之后再调用 Tfidf Trans-
former 类进行预处理。第二种方法是直接用 Tfidf Vectorizer 完成向量化与
TF-IDF 预处理。这里使用了第一种方法，其中 Count Vectorizer 是将文本词

转换成矩阵的形式，Tfidf Transformer 类是对 Count Vectorizer 类计算得到的词频矩阵进行统计，得到每个词语的 TF-IDF 值，词的 TF-IDF 值越高，就表示该词在这篇文章中的重要性越大，越有可能是文章的关键词。

下面的代码将展示如何进行 TF-IDF 计算：

#将文本中的词语转换为词频矩阵，矩阵元素 a[i][j] 表示 j 词在 i 类文本下的词频。

vectorizer = CountVectorizer( )

#该类会统计每个词语的 tf – idf 权值。

transformer = TfidfTransformer( )

#第一个 fit_transform 是计算 tf – idf，第二个 fit_transform 是将文本转为词频矩阵。

tfidf = transformer. fit_transform(vectorizer. fit_transform(contents))

for n in tfidf[:5]:

print(n)

print(type(tfidf))

图 6 – 15 为运行结果。

```
(0, 6411)     0.2041730989673092
(0, 5565)     0.11404118887731374
(0, 1118)     0.17982622973390175
(0, 6880)     0.27218063239555934
(0, 6589)     0.25554109432639527
(0, 5971)     0.33646438011876134
(0, 9444)     0.2959550924601597
(0, 4898)     0.3230972791298997
(0, 5699)     0.33646438011876134
(0, 1420)     0.33646438011876134
(0, 8068)     0.15950507395209396
(0, 10239)    0.31007852053577484
(0, 2441)     0.3160851809753229
(0, 8426)     0.14310984420986644
(0, 5565)     0.14484964704560954
```

图 6 – 15　TF-IDF 计算结果

本节参考了 Eastmount 的 CSDN 博客《[Python 人工智能] 二十三．基于机器学习和 TFIDF 的情感分类》。

6.3.4　文本情感分析

6.3.4.1　基于词典的情感分析

在 6.2.3.4 节中介绍了基于词典的情感分析和基于有监督的学习两种情感分析的方法，本次实操选用基于词典的情感学习，其原理主要是把文本数据中的特征词提取出来，并依据词典的情感值的分配对文本进行情感分析，本书选定的词典为大连理工情感词汇本体库，它是大连理工大学信息检索研究室在林鸿飞教授的指导下经过全体教研室成员的努力整理和标注的一个中文本体资源。该资源从不同角度描述一个中文词汇或者短语，包括词语词性种类、情感类别、情感强度及极性等信息。

大连理工情感词汇本体库的情感分类体系是在国外比较有影响的 Ekman 的 6 大类情感分类体系的基础上构建的。在 Ekman 的基础上，词汇本体加入情感类别"好"对褒义情感进行了更细致的划分，最终词汇本体中的情感共分为 7 大类 21 小类，情感强度分为 1、3、5、7、9 五档，9 表示强度最大，1 表示强度最小。

构造该资源的宗旨是在情感计算领域，为中文文本情感分析和倾向性分析提供一个便捷可靠的辅助手段。大连理工情感词汇本体库可以用于解决多类别情感分类的问题，同时也可以用于解决一般的倾向性分析的问题。

步骤如下。

（1）对数据集进行分词处理。

（2）情感词典的引入。

（3）通过情感词构建情感矩阵，并进行情感分析。

6.3.4.2　算法实现

1. 对数据进行分词处理

参见本书 6.3.2 节。

2. 引入情感词典

df = pd. read_excel('大连理工大学中文情感词汇本体 NAU. xlsx')

print(df. head(10))

df = df[['词语', '词性种类', '词义数', '词义序号', '情感分类', '强度',
'极性']]

df. head( )

引入结果如图 6 - 16 所示。

	词语	词性种类	词义数	词义序号	情感分类	强度	极性	辅助情感分类	强度.1	极性.1
0	脏乱	adj	1.0	1.0	NN	7	2	NaN	NaN	NaN	NaN
1	糟报	adj	1.0	1.0	NN	5	2	NaN	NaN	NaN	NaN
2	早衰	adj	1.0	1.0	NE	5	2	NaN	NaN	NaN	NaN
3	责备	verb	1.0	1.0	NN	5	2	NaN	NaN	NaN	NaN
4	贼眼	noun	1.0	1.0	NN	5	2	NaN	NaN	NaN	NaN
5	战祸	noun	1.0	1.0	ND	5	2	NC	5.0	2.0	NaN
6	招灾	adj	1.0	1.0	NN	5	2	NaN	NaN	NaN	NaN
7	折辱	noun	1.0	1.0	NE	5	2	NN	5.0	2.0	NaN
8	中山狼	noun	1.0	1.0	NN	5	2	NaN	NaN	NaN	NaN
9	清峻	adj	1.0	1.0	PH	5	0	NaN	NaN	NaN	NaN

图 6 - 16　词典引入

3. 构建矩阵并计算七种情感分布，部分代码如下

```
def emotion_caculate( text) :

positive = 0

negative = 0

anger = 0

disgust = 0

fear = 0

sad = 0

surprise = 0

good = 0

happy = 0

wordlist = txt_cut( text)
    #wordlist = jieba. lcut( text)
```

```python
wordset = set(wordlist)
wordfreq = []
for word in wordset:
    freq = wordlist.count(word)
    if word in Positive:
        positive += freq
    if word in Negative:
        negative += freq
    if word in Anger:
        anger += freq
    if word in Disgust:
        disgust += freq
    if word in Fear:
        fear += freq
    if word in Sad:
        sad += freq
    if word in Surprise:
        surprise += freq
    if word in Good:
        good += freq
    if word in Happy:
        happy += freq
        emotion_info = {
            'length': len(wordlist),
            'positive': positive,
            'negative': negative,
            'anger': anger,
            'disgust': disgust,
            'fear': fear,
```

```
        'good':good,
        'sadness':sad,
        'surprise':surprise,
        'happy':happy,
    }
```

情感分析结果如图 6-17 所示。

username	comment	Unnamed: 1	length	positive	negative	anger	disgust	fear	sadness	surprise	good	happy
可惜世界不	建议学校不要总是搞一些形式主义，少开一些没有用的会		16	1	0	0	0	0	0	0	1	0
懒懒丸子很	希望学校不得给老师布置与教学无关的公众号美篇没完没		11	1	0	0	0	0	0	0	1	0
娱乐圈多可	支持，给家长减负，给学生减负，给老师减负，应该解散		11	1	0	0	0	0	0	0	1	0
夜一的猫	小学一年级就要做什么手抄报，其实都是给家长留的作业		21	1	0	0	0	0	0	0	1	0
_淇次心动	建议少整些虚的，多落实一下教学质量吧[二哈][二哈]每		32	0	1	0	1	0	0	0	0	0
夏天de尾巴	作为老师，我也强烈建议解散家长群，学校群，我也不想		31	1	1	0	0	0	1	0	1	0
活泼的小	请也给老师减负吧，别那么多跟教学无关的工作		7	0	0	0	0	0	0	0	0	0
搞民男友	我小学的时候，一个班七十个孩子，都是老师批改作业，		9	0	1	0	0	0	1	0	0	0
k姥爷还能	希望也给教师减减负吧，别搞那么多形式主义，我只想好		10	1	0	0	0	0	0	0	1	0
一叶飘飞9	支持解散各种群		3	1	0	0	0	0	0	0	1	0
早起的鸟乐	这假期说是放寒假，每天变着法的什么拍照，视频，啥年		44	1	0	0	0	0	0	0	1	0
iBingo	老师不批改作业怎么知道学生出错的问题，作业还是得老		18	1	0	0	0	0	0	0	1	0
禁止翘腿	传统保留项目“家长签字”还有么[doge]		7	0	0	0	0	0	0	0	0	0
怀仁慕远	义务制教育的三点建议：1.班额统一到某地的35人水平；		43	3	1	0	1	0	0	0	2	1
铁牛头不铁	天天通知家长这个那个，家长也跟上学一样一样的，晚上		24	0	0	0	0	0	0	0	0	0
尼奇窝窝	每天填的各种统计表，还有各种答题。特别有些农村文化		15	0	1	0	1	0	0	0	0	0
清幽闲游	如今就是拼爹拼妈的时代，幼儿园就开始做手工（中秋节		15	0	1	0	0	0	1	0	0	0
叫什么不吃	首先把钉钉打卡和手抄报等作业取消可行？		7	0	0	0	0	0	0	0	0	0
就不打伞	这下背诵作业不做更不用背了[耶][耶][耶][耶][耶][耶]		34	0	0	0	0	0	0	0	0	0
十点零五·	不自律的学生最好什么手机也别带，不然真的可能毁了你		22	3	0	0	0	0	0	0	1	2
紫色鸢尾花	学生回家做家庭作业不让家长监督，不自觉的学生不做家		49	3	0	0	0	0	0	0	2	1
努力减脂吧	不是老师想布置，是上级有要求。不是老师不想批作业，		23	2	2	0	2	0	0	0	1	1
Kokyu_-_-	家委：大家好，今天我给大家布置作业，优化设计P21-23		10	0	0	0	0	0	0	0	0	0
长春中医张	一开学各种任务和填表，交完电子版还要纸质的。杂事多		19	1	0	0	0	0	0	0	1	0
闲逛02	教育是很专业的技术，家长可以是别的行业的专家，但不		22	5	0	0	0	0	0	0	5	0

图 6-17　情感分析结果

以上结果可以看出，在每一条评论的后面都有 9 个情绪标签，从中能够看到用户评论文本内容的具体情感倾向，也可以利用 Python 中 Pandas 按照列数据的大小排序 sort_values() 方法查询每项情感的高低排序。

本节参考了 Eastmount 的 CSDN 博客《[Python 人工智能] 二十二. 基于大连理工情感词典的情感分析和情绪计算》。

6.3.5　文本主题分析

6.3.5.1　LDA 模型概述

2003 年布莱（Blei）等人提出了以 Latent Dirichlet Allocation（LDA）为代表的概率主题建模方法，在该模型中主题可以看作单词的概率分布，主题模型通过单词项在文档级的共现信息提取出与文档语义相关的主题，实现将高维的单词空间映射到低维的主题空间，进而完成对目标文本数据的降维处理，开创了文本挖掘研究的新方向。

LDA 主题模型是一种文档生成模型，是一种非监督机器学习技术。它认为一篇文档是有多个主题的，而每个主题又对应着不同的词。一篇文档的构造过程，首先是以一定的概率选择某个主题，然后再在这个主题下以一定的概率选出某一个词，这样就生成了这篇文档的第一个词。不断重复这个过程，就生成了整篇文章。LDA 的使用是上述文档生成过程的逆过程，即根据一篇得到的文档，去寻找出这篇文档的主题，以及这些主题所对应的词。本书的 LDA 实现主要借助 Gensim 库完成，Gensim 是在做自然语言处理时较为经常用到的一款开源的第三方 Python 工具库，主要用来以无监督的方式从原始的非结构化文本当中来学习文本隐藏层的主题向量表达。

LDA 分析的主要过程如下。

（1）对文本数据集进行数据清洗、分词、停用词过滤等操作。

（2）使用 gensim 构建主题模型。

（3）主题词可视化。

6.3.5.2 算法实现

1. 数据准备

Gensim 中用 LDA 需要进行分词，同时清除里面的无用词汇、特殊字符，它们对于主题生成没有什么帮助。记住：LDA 是一个词袋模型，没有上下文的信息。参见本书 6.3.2 节。

2. LDA 模型构建

在这个模块中，使用 LdaModel 进行 LDA 模型的构建，其中 num_topics 可以设置主题的生成个数，本次实验将其设置为 2，并打印最能体现每个主题的前十个词语。

```
dictionary = Dictionary(words_ls)    # 构造词典
```

```
corpus = [dictionary. doc2bow(words) for words in words_ls]# 并将向量
```
放入列表，构造出稀疏向量集
```
lda = LdaModel(corpus = corpus, id2word = dictionary, num_topics = 2,
random_state = 100, iterations = 50)
ldaCM = CoherenceModel(model = lda, corpus = corpus, dictionary = dic-
tionary, coherence = 'u_mass')
```
输出主题，每个主题显示 10 个词
```
for topic in lda. print_topics(num_words = 10):
print(topic)
```

图 6 - 18 为主题输出结果。

```
(0, '0.048*"老师" + 0.029*"孩子" + 0.021*"作业" + 0.021*"家长" + 0.018*"学校" + 0.014*"学生" + 0.008*"时间" + 0.008*"教育" + 0.008*"没有" + 0.007*"允许"')
(1, '0.039*"老师" + 0.023*"家长" + 0.020*"孩子" + 0.016*"作业" + 0.016*"学校" + 0.012*"学生" + 0.010*"做" + 0.009*"没有" + 0.009*"时间" + 0.007*"减负"')
```

图 6 - 18   主题词

3. 可视化展示

可视化展示是基于 pyLDAvis 库在 html 中进行展示，pyLDAvis 是主题模型交互式可视化库，最初是在 R 语言社区的 Carson Sievert 和 Kenny Shirley 开发的，他们的努力使得主题可视化成为可能。pyLDAvis 旨在帮助用户解释适合文本数据语料库的主题模型中的主题。该包从拟合的 LDA 主题模型中提取信息，以告知基于 Web 的交互式可视化。现在 pyLDAvis 可以通过 Python 特别是 jupyter notebook 来分析并可视化主题模型，但也可以保存到独立的 HTML 文件中以便于共享。

相关代码如下：

```
plot = pyLDAvis. gensim_models. prepare(lda, corpus, dictionary)    # 用
```
pyLDAvis 将 LDA 模式可视化。

图 6 - 19 为可视化展示结果。

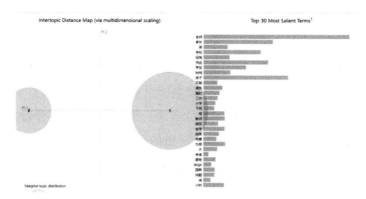

图 6 - 19　主题词可视化

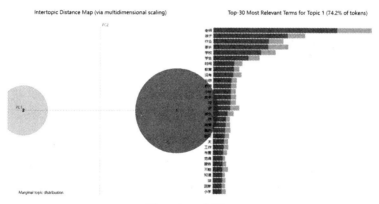

图 6 - 20　主题 1

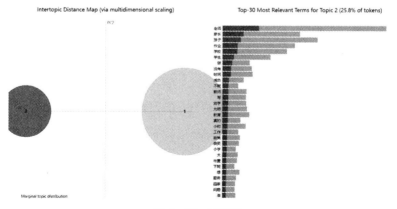

图 6 - 21　主题 2

在图 6-19 中，左侧圆圈区域将文本数据划分为 2 个主题，每一个主题对应相关的关键词及比例。当选择第一个主题时，它的颜色将显示为深色，圆圈的大小及编号即表示主题出现的频率，代表主题在整个语料库中的重要性，圆圈中心之间的距离表示主题之间的相似性。对于每个主题，右侧的直方图列出了前 30 个最相关的字词，条状图中浅色部分表示这个词在整个文档中出现的频率（权重），深色的表示这个词在这个主题中所占的权重。图 6-20 为选择主题 1，6-21 是选择主题 2。通过主题分析可以看出，双减政策实施之后，人们关注较多的一方面是对作业以及工作负担相关的讨论，另一方面是对高质量的教育教学与课后服务水平相关的内容。

6.4 本章小结

本章主要介绍了文本挖掘的原理和实践等相关内容，首先，从文本挖掘的概念及应用现状引入，然后介绍了文本挖掘的一般过程，并在此基础上系统梳理了当前文本挖掘的主要关键技术，并重点对文本获取技术中的网络爬虫技术、文本预处理的分词以及关键词提取技术以及文本分析的情感分析和主题分析等技术进行了较为详细的说明和介绍。为进一步展示文本挖掘技术的具体应用过程，本章又借助文本挖掘的主要工具之———py-thon，结合教育领域中的相关问题和数据，采用相关的分析方法和技术进行了实际操作的介绍和分析。

第 7 章

学术规范和科研伦理

【学习目标】

1. 了解学术规范对于教育研究开展的至关重要性。

2. 掌握教育研究不同阶段会遇到的主要学术规范问题。

3. 掌握论文写作内容中所需要的相关规范、要求和标准。

"没有规矩，不成方圆"。在研究的过程中，应注重学术规范。在教育研究中，完成一篇学术论文一般要经过数据采集、数据处理、论文写作三个阶段，在本章中，分别对三个阶段中所要注意的学术规范进行了详细说明。

7.1 数据采集阶段

数据一般可以分为一手数据和二手数据，一手数据是指研究者直接采集得来的，直接采集的数据一般包括实验研究、实地考察、调查研究所得的观测笔记、调查问卷、录音、录像等结果；二手数据是指他人的劳动成果，研究者可以通过对专业数据库进行检索，查找文献等参考资料的方式进行采集。

采集的数据既要有一手数据，也要有二手数据。一般情况下，以直接采集为主，间接采集为辅，本节将从直接采集和间接采集两个方面阐述在数据采集阶段应有的学术规范。

7.1.1　直接采集规范

在社会科学研究中，研究对象通常是人，由于人的主观性、复杂性等特征，为了保证数据的质量，在直接采集的过程中应注意以下几点原则。

7.1.1.1　研究者中性原则

在数据采集过程中，尤其是在使用问卷、访谈等方式时，研究者都应保持一个客观、中立的态度，不能为了达到研究目的，有针对性地选择研究对象。另外，在与研究对象互动的过程中，应注意不能诱导、暗示研究对象做出研究者期望的选择，例如，有的问卷提问会设计成："医生说……""领袖说……"，这样的问题带有明显的权威倾向，对研究对象的选择进行了干扰，类似这样错误的做法会使数据失真，使研究变得没有意义。

7.1.1.2　研究对象自愿参与原则

研究对象的招募工作要遵循自愿参与的原则。研究者不能强迫不愿意接受访问调查的被调查者配合研究，所有研究对象的参与都必须征得对方的同意，都必须是自愿参与，并且有随时退出研究的权利。自从"双减政策"推出以来，许多中小学的学生家长会收到学校老师转发的问卷调查，强制学生在规定时间完成。这样的调查不仅给研究对象带来了不必要的负担，容易引起研究对象的厌烦情绪，也不利于得到真实的数据。

7.1.1.3　研究对象知情同意原则

研究对象知情同意后，研究者才可以展开调查研究，研究者要事先把研究时间、研究内容、研究过程中可能造成的影响、调查方式等相关事项尽可能地告知研究对象，必要时需要研究对象签署书面的知情书，在研究对象同意后方可展开调查。

7.1.1.4　研究对象无伤害原则

在数据采集中，应时刻谨记研究对象无伤害原则。研究者应确保研究对象的身心健康和名誉声望不受损害。但在研究中，研究对象的心理状态或声望往往会被忽视，例如，在许多调查中，研究对象会被问到一些敏感类问题或涉及隐私的问题，有时会让其回忆、观看一些引起不适的内容，这样的做法会给研究对象带来不同程度的伤害，同时也会给整个研究带来不利的影响，轻则造成数据失真，重则导致研究中断，甚至承担相应的法律责任。

7.1.1.5　研究对象匿名保密原则

研究者应做好研究对象的匿名和保密工作。匿名（anonymity）是指：当研究者无法确定哪些结果属于哪个研究对象的意见的时候，这个研究对象就是匿名的。保密（confidentiality）是指：研究者可以指认特定对象的回答，但承诺不会将其公开。《中华人民共和国统计法》第二十五条规定：统计调查中获得的能够识别或者推断单个统计调查对象身份的资料，任何单位和个人不得对外提供、泄露，不得用于统计以外的目的。在实际操作中，有时需要研究者出具一份标准的匿名保密声明，告知研究对象如何做到保密。严格遵循匿名保密原则会增加数据收集的完整性、真实性和准确性，有利于后续的数据分析。

7.1.1.6　一致性原则

在调查研究中，尤其在问卷、访谈等需要研究对象高度配合的调查中，经常会出现一些主客观障碍，如研究对象文化程度低、问卷中过多使用专业术语、问卷措辞不清、语义模糊不清等造成研究对象不能理解研究者的意图等问题，将导致方向偏离和数据失真。因此，一致性原则要求研究者在设计数据采集的方法时考虑多方面因素，尽量避免其他因素的干扰，使研究对象对研究者意图的理解与研究者本身的意图保持一致。

7.1.2　间接采集规范

研究者通过间接采集到的数据一般是二手数据，如政府的经济、人口、就业等各类统计数据，企业、上市公司的数据，研究机构或个人的学术研究数据，数据管理机构的数据等。在间接采集过程中，应注意以下几点原则。

（1）保证数据的相关性。研究者应根据课题的性质和特点收集有利于课题的研究，与研究课题密切相关的数据。

（2）保证数据的全面性与多样性。主要体现在两个方面：一是要从多种来源采集数据，可以从政府、银行、企业、数据机构等营利或非营利机构采集数据，也可以从研究者个人及其文献那里获取数据；二是要采集多种形式的数据，包括文字资料、录音资料、视频资料、图像资料、实物资料等。

（3）保证数据的权威性与可靠性。研究者采集数据的渠道和来源要尽可能是权威的机构或个人，以提高数据的真实可靠性。

（4）研究者在采集数据时，要注意数据是否公开且未经授权即可使用，一些公开的数据也需要经过授权才可使用，或者研究者需要一些不公开的数据，这些情况下，研究者在采集数据时需要取得数据所有者的授权许可。

（5）关注数据的动态性。一些数据会根据不同的现状不断发生变化，研究者要定期关注相关领域的最新动态，根据数据的变化以及自身的研究需求持续不断地进行数据的采集。

7.2 数据处理阶段

数据处理阶段通常又分为整理和分析两个阶段，本节将从这两个阶段分别说明每个阶段需要注意的规范性问题。

7.2.1 数据整理规范

数据整理是根据调查研究的目的，用科学的方法，对调查所获得的资料进行审核、检验、分类、归结等初步加工，使之系统化、条理化的过程。其目的是用集中简明的方式，反映调查对象的整体状况。因此，在数据整理过程中，要遵循以下原则[①]。

---

① 秦铁辉. 科学活动与科研方法［M］. 北京：北京大学出版社，1993：267－269.

7.2.1.1 统一性原则

统一性原则是指数据的归纳整理应按照统一的格式分类整理，例如，数字后的小数点后精确到几位数、是否使用阿拉伯数字或是罗马数字、文件以什么格式储存等，类似这样的问题都要有一个统一的标准。对于复杂数据，应制定相应的手册，使数据的形式规范统一，容易理解，便于操作。

7.2.1.2 简明性原则

"简明"，顾名思义，是指研究者进行数据整理时应尽可能地简单明了，以便后期的查看。为了达到这样的目的，研究者要灵活运用一些技术手段和方法，可以将数据整理成一目了然的图表，或者建立单独的数据库索引机制，以方便查找。

7.2.1.3 典型性原则

研究者整理数据时应遵循典型性原则。典型即有代表性，有代表性的数据可以充分证实所要研究的目的，具有很强的说服力，没有代表性的数据是没有必要的，即使再多也无助于研究目的，有时反而会干扰研究进度，给研究者造成负担。

7.2.1.4 真实准确性原则

数据整理的过程也是数据审查的过程，数据是否真实、准确直接关系到之后的研究进展。数据的真实准确包含两个方面：一是数据应与客观事实保持一致，研究者可以通过技术检验、常识推断、背景调查、逻辑推理等方式检验数据的真实可靠性；二是整理后的数据应与原始数据保持一致，这要求研究者细心反复进行溯源核对，以保证数据的准确性。

7.2.1.5 新颖性原则

对于一些时效性要求高的课题，整理数据时要注意数据是否新颖，有的数据已经被新的数据覆盖，这样的数据会使研究变得没有意义，应当将这部分数据剔除并及时采集最新的数据。

7.2.1.6 安全性原则

安全性原则要求研究者在管理数据时要考虑存储安全，包括两个方面：一是要选择合适的存储方式，保证数据不丢失、不模糊，有些数据是不可再生数据，一旦丢失会阻碍研究的进展；二是不能泄露其中的敏感信息和隐私信息，如一些研究者在整理问卷、访谈记录时和非研究人员讨论研究对象的隐私，这严重违背了学术规范和伦理道德。

7.2.1.7 系统性原则

系统性原则要求研究者通过分类存储、建立目录的方式使数据从无序变为有序，形成完整的、便于查找和利用的系统。研究者对数据进行分类时要有科学的、客观的、有效的分类依据，通常来说，分类有以下标准：一是按照数据载体，可以分为纸本、缩微、视听、实物等几大类；二是按照数据形式，可以分为图表、音频、视频等；三是按照数据来源，可以分为问卷数据、访谈数据、观察数据、文献数据、痕迹数据等。另外，也可以按照研究需要的时序和数据的内容意义进行分类。分类标准不应过于复杂，要简单明了，便于查找。分类完成之后，研究者要建立目录，简化二次搜索的成本。对于复杂的数据，需要在目录和存放位置之间建立联系；对于不可再得的数据，要尽可能保存两个版本，建立备份数据。

7.2.2 数据分析规范

7.2.2.1 切勿随意修改数据

由于当前科研界论文评价标准单一化，科研投入不足，造假成本较低，鉴假成本较高，一些研究者为了得出既定的结论，数据偏差过大，就在数据上做手脚，随意删除或增加数据，或在实验过程中有一两个样本没有实验数据，为了实验的完整性随意编造相近的数据。这样的数据造假行为严重不符合学术规范，是对科研规范知识的缺乏和对科研精神的忽视的表现。

7.2.2.2　不可篡改或隐瞒分析结果

一些研究者会为了得出符合预期的研究结果，直接篡改分析数据或隐瞒重要信息，如为了体现教育政策的积极作用，忽视了分析结果中的不良影响，这违背了科研的真实性原则，并可能带来不良后果。正确的科研规范应如实呈现分析结果，如果分析结果不符合预期，应及时分析原因或调整方法，若研究过程没有不当，也应认真对待这些不如意的分析结果，寻找恰当的理论解释说明，这样往往会有重大发现。

7.2.2.3　不能进行不合理的操纵

研究者在数据分析过程中为了使研究结果通过显著性检验，使用一些不当的方法和策略不断尝试，如增加样本容量、更换统计方法、选择性呈现结果等，这些自欺欺人的错误行径被称为 "p 值操纵"。研究者应规范分析流程，科学选择分析方法，尽可能开放数据，让更多的人利用数据开展重复性研究，防止 "p 值操纵"，保证分析结果的可靠性。

7.3　论文写作阶段

在论文写作阶段，我们不仅要注意论文的行文结构规范、内容表达规范、引文著录规范，还要警惕剽窃、抄袭等学术不端行为，本节将从以下四个方面介绍论文写作阶段应注意的学术规范。

7.3.1　论文结构规范

根据《科学技术报告、学位论文和学术论文的编写格式》（GB7713 - 87），学术论文一般包括前置部分、主体部分和附录部分。其中，前置部分主要包括题名、署名、摘要、关键词等，主体部分主要包括引言、正文、结论、致谢、参考文献等。

7.3.1.1 题名

题名相当于论文的标签，是简明、确切地反映论文最重要特点内容、研究范围和深度的最恰当的词语的逻辑组合，通常是读者最先浏览的内容，也是检索系统首先收录的部分，是体现论文水平与范围的第一重要信息。确定题名要注意以下几点。

（1）要题文相扣，概念表达准确。题名要准确表达论文的内容和主题，恰当反映研究的范围和深度，与论文内容要互相匹配。切忌题名过大，而应该限定到问题或者所使用的解决方法层面，例如，基于内容分析法的在线教育资源研究。

（2）题目长度适中，语序要正确。题目用词要简短精练，太长或太短都不可取。一般过长的题目中都有废话，包括但不限于"调查""研究"以及一些冠词"a"等。此外，题名像一条标签，忌用冗长的主、谓、宾语结构的完整语句，习惯上常用以名词或名词性词组为中心的偏正词组，一般不用动宾结构。此外，英语题名建议将表达核心内容的主题词放在题名的开头。

（3）要注意专业术语的使用。很多专业术语内行也难以辨别，除非是众所周知的术语，因此，应避免使用不常见的缩略词、首字母缩写、字符、代号或公式等。

7.3.1.2 署名

全面、准确地刊登署名信息是对作者著作权及其所属单位权益的保护和尊重。因此，作者一定要重视署名权，以免引起著作权纠纷。署名的注意事项包括以下几个方面。

（1）文献责任者应具备相当的科学素养和专业知识。

（2）署名应该实事求是，不要因为方便论文发表，而去署上相关著名专家的名字。

（3）署名者应只限于那些直接参加全部或主要部分研究工作并作出主要贡献，以及参加撰写论文并能对内容答辩和负责的人。

（4）合著者应该按贡献大小排名，且事先必须征得所有合著者的同意。

（5）团体作者应该署团体名，且应该署出执笔者姓名。

7.3.1.3　摘要

摘要是以提供文献内容为目的，不加评论和补充解释，简明、确切地记述文献重要内容的短文。摘要规范表达的一般原则有：（1）概括性，摘要要高度概括文章的主要内容；（2）独立性，作为一个结构完整的短文，使读者即使不阅读全文就能获得必要的信息；（3）简洁性，一般不分段、不举例、不引证、不评价，摘要字数通常不超过论文字数的5%；（4）准确性，要准确表达文章主旨，慎用不确定性词语；（5）英文摘要要注意时态，常用一般现在时、一般过去时，少用现在完成时、进行时等其他时态，此外，英文摘要还要注意书名、数字、人名、人称等的准确书写。

7.3.1.4　关键词

关键词是为了满足文献标引或计算机检索及国际计算机联机检索工作的需要，而从论文题名和正文中选出来的能够反映论文主题内容的词或词组。关键词应为规范的术语，通常位于中英文摘要下方，用"；"或"，"隔开。关键词的提取应体现文章核心思想；有专指性，一个关键词指代一个主题概念；多用实词，少用虚词，慎用生僻词；具有逻辑的连贯性、比较性或递进性，具有相同或相似语意的关键词，一般不同时使用；数量合理，3～5个为宜。

7.3.1.5　引言

一般来说，引言部分通常需要1～4页的篇幅。基本内容应包括研究背景、文献综述、研究方法、研究目的和意义等。通常先介绍范围较宽泛的一般性事实，为说明研究工作与过去工作的关系，回顾国内外研究历史（文献回顾或文献综述），并对研究情况进行横向比较，写明前人在本课题相关领域所做的工作及存在的空白或不足。然后将重点逐渐转入与论文所探讨的问题有密切联系的主题，指出有某个问题或现象仍值得进一步研究，进而将焦点转到要探讨的研究问题上。引言的规范写作要点包括：（1）按写作要求和内容逐渐展开，不要将引言写成摘要的注释，不讨论、不重复摘要内容；（2）要慎重而有保留地叙述前人工作的欠缺及自己研究的创新，一般不用评价式的用语；（3）研究背景和研究目的应该准确、简洁，不宜过于分散和琐碎。

7.3.1.6 正文

在正文写作过程中，章节段落的层次应该遵循自上而下的细化方法，不同层级的内容不应划入相同层级；章节内部具有相对独立性，每个段落都应该有一个中心论点，称为中心句或主题句，通常段落以此为起始句，之后，围绕这一中心论点进行更加细致的阐释；章节的顺序安排也要有一定的逻辑性，兼顾内容的平衡；章节设置应基本覆盖选题的主要方面；此外，正文作为论文的主体部分，要尽可能展示自己的核心观点，并表述清晰、准确。

7.3.1.7 结论

结论是对整个论文主要成果的总结。在结论中，应明确指出本研究内容的创造性成果或创新点理论，对其应用前景和社会、经济价值等加以预测和评价，并指出今后进一步在本研究方向进行研究工作的展望与设想。结论内容一般在 2000 字以内，突出新发现、新见解、新理论，表明客观立场，用词要准确、清晰、精炼，尽量不采用"可能""大概"等模棱两可的词，如果不能避免，也应说明理由。

7.3.1.8 致谢

致谢用来对致谢对象表达感谢，也是对致谢对象贡献的尊重。致谢的主要内容有：感谢个人或组织在研究工作或论文写作中的帮助；感谢论文研究工作的资助项目，附上资助项目名称，以及编号。致谢应简单指出被致谢者的具体贡献；内容要简洁明了，实事求是；致谢之前应征得被致谢者的同意。

7.3.1.9　参考文献

参考文献是指为撰写论文而引用前人包括作者自己已发表的有关文献，是论文写作不可缺少的重要组成部分。按照规定，在论文中，凡是引用前人或他人（包括本人）已发表的文献中的观点、数据和材料等，都要在引用处予以标明，并在文末列出参考文献表，称为参考文献的著录。

参考文献为论文提供了真实、广泛的科学依据，参考文献的数量以及发表时间在一定程度上能够反映论文的广度和深度；适当引用参考文献能够节省论文篇幅，避免对他人成果的过多叙述，防止资料堆积；此外，参考文献也是尊重他人成果的标志，并便于读者查找，达到资源共享。

具体的参考文献引用规范见 7.3.3 引文规范。

7.3.1.10　附录

附录主要列入正文内过分冗长的公式推导，以供查找阅读方便所需的辅助性数学工具或表格、重复性数据图表、论文使用的符号意义、单位缩写、程序全文及其说明等。

附录与正文页码应是连续的，以大写字母 A，B，C，……编序；每一个新的附录都须另起一页；附录中的插图、表格、公式以阿拉伯数字编号，区分于正文编号，每一附录应重新编号，如表 A1、图 B1、式 C1 等。

7.3.2　论文表达规范

论文内容的表达规范一般应注意文字、图表、数字等方面的规范。

7.3.2.1　文字使用规范

文字的书写首先应杜绝错别字、单词拼写错误以及漏字多字的问题。此外，对于外文的书写，还要符合其书写规范，例如：首字母大写、专有名词大写、单词空格，在一行末尾单词未书写完成也要注意是否能够断开，如果能断开，应将连接符"‑"放在上一行末尾连接。最后，文字与标点不可分离，标点的使用要注意一致性，包括与语意表达保持一致，问句用"？"、句子末尾用"。"、感叹用"！"、解释说明用"——"，还要与语种保持一致，中文要用中文标点，英文使用英文标点。

7.3.2.2　数字使用规范

在学位论文写作中，应注意汉字数字，阿拉伯数字的使用要求：(1) 成语、惯用语中的数字一般采用汉字数字，如：六一儿童节、"十二五"计划、三心二意、五四运动等；(2) 中国的干支纪年采用汉字数字，如甲午年二月一日；(3) 公历纪年、日期、时刻应使用阿拉伯数字，且年份不能简写，如 2019 年、2021 – 11 – 11、12：02：33 等；(4) 阿拉伯数字过长时应使用万、亿表达，如 1000000 可写成 100 万；(5) 附带单位的数值相运算，如 $1cm \times 2cm \times 3cm$ 不能写成 $1 \times 2 \times 3cm$ 或 $1 \times 2 \times 3cm^3$。

7.3.2.3　插图使用规范

论文的插图可以生动形象地表达论文的内容和观点。插图一般由图序、图题、图例、图注、主图等构成，其设计规范有：

(1) 图要精选，要使用轮廓鲜明、细节清晰、反差适中、大小合适、线条均匀的图片，没有具体要求尽量不使用彩色图片，以防对后期出版打印造成影响。

(2) 注意合理布局，插图应随文排，先见文字后见图，要注意插图与正文之间的距离适当，图内的布局要合理，在图片清晰的基础上，留白不宜过大，应紧凑布局。

(3) 每幅图在正文中都应被提及到，例如，"如图 1 所示"或"（见图 1）"。

(4) 注意图序，图应该按其内容在文中出现的先后顺序进行排序，可以全文编排，从 1 开始用阿拉伯数字编号，也可以按章编排，每章重新编排，如"如图 8 – 1"。若文中只有一幅图，仍应注明图序。

(5) 注意图题，图题应居中放在图片下方，图题与图序间应有一个空格。图序和图题应使用比正文小 1 号的字书写。图名要简短确切，便于理解。

（6）图片中的术语、符号、单位等应与正文表述一致。

7.3.2.4　表格使用规范

表格可以直观地反映数据或资料。表格一般由表序、表题、表身、栏目、表注等构成。表格的使用应遵循以下规范。

（1）表格内容要精选。在论文中，是否列表需要根据需求确定的，并非越多越好。应选择有规律性、能说明论文主题的内容或数据列表。通常一两句话能说明白的内容无须列表。已在行文中表述的内容和插图内容无须列表。

（2）注意合理布局，表格应随文排，先见文字后见表，要注意表格与正文之间的距离适当，表内的布局要合理，内容要清晰，留白不宜过大，应紧凑布局。

（3）每个表格在正文中都应被提及到，例如，"如表 1 所示"或"（见表 1）"。

（4）注意表序，表格应该按其内容在文中出现的先后顺序进行排序，可以全文编排，从 1 开始用阿拉伯数字编号，也可以按章编排，每章重新编排，如"如表 7 - 1"。若文中只有一个表格，仍应注明表序。

（5）注意表题，表题应居中放在图片上方，表题与表序间应有一个空格。表序和表题应使用比正文小 1 号的字书写。表名需具体贴切简单精练，不能使用缺少特指性的、含混不清的术语做表题。

（6）表格所用栏目名称应与正文一致，应使用能恰当反映表中该栏信息和特征的标准数据和符号。

（7）表身中统一栏目下缺失的数据，用空格表示，尚未发现的内容用"－"表示。

（8）表身中某些内容需要说明时，需加表注。若只有一项表注，则在表身中所注对象处加注释标记号"＊"或"＋"，若多个表注，则用阿拉伯数据进行编序。

（9）当内容太多时，需要采用续表形式，应在该表转页行处加细线

（正线）封上，并加续表字样。

7.3.3　引文规范

学术引文规范是关于文献引用内容、引文标注及著录的规则及要求。

引文（citations）有两个方面的含义：一是指"引语"，即引用他人的文字；二是指"引语"的来源文献出处，也叫参考文献（bibliographic references）。2015年的国标修订版《信息与文献参考文献著录规则》将参考文献定义修改为"对一个信息资源或其中一部分进行准确和详细著录的数据，位于文末或文中的信息源"。

引文通常插在论文、图书的最后或其中每一章节之后，或者以脚注和尾注的形式插入正文。从引用的方式可分为直接引用和间接引用，直接引用是指所引用的部分一字不改地照录原文，间接引用是指作者综合转述别人文章某一部分的意思，用自己的表达去阐述他人的观点、意见和理论。论文引文一般都包括作者、篇名、期刊名、卷、期。图书引文一般包括作者、书名、出版地、出版者、出版年。从引文的作用看，注明出处、页码的引文更具意义。

在以下情况须使用引文：（1）使用其他文献中的数据、表格、图表、图片等；（2）在描述、讨论或使用某个作者的理论、模型、案例方法或其他研究成果时；（3）用文献的释义来支持和加强论证的正确性和重要性时；（4）在强调某个在学界受到一定程度认可和支持的理论、模型或实践时，需要多条文献支持；（5）直接引用他人的文字或观点。

7.3.3.1　引文的使用要求

1. 注意引文和注释的区别

注释是用简明的文字解释和说明文献中特定的部分。一般包括题名注、作者注、文献注、术语注、论据注等。注释与引文是两个概念，但有交叉关系。注释分成两大类，文献注释与非文献注释，注释中的文献注释与引文极为相似，引文有时也以注释（附注、文内注或脚注）形式出现在正文中。引文和注释应保持一致，不能引而不注，也不能注而不引。

2. 不能用而不引、引而不用

若在论文中使用了已发表文献的论述、观点、结论、理论等研究成果，必须以注释或参考文献的形式列出。引文应是作者阅读过、且对自己研究的观点、材料、论据、统计数字等有启发和帮助，与该论文密切相关的文献，不能伪引（引而不用）。

3. 直接引用原文应加引号

引用他人的观点，原则上需要全文改写加引注。这种改写不应当只是作简单的文字顺序调整，而是应该完全使用自己的语言逻辑来进行阐释。对于那些确实不宜改写，只有或最好通过原文才能支持自己观点的文字，可以对其加引号后再加上引注。在有些学术规范中，如果遇到引用的字数或行数较多的，还可以将所引用文字左右缩进、字体缩小等方式加以注明。

4. 引用原始文献

该原则针对引用文献的来源。有些文献，特别是一些著名文献，往往有汇编本、改编本、简本、摘要等形式，引文应以原始文献和第一手资料为原则，尽量避免转引文献。如确需转引二手资料，应在文中指明，并在参考文献中注明原始文献和转引文献，不能造成引用了第一手资料的误解。如果引自中译本，不得注出外文原版名称。

5. 引用最优文献

首先，最优文献应以正式发表或审核过的文献为主。其次，最优文献一定程度上指文献的最新版本，最新版本一般就是指最新修订本，修订本往往体现了作者思想、观点或表达的最新修正，当引用某一作者的某一资料作为支持性论据或批评对象时，应当以作者的最新表达为依据，需要引用最新修正信息的版本。但也要注意最新版本不一定是最好的版本，不一定代表作者最准确的思想、观点。因此，在引用时要根据实际情况，引用最能体现作者思想的版本。

6. 引用标注应完整、准确地显示被引作品的相关信息

包括作者、题名、出版地、出版时间、卷期、页次等。完整、准确地

显示参考文献的出处，一方面体现了引文的真实性，另一方面也为读者以此为线索进行进一步查找提供了方便。

7. 引用应忠实于原文，不得改变或歪曲被引文献的内容和观点

直接引用时，原貌不能改变、原义不能篡改，尤其要防止断章取义。概括引用时，被引文字的原貌可以改变，但不能脱离原义，更不能篡改原义。

8. 引用电子文献、网络资料时要慎重

在引用无相对应的印刷版电子资料时，应对其进行评估，选择引用权威的作者、编者、学术机构的有价值的电子资源，避免引用未经评审、未经过正式出版发表的参考文献。

9. 不能过度引用，引用应以必要、适当为限

引用他人成果应适度，引用的成果不应构成本人研究成果的主要部分或核心内容。不论以何种方式将别人成果作为自己研究成果的组成部分均将构成抄袭或剽窃。

7.3.3.2　引文的著录要求

著录就是描述或记录，引文的著录则是按一定的标准将引文的各个项目记录下来的过程。引文的书写规范统一，对于读者、编者、评审者等准确迅速查找文献线索，方便国际学术交流，进行文献计量学、人才学等的研究及作者形成严谨的学风具有极大的参考价值。目前，引文的标注和参考文献的著录可以遵照 2015 年批准，2015 年 12 月 1 日开始实施的国家标准 GB/T 7714-2015《信息与文献参考文献著录规则》（全国文献工作标准化技术委员会编制，2015 年由中国标准出版社出版）。下面对该规则简要介绍。

1. 参考文献的排序

根据国家标准规定，参考文献表可以按顺序编号制排序，也可以按"著者—出版年制"组织。在我国，顺序编号制较常用，而在国外"著者—出版年制"较流行。

（1）顺序编号制。参考文献按正文中出现的先后顺序进行排序。引文参考文献既可以集中著录在文后或书末，也可以分散著录在页下端。阅读型参考文献著录在文后、书的各章节后或书末。

示例：针对图书馆无障碍设计的相关应用研究包括三个部分。一是针对无障碍设计理念的应用研究文献，如宋赫[36]、韩玮[37]、李筱敏[38]分别从无障碍设计理念和通用设计理念，展开了基于无障碍相关设计理念的应用研究。

参考文献：

[36] 宋赫. 无障碍设计在图书馆中的应用与研究 [D]. 哈尔滨理工大学，2014.

[37] 韩玮. 通用设计在公共图书馆建筑中的应用研究 [D]. 广东工业大学，2015.

[38] 李筱敏. 基于通用设计理念下的公共图书馆室内设计研究 [D]. 西南交通大学，2016.

（2）著者—出版年制。参考文献表也可以采用"著者——出版年制"，即参考文献表中的各篇文献首先按文种集中，然后按著者字顺和出版年排列。文种可分为中文、日文、西文、俄文和其他文种五部分。中文可按笔画、笔顺或汉语拼音字顺排列。

2. 参考文献在正文中的标注法

（1）按正文中引用的文献出现的先后顺序用阿拉伯数字连续编码，并将序号置于方括号中。

（2）同一处引用多篇文献时，将各篇文献的序号在方括号中全部列出，各序号间用"，"。

（3）如遇连续序号，可用"–"标注：李 ×[2–5] 认为……，杨 ×[7,9,11–13]……。

（4）同一文献在论著中被引用多次，只需编 1 个号，引文页码放在"[ ]"外，文献表中不再重复著录页码：王 ×[5]16–19……，王 ×[5]20……；采用"著者——出版年制"时，引文页码则放在"( )"外的上角标处，如：（王 ×，2007）14–19。

3. 文后参考文献的著录

文后参考文献原则上要求用文献本身的文字著录。必要时，可采用双语著录。用双语著录参考文献时，首先应用信息资源的原语种著录，然后用其他语种著录。每条文献的著录信息源是被著录文献本身。这些文献一般为正式出版物，非正式出版物可作为文内或脚注释列出。注释的著录格式可参照参考文献的格式。

（1）每条文献的著录项目应齐全。专著、论文集、科技报告、学位论文、专利文献等可依据书名页、版本记录页、封面等主要信息源著录各个项目；专著、论文集中析出的篇章及报刊上的文章依据参考文献本身著录析出文献的信息，并依据主要信息源著录析出文献的出处；网络信息依据特定网址中的信息著录。

（2）参考文献表可以按顺序编码制组织，也可以按"著者—出版年制"组织。引文参考文献既可以集中著录在文后或书末，也可以分散著录在页下端。阅读型参考文献著录在文后、书的各章节或书末。

（3）期刊中析出的文献，其题名不能省略。

（4）书刊名不加书名号，西文书刊名也不用斜体。

（5）西文刊名可参照 ISO 4—1984《文献工作—期刊刊名缩写的国际规则》的规定缩写，缩写点可省略。

4. 各文献类型的著录格式

文献类型、电子文献载体类型及其标志代码要著录正确。具体著录格式可按需求参照国际标准和中国标准。

ISO/DIS690《文献工作—文后参考文献—内容、格式与结构》是国际标准，对世界各国都有重要的参考价值。2010 年有新版本 ISO 690：2010。在发达国家，一些高校、学术团体、出版社也出版了一些文体规范或指南，有的已有近百年历史，具有相当大的影响力，诸如美国的《芝加哥文体手册：作者、编者和出版者必备指南（第 16 版）》（The Chicago Manual of Style：The Essential Guide for Writers, Editors, and Publishers. 16 ed.），亦有专门用于单一学科的《美国现代语言学会（MLA）文体手册和学术出版指南（第 3 版）》（MLA Style Manual and Guide to Scholarly Publishing. 3rd ed.）、《美国心理学会出版物手册（第 6 版）》（Publication Manual of American Psychological Association. 6th ed.）、哈佛法律学会编著的《蓝皮书：引文统一标注体系（第 18 版）》（The Bluebook：A Uniform System of Citation. 18th ed.）、《音乐写作：文体样式表（第 2 版）》（Writing about Music：A Style Sheet. 2nd ed.）、《政治学文体手册（修订版）》（Style Manual for Political Science. Rev. ed.）、英国的《新牛津文体手册》（New Oxford Style Manual.）等，有的已有中译本，可供学习、研究参考之用。

GB7714—87《文后参考文献著录规则》（Descriptive Rules for Bibliographic Reference）是中国国家标准，其基本框架、内容与国际标准一致。2005 年出版第二版，2015 年出版第三版的 GB/T 7714—2015《信息与文献参考文献著录规则》，从题名、术语定义到著录格式均有些许修改。该标准"规定了各个学科、各种类型信息资源的参考文献的著录项目、著录顺序、著录用符号、著录用文字、各个著录的著录方法以及参考文献在正文中的标注法。本标准适用于著者和编辑著录参考文献"。该标准是文、理各学科引文标注的统一规范，或者是统一的框架。

7.4　学术不端行为鉴定

我国科技部 2006 年颁布的《国家科技计划实施中科研不端行为处理办法（试行）》对学术不端行为的定义是"违反科学共同体公认的科研行为准则的行为"，并给出了八个方面的表现形式。

（1）造假。故意做出错误的陈述，捏造数据或结果，破坏原始数据的完整性，篡改实验记录和图片，在项目申请、成果申报、求职和提职申请中做虚假的陈述，提供虚假获奖证书、论文发表证明、文献引用证明等。

（2）抄袭和剽窃。侵犯或损害他人著作权，故意省略参考他人出版物、抄袭他人作品、篡改他人作品的内容；未经授权，利用被自己审阅的手稿或资助申请中的信息，将他人未公开的作品或研究计划发表或透露给他人或为己所用；把成就归功于对研究没有贡献的人，将对研究工作做出实质性贡献的人排除在作者名单之外，僭越或无理要求著者或合著者身份。

要注意引用和抄袭的界限,我国《图书期刊保护试行条例实施细则》第十五条明确规定:"引用非诗词类作品不得超过 2500 字或被引用作品的十分之一""凡引用一人或多人的作品,所引用的总量不得超过本人创作作品总量的十分之一"。

(3)一稿多投和重复发表。凡属原始研究的报告,不论是同语种还是不同语种,分别投寄不同的期刊,或主要数据和图表相同、只是文字表达有些不同的两篇或多篇期刊文稿,分别投寄不同的期刊,属一稿两(多)投,一经两个(或多个)刊物刊用,则为重复发表。

(4)干扰他人。采用不正当手段干扰和妨碍他人研究活动,包括故意毁坏或扣压他人研究活动中必需的仪器设备、文献资料,以及其他与科研有关的财物;故意拖延对他人项目或成果的审查、评价时间,或提出无法证明的论断;对竞争项目或结果的审查设置障碍。

(5)参与或与他人合谋隐匿学术劣迹,包括参与他人的学术造假、与他人合谋隐藏其不端行为、监察失职以及对投诉人打击报复。

(6)参加与自己专业无关的评审及审稿工作:在各类项目评审、机构评估、出版物或研究报告审阅、奖项评定时,出于直接、间接或潜在的利益冲突而做出违背客观、准确、公正的评价,绕过评审组织机构与评议对象直接,收取评审对象的馈赠。

(7)以学术团体、专家的名义参与商业广告宣传。

(8)在科研活动过程中违背社会道德,包括骗取经费、装备和其他支持条件等科研资源;滥用科研资源,用科研资源谋取不当利益,严重浪费科研资源:在个人履历表、资助申请表、职位申请表以及公开声明中故意包含不准确或会引起误解的信息,故意隐瞒重要信息。

7.5 本章小结

本章按照研究者进行研究的进展,分别从数据采集、数据处理、论文写作三个阶段介绍了各阶段应遵循的学术规范。其中,数据采集阶段的学术规范问题又从数据采集的方式，即直接采集和间接采集两个方面阐述；研究者初步进行数据采集之后应对数据进行处理，在这个阶段的数据整理和数据分析过程中应遵循学术规范原则；进行论文写作时应注意论文的行文结构规范、书写格式规范、引文著录规范；在论文发表之前，应严防在研究中的学术不端行为。

参 考 文 献

[1] 朱波，王坦. 大数据之于教育研究范式的价值及其限度 [J]. 教育发展研究，2019 (21).

[2] 余胜泉，徐刘杰. 大数据时代的教育计算实验研究 [J]. 电化教育研究，2019，40 (1)：17 – 24.

[3] 李政涛，文娟. 计算教育学：是否可能，如何可能？[J]. 远程教育杂志，2019，37 (6)：12 – 18.

[4] 张务农. 大数据推动教育科学研究进入新境界 [J]. 中国教育学刊，2018 (7)：32 – 36.

[5] 南钢，夏云峰. 大数据时代的教育科学研究：可能、风险与策略 [J]. 湖南师范大学教育科学学报，2020，19 (4)：87 – 94.

[6] 王晶莹，张永和，宋倩茹，马勇军. 计算教育学：研究动态与应用场景 [J]. 开放教育研究，2020，26 (4)：59 – 66.

[7] 张生. 构建新时代的计算教育学 [N]. 中国教育报，2018 – 04 – 07 (003).

[8] Lindsay R. Doing quantitative research in education with SPSS [J]. British Journal of Educational Technology，2005，36 (2)：353 – 354.

[9] 彭荣础. 思辨研究方法：历史、困境与前景 [J]. 大学教育科学，2011 (5)：86 – 88.

[10] 姚计海. 教育实证研究方法的范式问题与反思 [J]. 华东师范大学学报（教育科学版），2017，35 (3)：64 – 71 + 169 – 170.

[11] 陈明选，俞文韬. 信息化进程中教育研究范式的转型 [J]. 高等教育研究，2016，37 (12)：47 – 55.

［12］ Lawrence N. Social research methods：qualitative and quantitative approaches［J］. Social Research Methods Qualitative & Quantitative Approaches，2005，39（3）：447－448.

［13］ Johnson R B，Christensen L. Educational Research：Quantitative，Qualitative，and Mixed Approaches［M］. SAGE Publication，2020.

［14］刘军. 社会网络分析导论［J］. 社会科学文献出版社，2004.

［15］徐恪，张赛，陈昊等. 在线社会网络的测量与分析［J］. 计算机学报，2014，37（1）：165－188.

［16］王晶莹，张永和，宋倩茹，马勇军. 计算教育学：研究动态与应用场景［J］. 开放教育研究，2020，26（4）：59－66.

［17］刘智，杨重阳，彭晛，刘三女牙，粟柱，章广涛. SPOC 论坛互动中学习者情绪特征及其与学习效果的关系研究［J］. 中国电化教育，2018（4）：102－110.

［18］车智佳，俞显，武法提. 国际教育数据挖掘研究现状的可视化分析：热点与趋势［J］. 电化教育研究，2017，38（4）：108－114.

［19］石月凤，刘三（女牙），刘智，韩继辉，彭晛. 基于社会网络分析的在线学习行为分析实证研究［J］. 中国教育信息化，2019（1）：5－10.

［20］肖莉. 基于社会网络分析的网络课堂中的交互行为研究［D］. 华中师范大学，2011.

［21］赵帅，黄晓婷，卢晓东. 情感指数对 MOOC 学生成绩的预测研究［J］. 中国大学教学，2019（5）：66－71.

［22］黄昌勤，俞建慧，王希哲. 学习云空间中基于情感分析的学习推荐研究［J］. 中国电化教育，2018（10）：7－14＋39.

［23］冯博，刘佳. 大学科研团队知识共享的社会网络分析［J］. 科学学研究，2007，25（6）：8.

［24］马秀麟，衷克定，刘立超. 从大数据挖掘的视角分析学生评教的有效性［J］. 中国电化教育，2014（10）：78－84.

［25］罗玉萍，潘庆先，刘丽娜，张鲁华. 基于情感挖掘的学生评教系统设计及其应用［J］. 中国电化教育，2018（4）：91－95.

［26］王磊，张慧娟．集成神经网络的高校教学质量评估系统研究 ［J］．现代电子技术，2021：69－73．

［27］刘坚，黄钰莹，颜李朝．课堂教学评价数据挖掘与分析 ［J］．湖南师范大学教育科学学报，2019，18（2）：7．

［28］于良芝．图书馆情报学概论 ［M］．北京：国家图书馆出版社，2016．

［29］延莉，赵丹群主编．信息检索概论 ［M］．北京：北京大学出版社，2006．

［30］黄如花主编．信息检索 ［M］．武汉：武汉大学出版社，2010．

［31］叶鹰主编；陆伟，黄国凡，王曰芬副主编．信息检索 理论与方法：第2版 ［M］．北京：高等教育出版社，2015．

［32］百度学术 ［EB/OL］．［2022－4－10］．https：//xueshu. baidu. com/usercenter/show/baiducas？cmd＝intro．

［33］林豪慧主编；陈晓瑜，杨伟副主编．大学生信息素养 ［M］．北京：电子工业出版社，2017：157．

［34］宁笔．开放获取 Open Access 的各种类型 ［EB/OL］．（2022－3－22）［2022－4－20］．https：//blog. sciencenet. cn/blog－408109－1330517. html．

［35］刘则渊．视觉思维、数学思维和哲学思维的集成之作——陈超美著《科学前沿图谱》中译本推介 ［J］．科学与管理，2014，34（3）：25－26．

［36］刘则渊，陈悦，侯海燕．科学知识图谱：方法与应用 ［M］．辽宁省哲学社会科学获奖成果汇编 ［2007－2008年度］，2010．

［37］孙茜，赵旭，王大盈．科学叠加图谱及其应用研究 ［J］．情报资料工作，2016，37（5）：53－60．

［38］皮亚杰．结构主义 ［J］．哲学动态，1987（3）：37．

［39］Nance R E，Korfhage R R，Bhat U N. Information networks：definitions and message transfer models ［J］．Journal of the American Society for Information Science，1972，23（4）：237－247．

［40］Otte E, Rousseau R. Social network analysis: a powerful strategy, also for the information sciences［J］. Journal of information Science, 2002, 28 (6): 441 −453.

［41］Kohonen T. Self-organizing feature maps［M］//Self-organization and associative memory. Springer, Berlin, Heidelberg, 1989: 119 − 157.

［42］Lin X, Soergel D, Marchionini G. A self-organizing semantic map for information retrieval［C］//Proceedings of the 14th annual international ACM SIGIR conference on Research and development in information retrieval. 1991: 262 − 269.

［43］Chen H, Schuffels C, Orwig R. Internet categorization and search: A self-organizing approach［J］. Journal of visual communication and image representation, 1996, 7 (1): 88 − 102.

［44］Chen C, Rada R. Modelling situated actions in collaborative hypertext databases［J］. Journal of Computer-Mediated Communication, 1996, 2 (3): 52.

［45］李杰. 科学知识图谱原理及应用: VOSviewer 和 CitNetExplorer 初学者指南［M］. 高等教育出版社, 2018.

［46］邱均平, 文孝庭, 宋艳辉等. 知识计量学［M］. 北京: 科学出版社, 2014.

［47］Weinstock M. Citation indexes［J］. Encyclopedia of Library & Information Science, 1971 (5): 1157 − 1161.

［48］尹丽春. 科学学引文网络的结构研究［D］. 大连: 大连理工大学, 2006.

［49］Small, H G, & Griffith, B C. The structure of scientific literatures: Identifying and graphing specialities［J］. Science Studies, 1974, 4: 17 − 40.

［50］Irena Marshakova Shaikevich. System of Document Connections Based on References［J］. Scientific and Technical Information Serial of VINITI, 1973, 6 (2): 3 − 8.

［51］Van Raan, Anthony F J. Advances in biblimetric analysis: Research performance assessment and science mapping. Bibliometrics [J]. Use and Abuse in the Review of Research Performance, 2014: 17-28.

[52] Kessler M M. Bibliographic coupling between scientific papers [J]. American Documentation, 1963, 14 (1): 10-25.

[53] Glänzel W, Czerwon H J. A new methodological approach to bibliographic coupling and its application to the national, regional and institutional level [J]. Scientometrics, 1996: 195-221.

[54] Callon M, Law J, Rip A. Mapping the dynamics of science and technology [M]. The Macmillan Press, 1986.

[55] Leydesdorff L. Why words and co-words cannot map the development of the sciences [J]. Journal of the American Society for Information Science, 1997, 48 (5): 418-427.

[56] Qin H. Knowledge discovery through co-word analysis [J]. Library Trends, 1999, 48 (1): 133-159.

[57] Whittaker J. Creativity and conformity in science: Titles, keywords and co-word analysis. Social Studies of Science, 1989, 19 (3): 473-496.

[58] 李志辉, 罗平. SPSS for Windows 统计分析教程: 第 2 版 [M]. 北京: 电子工业出版社, 2004.

[59] 马庆国. 管理统计 [M]. 北京: 科学出版社, 2002.

[60] Egghe L, Rousseau R. Introduction to informetrics, quantitative methods in library, documentation and information science [M]. Amsterdam: Elsevier, 1990.

[61] 杨莹. 国内外机器人研究领域的知识计量 [D]. 大连: 大连理工大学, 2009.

[62] Otte E, R Rousseau. Social network analysis: A powerful strategy, also for the information science [J]. Journal of Information Science, 2002, 28 (6): 441-453.

[63] White H D. Pathfinder networks and author cocitation analysis: A re-mapping of paradigmatic information scientists [J]. Journal of the American Soci-

ety for Information Science & Technology, 2003, 54 (5): 423 – 434.

[64] Kretschmer H, Aguillo I F. Visibility of collaboration on the web [J]. Scientometrics, 2004, 61 (3): 405 – 426.

[65] Wuchty S, Jones B F, Uzzi B. The increasing dominance of teams in production of knowledge [J]. Science, 2007, 316 (5827): 1036 – 1039.

[66] Wu L, Wang D, Evans J A. Large teams develop and small teams disrupt science and technology [J]. Nature, 2019, 566 (7744): 1.

[67] Katz J S, Martin B R. What is research collaboration? [J]. Research policy, 1997, 26 (1): 1 – 18.

[68] Van Eck N J, Waltman L. Manual for VOSviewer version 1. 6. 16. 2020.

[69] Van Eck N J, Waltman L. Software survey: VOSviewer, a computer program for bibliometric mapping [J]. Scientometrics, 2010, 84: 523 – 538.

[70] 风笑天. 社会研究方法. 第 4 版 [M]. 北京: 中国人民大学出版社, 2013: 186.

[71] Churchill G A, Jr. A Paradigm for Developing Better Measures of Marketing Constructs [J]. Journal of Marketing Research, 1979, 16 (1): 64 – 73.

[72] 王保进. 多变量分析统计软件与数据分析 [M]. 北京: 北京大学出版社, 2007.

[73] 吴明隆. 问卷统计分析实务 [M]. 重庆: 重庆大学出版社, 2010: 194.

[74] 吴明隆. 问卷统计分析实务 [M]. 重庆: 重庆大学出版社, 2010: 195.

[75] Pedhazur E J. Multiple regression in behavioral research: Prediction and explanation [J]. New York: Holt, Rinehart and Winson, 1982: 1058.

[76] 安卫华. 社会网络分析与公共管理和政策研究 [J]. 中国行政管理, 2015 (3): 96 – 101.

[77] 朱江. 莫雷诺和社会关系计量学 [J]. 管理现代化, 1992 (2):

46 – 48.

［78］ Granovetter M. "The Strength of Weak Ties." American Journal of Sociology, 1973：81.

［79］ Robins G, Pattison P et al. An Introduction to Exponential Random Graph Models for Social Networks. Social Networks, 2007a（29）.

［80］ Snijders T A B. The Statistical Evaluation of Social Network Dynamics. Sociological Methodology, 2001（31）.

［81］ 张文宏, 阮丹青, 潘允康. 天津农村居民的社会网［J］. 社会学研究, 1999（2）：110 – 120.

［82］ Barry Wellman, Network Analysis：Some Basic Principles, Sociological Theory, 1983（1）：157.

［83］ Barry Wellman. Stance, in Wellman and Berkowit, Social Srucure. A Nertuork Approach. Cambrdge. Cambridge University Press, 1988, p. 47.

［84］ Barry Wellman and S D Berkowitz. Social Structures：A Netvork Approach Greenwich, Conneticut, JAI Press Inc, 1997.

［85］ 张文宏. 社会网络分析的范式特征——兼论网络结构观与地位结构观的联系和区别［J］. 江海学刊, 2007（5）：100 – 106.

［86］ 刘军. 整体网分析讲义：UCINET 软件实用指南［M］. 上海：上海人民出版社, 2009.

［87］ Barry Wellman. Network Analysis：Some Basic Principles［J］. Sociological Theory, 1983（1）：172 – 178.

［88］ 林聚任. 社会网络分析：理论、方法与应用［M］. 北京：北京师范大学出版社, 2009.

［89］ John Scott, Social Network Analysis：A Handbook［M］. London：Sage Publications, 2000.

［90］ Analytic Technologies. Welcome to the UCINET website［EB/OL］. http：//www. analytictech. com/UCINET/. 2010 – 10 – 21.

［91］ Mrvar, A, Batagelj, V. Analysis and visualization of large networks with program package Pajek［J］. Complex Adapt Syst Model 4，2016（4）.

［92］Bastian M，Heymann S，Jacomy M.（2009）. Gephi：an open source software for exploring and manipulating networks. International AAAI Conference on Weblogs and Social Media.

［93］Cyram Inc. NetMiner-Social Network Analysis Software［EB/OL］. http：//www. netminer. com/product/overview. do.

［94］张俊林. 这就是搜索引擎——核心技术详解［M］. 北京：电子工业出版社，2012.

［95］曾晓娟. 基于 Python 爬虫技术的应用［J］. 办公自动化，2018（20）：62 – 64.

［96］Salton G，Yu C T. On the construction of effective vocabularies for information retrieval［J］. Acm Sigplan Notices，1975，10（1）：48 – 60.

［97］MLPod. PageRank 算法详解［EB/OL］.（2021 – 07 – 19）［2022 – 02 – 20］. https：//zhuanlan. zhihu. com/p/137561088.

［98］Curry Coder. 中文文本中的关键字提取算法总结［EB/OL］（2019 – 07 – 03）［2022 – 02 – 20］. https：//blog. csdn. net/cdlwhm1217096231/article/details/94566936.

［99］陈志泊，李钰曼，许福，等. 基于 TextRank 和簇过滤的林业文本关键信息抽取研究［J］. 农业机械学报，2020，51（5）：207 – 214，172.

［100］王华宇. 朴素贝叶斯算法的综述［J］. 数学大世界（上旬版），2019（2）：41 – 42.

［101］Vapnik，V N and Lerner，A Y. Recognition of patterns with help of generalized portraits. Avtomat. i Telemekh，1963，24（6）：774 – 780.

［102］番三克. 通俗讲解支持向量机 SVM.［EB/OL］.（2020 – 04 – 25）［2020 – 7 – 5］. https：//zhuanlan. zhihu. com/p/136106180.

［103］微调. 主流的深度学习模型有哪些？［EB/OL］.（2017 – 09 – 29）［2022 – 02 – 20］. https：//zhuanlan. zhihu. com/p/29769502.

［104］S C Johnson. Hierarchical Clustering Schemes［J］. Psychometrika，

1967（2）：241－254.

［105］Papadimitriou，C H，Raghavan，P，Tamaki，H and Vempala，S. Latent semantic indexing：A probabilistic analysis. Journal of Computer and System Sciences，2000，61（2）：217－235.

［106］徐戈，王厚峰. 自然语言处理中主题模型的发展［J］. 计算机学报，2011，34（8）：1423－1436.

［107］LDA［EB/OL］.［2020－04－25］. https：//baike. baidu. com/item/LDA/13489644？fr＝Aladdin.

［108］Rosen-Zvi M，Griffiths T，Steyvers M，et al. The author-topic model for authors and documents［C］//Proceedings of the 20th conference on Uncertainty in artificial intelligence. AUAI Press，2012：487－494.

［109］Michal Rosen-Zvi，Thomas Griffiths，Mark Steyvers，et al. The Author-Topic Model for Authors and Documents［C］.//Twentieth Conference on Uncertainty in Artificial Intelligence（UAI－2004）. 2004：487－494.

［110］周笛. 基于文档主题相关性的 LDA 有监督模型［D］. 哈尔滨：哈尔滨工业大学，2011.

［111］赵华，章成志. 利用作者主题模型进行图书馆 UGC 的主题发现与演化研究［J］. 图书馆坛，2016，36（7）：34－45.

［112］Cao Y，Xu R，Tao C. Combining Convolutional Neural Network and Support Vector Machine for Sentiment Classification［C］. Chinese National Conference on Social Media Processing，2015.

［113］Xiao S，Fei G，Li C，et al. Chinese microblog sentiment classification based on convolution neural network with content extension method［C］//2015 International Conference on Affective Computing and Intelligent Interaction（ACII）. IEEE Computer Society，2015.

［114］杨中庆. 基于 R 语言的空间统计分析研究与应用［M］. 广州：暨南大学出版社，2006.

［115］Weka 数据挖掘工作平台［EB/OL］.（2009－10－07）［2022－02－20］. https：//www. oschina. net/p/weka.

［116］RapidMiner 教程 ［EB/OL］. (2009 – 10 – 07) ［2022 – 02 – 20］. https：//blog. csdn. net/hohaizx/article/details/80848701.

［117］秦铁辉. 科学活动与科研方法 ［M］. 北京：北京大学出版社, 1993.